MACHT EN ONMACHT

Tinneke
Beeckman

Macht en onmacht

Een verkenning van de hedendaagse aanslag op de Verlichting

2015
De Bezige Bij
Amsterdam | Antwerpen

Omslagontwerp Dooreman
Omslagfoto Koen Broos
Vormgeving binnenwerk Karakters, Gent
Druk Koninklijke Wöhrmann, Zutphen
ISBN 978 90 8542 609 7
NUR 730

www.debezigebij.nl

INHOUD

It's going to be September now
For many years to come
Every heart adjusting
To that strict September drum

I see the Ghost of Culture
With numbers on his wrist
Salute some new conclusion
Which all of us have missed

So let's drink to when it's over
And let's drink to when we meet
I'll be standing on this corner
Where there used to be a street

– *Leonard Cohen*[1]

INLEIDING

De moord op mei '68

7 januari 2015, Parijs. De broers Kouachi, twee geradicaliseerde Frans-Algerijnse moslims, dringen het redactiegebouw van het Franse satirische weekblad *Charlie Hebdo* binnen. Ze weten dat er op dat ogenblik een redactievergadering plaatsvindt. Met kalasjnikovs schieten ze tien redactieleden neer, onder wie hoofdredacteur Charb, legendarische cartoonisten Cabu, Wolinski en Tignous, en econoom Bernard Maris. *Charlie Hebdo* was al jarenlang een doelwit voor moslimfundamentalisten, omdat het blad cartoons van de profeet Mohammed had gepubliceerd. Na de moordpartij ontstaat discussie over de vrijheid van meningsuiting: hebben burgers in de Franse republiek nog het recht om vrijuit te spreken? Of is het vanzelfsprekend dat er enige reserve bestaat tegenover het geloof van minderheden?

De filosofische implicaties van deze aanslag reiken echter veel verder dan het debat over de vrijheid van meningsuiting. De daders hebben de oude boegbeelden van mei '68 vermoord. De slachtoffers incarneerden een deel van de Franse intellectuele geschiedenis.[2] Tegelijkertijd was *Charlie Hebdo* een symbool van een vervlogen tijd. Het weekblad was allang geen leidinggevend intellectueel tijdschrift meer, maar een noodlijdend blad. Een maand voor de aanslag klopte Charb nog op allerlei deuren om broodnodige financiële steun te verzamelen. Sinds de jaren '70 was het intellectuele klimaat sterk veranderd, en *Charlie Hebdo* leek de aansluiting met de veranderende tijdgeest te hebben verloren.

Het weekblad werd sinds de publicatie van Mohammed-cartoons soms 'islamofoob' genoemd.[3] Die typering slaat nergens op; de katholieke kerk vormde evenzeer het doelwit van spot. Het blad was activistisch antiklerikaal zoals aan het begin van de twintigste eeuw gebruikelijk was. Godsdienst was daarbij slechts één van mikpunten van spot, en niet eens het belangrijkste: tussen 2005 en 2015 betrof slechts 7 % van de behandelde thema's godsdienst, waarvan slechts 1,3 % de islam.[4] Het blad koos gewoon voor een expliciet republikeins en laïcistisch samenlevingsmodel, en verzette zich tegen de maatschappelijke invloed van elke georganiseerde godsdienst. *Charlie Hebdo* beschouwde zich als erfgenaam van Voltaire en zijn polemische visie op de vrijheid van meningsuiting. Daarbij was het blad politiek zeer links geëngageerd. Marine Le Pen, Jean-Marie Le Pen en de voormalige rechtse president Nicolas Sarkozy werden de voorbije jaren veel vaker bespot dan welk geloof ook. Charb tekende cartoons voor de campagne van Jean-Luc Mélenchon, de stichter van Parti de Gauche, die veel linkser is dan de Parti Socialiste van president François Hollande. Dat sociale, antiracistische engagement blijkt ook uit Charbs vurige *Lettre aux escrocs de l'islamophobie qui font le jeu des racistes*, dat twee dagen voor de moordaanslag verscheen. In dat pamflet neemt Charb het op voor de slachtoffers van sociale discriminatie en racisme, en benadrukt hij tegelijkertijd het recht op religiekritiek. Cartoonist Tignous werd bij zijn begrafenis geprezen door minister van Justitie Christiane Taubira (PS) omdat hij zich inzette voor gevangenen. Als een goede lezer van Michel Foucault nam Tignous het altijd op voor de veroordeelde, de uitgeslotene, de kansloze in de samenleving. Tijdens de redactievergadering van 7 januari was er een discussie over het lot van achtergestelde jongeren in de Parijse voorsteden. Een van de slachtoffers, de linkse econoom Bernard Maris – 'Oncle Bernard' – stond bekend om zijn kritiek op het liberalisme en zijn pleidooi voor sociale herverdeling.

Als satirisch blad schopte *Charlie Hebdo* dus tegen elk heilig huisje. Het bejubelde de vrije zoektocht naar geluk waar elk individu recht op heeft, tegen elke groepsdruk in. Tekenaar Wolinksi stond bekend om zijn vrolijk seksueel getinte cartoons: voor libertijnse *soixante-huitards* kon geen enkele macht een seksuele praktijk verbieden of opleggen. Elk individu moet de mogelijkheid hebben om zich tegen de macht en het heersende discours af te zetten. Iedereen mag 'anti' zijn en zich buiten een traditie plaatsen. Met de aanslag werd Frankrijk dus niet alleen in zijn liefde voor de vrijheid van meningsuiting, maar ook in zijn verdediging van politieke vrijheid geraakt. Deze aanslagen waren niet alleen een misdaad, maar vormden een bijzonder belangrijke politieke gebeurtenis.

Al deze gebeurtenissen, en daarmee bedoel ik niet alleen de gebeurtenissen zelf, maar ook hoe erop werd gereageerd door politici en in de media, maakten mijn intuïties en abstracte ideeën over macht en onmacht in de hedendaagse samenleving duidelijker. Ik neem de debatten na de moordpartij daarom als aanknopingspunt voor een filosofische reflectie over deze tijd. Het lijkt alsof Europa op 7 januari zijn 9/11 beleefde. Het vraagt om een grondige analyse. Hoe komt het dat journalisten niet vrij over islamisme kunnen schrijven, of met geweld worden bedreigd, ook al heeft hun tijdschrift niets met de publicatie van godslasterlijke cartoons te maken?[5] Wat drijft gemeenschappen uit elkaar? Wat te denken van een overheid die meer dan ooit het privéleven van haar burgers bewaakt? Fundamenteler nog: hoe zijn wij in het Westen met onze ideeën over waarheid, kritisch onderzoek en democratie omgesprongen? Waar zijn we verdwaald?

Een grote mars van korte duur

Op de zondag na de aanslagen stromen de straten van Parijs en andere Franse steden vol. Vier miljoen burgers drukken tijdens een *marche républicaine* hun ontzetting uit. Het is de grootste manifestatie sinds het einde van de Tweede Wereldoorlog. Ook buitenlandse leiders lopen mee, wat verdeelde reacties oproept; een aantal leiders staat niet bepaald bekend om hun vrijheidsliefde in eigen land.[6]

De eerste minister, Manuel Valls (PS), spreekt enkele dagen later de Assemblée toe, en krijgt staande ovaties. Spontaan zingen alle parlementsleden – meerderheid en oppositie – het nationale volkslied, de 'Marseillaise'. Dat is sinds het einde van de Eerste Wereldoorlog niet meer gebeurd. Nooit hebben de uiterst linkse, antinationalistische redactieleden van *Charlie Hebdo* zoiets kunnen bevroeden.

Heel wat commentatoren zoals Jean-Paul Costa of Régis Debray bejubelen de bijeenkomst als een viering van de vrije republiek. Peter Sloterdijk noemt de mars een ongeziene demonstratie van burgerschap: de Fransen ontwaken nadat ze jarenlang in een diepe sluimer over de waarden van hun eigen samenleving hebben geleefd. De Duitse filosoof citeert Thomas Jefferson: 'De boom van de vrijheid moet af en toe bevloeid worden met het bloed van patriotten en tirannen'. Sinds 11 januari is Frankrijk er beter aan toe, meent Sloterdijk, omdat de Fransen hebben bewezen dat ze zich niet laten intimideren.[7] Volgens de historicus Jacques Julliard is de massale begrafenisstoet een boetedoening: de redactieleden van *Charlie Hebdo* hebben eenzaam het islamfundamentalisme aangekaart en zijn eenzaam gestorven.[8]

Maar de eensgezindheid over de positieve betekenis van de mars duurt niet lang. Voor de linkse politicoloog Pierre Rosanvallon toont de betoging vooral de diepe verdeeldheid in Frankrijk: de aanwezige landgenoten voelen zich betrokken bij de slachtoffers, maar de gemarginaliseerde thuisblijvers worden al jaren door de overheid in de steek gelaten.[9] De antropoloog en historicus Emmanuel Todd gaat nog een stap verder. Hij beschouwt de *marche républicaine* als een beschamende vertoning, een teken dat miljoenen Fransen de straat op zijn gegaan om 'te spuwen op de godsdienst van de zwakkeren'.[10] Dat er unanimiteit zou zijn over de gebeurtenis, is een leugen, aldus Todd: jongeren uit de *banlieues* voelen zich niet Charlie, heel wat mensen uit de arbeidersklasse of bewoners van het Franse platteland evenmin. Meer nog, jongeren uit de *banlieues* voelen zich eerder verbonden met de daders dan met de slachtoffers: '*Je suis Kouachi*,' weerklonk als tegenhanger van '*Je suis Charlie*'.

In die *banlieues* is er discussie over wie dader en wie slachtoffer is. Op scholen weigeren sommige leerlingen de minuut stilte te respecteren. In de nasleep van het *Charlie Hebdo*-drama worden zelfs leraren geschorst, omdat ze de aanslagen als een constructie zien om moslims valselijk te beschuldigen en om de islam in diskrediet te brengen. Dat idee vindt ingang bij heel wat jongeren. Het complotdenken vertroebelt een eenduidige analyse van de feiten. Wie zit er achter de aanslag: geradicaliseerde moslims, de Franse geheime dienst, de Amerikaanse CIA, de Israëlische Mossad? Wie zijn de echte slachtoffers: de familieleden van de vermoorde mensen, de vermoorde mensen zelf, specifieke groepen in onze samenleving, of bevolkingsgroepen in andere landen?[11] En zijn de daders geen slachtoffers van een groter, algemener onrecht?

Slachtofferschap neemt een belangrijke plaats in tijdens de publieke debatten. Dat is een opmerkelijke vaststelling: wie het ergste slachtofferschap kan claimen, krijgt het grootste gelijk. Niet wat iemand doet of denkt, maar hoe diep gekwetst iemand is, doet ertoe. Alsof niet sociaal gedrag, maar sociale onmacht iemands identiteit bepaalt. Wat zegt dat over de cultuur waarin we leven? Hoe kunnen we dat hedendaagse ressentiment begrijpen?

Overleden idealen

De idealen van *Charlie Hebdo* – libertijnse vrijheid van mei '68 in combinatie met een militant laïcisme – waren al verdampt, lang voor de redactieleden werden neergeschoten. Dit overlijden valt filosofisch gezien samen met de opkomst van het postmodernisme. De zekerheden waar *Charlie Hebdo* ooit in geloofde, de waarden waar het voor stond, zijn intussen mede onder invloed van de postmoderne denkers vervangen door een algemene vertwijfeling over de waarden en ideeën die de samenleving vorm moeten geven.

Postmoderne denkers bekritiseren twee belangrijke ideeën die de moderne denkers tussen de zeventiende en de negentiende eeuw aannemen, namelijk dat de mens de maat is voor politieke en morele waarden, en dat de rede de mens kan emanciperen. Postmodernisme zet zich dus af tegen het humanisme en het rationalisme: de idee dat de mens de wereld naar zijn hand kan zetten is een illusie en de mens overschat zijn eigen rationaliteit. De rationele mens is gewoon blind voor de subjectieve, verborgen motieven van zijn gedrag. Universele idealen zijn een illusie, een uitdrukking van een misplaatst westers superioriteitsgevoel. Wie het laïcistische ideaal verdedigt, zoals *Charlie Hebdo*, beseft niet dat hij geen universele idealen uitdraagt, maar zelf spreekt vanuit een beperkt denkkader. Zelfs de wetenschappelijke waarheid is een product van machtsverhoudingen. Kortom, de verlichte mens die zich vrij waant, is een verwarde ideoloog, die niet beseft hoe zijn denken andere visies onderdrukt.

Daarmee ziet het postmodernisme zichzelf precies als een reactie tegen valse pretenties. Die pretenties hebben een lange geschiedenis. Tijdens de jaren '30 gelooft de massamens in ideologieën, in zekerheid, in waarheid. Hij loopt achter vlaggen aan, gelooft in de idealen van zijn leider, en is bereid om zijn leven te offeren. Hoe de massamens denkt, vormt dus een bedreiging voor de democratie. Deze ideologische verblinding willen postmodernen vermijden. Dat is minder vanzelfsprekend dan het lijkt. Tijdens de jaren '30 wordt het nazisme als totalitaire stroming ontmaskerd. Maar het communisme – met zijn wreedheden – heeft nog tot aan de jaren '60 vele intellectuelen verleid.

Voor het postmoderne project is Martin Heidegger een van de belangrijkste inspiratiebronnen. In *Sein und Zeit* beschrijft de Duitse filosoof 'das Man': het 'men', de massa die elkaar imiteert, niet meer authentiek denkt, en de opdracht van zijn bestaan niet wil oppakken. Tegenover het humanisme stelt Heidegger dat de mens als wezen onbepaald is. De mens is geen 'subject', hij is niet maakbaar, en hij kan zijn eigen lot niet beheersen.

Het is dan ook onontbeerlijk om Heideggers filosofie, als inspirator van het postmodernisme, kort te bespreken. Ik geef in eerste instantie een welwillende lezing van enkele kernideeën. Heideggers bijdrage bestaat onder meer in zijn analyse van de techniek, maar zijn denken levert geen basis voor een democratische visie, voor een samenleving waaraan vrije, geëmancipeerde burgers participeren. Integendeel, in pas gepubliceerde notitieboekjes staan passages die van een diep geworteld antisemitisme en een neiging tot complotdenken getuigen. Heidegger hangt een specifiek filosofisch antisemitisme aan, denkt fundamenteel reactionair, en droomt van een vervlogen wereld.

Deze twee sinistere ontsporingen – complotdenken en antisemitisme – duiken nu weer op. Bij de aanslag op *Charlie Hebdo* sterven niet alleen journalisten. De terroristen vermoorden twee politieagenten die de zetel van *Charlie Hebdo* bewaken, onder wie een moslim. En ze hebben het gemunt op Joodse burgers: op 9 januari valt Amédy Coulibaly een Joodse supermarkt in Parijs binnen. Hij schiet meteen vier aanwezigen dood, en maakt duidelijk dat hij bewust Joodse slachtoffers uitkiest. Deze aanval is niet de eerste antisemitische aanslag in Frankrijk.[12] Eerste minister Manuel Valls geeft in een verklaring na de aanslagen toe dat het toenemende antisemitisme te weinig wordt aangekaart om een bepaalde gemeenschap niet te stigmatiseren. Elders in Europa zijn recent aanslagen gepleegd, zoals op het Joodse Museum van België in Brussel op 24 mei 2014, waarbij vier mensen worden neergeschoten. De vermoedelijke dader, Mehdi Nemmouche, blijkt een ex-Syriëstrijder.[13]

Aanslagen, complotten, gewelddadige ideologieën... hoe gaat het postmoderne denken daarmee om? De vertwijfeling die sinds de postmoderne tijd is binnengeslopen, heeft nieuwe vormen van ideologisch geweld voortgebracht. Maar een heldere analyse van dat geweld volgt niet echt: in de strijd tegen de Waarheid werd de methode om normatief te oordelen afgeschaft.

Postmoderne denkers hebben wel degelijk een bijdrage geleverd aan het kritisch denken en kritisch burgerschap, maar hun houding heeft een hoge prijs. Ze hebben de democratie ondermijnd omdat ze elke waarheids- en autoriteitsaanspraak onmogelijk hebben gemaakt. Tegelijkertijd loopt de dominantie van het postmodernisme als kritische denkstroming ironisch genoeg parallel met de opkomst van economisch liberale politiek, die vanaf de jaren '80 zowel bij linkse als rechtse partijen steun vindt. De postmoderne filosofie biedt niet echt instrumenten om de economische liberale politiek door te lichten. Integendeel, wie stelt dat waarheid slechts een sociale constructie is, opent de deur voor economische machtsverhoudingen. Economisme beheerst ook de politieke agenda, en dat is niet verwonderlijk: in een gedeconstrueerde wereld zonder idealen blijft slechts de obsessie met consumeren over.

Tegelijkertijd wint een ander mensbeeld aan populariteit: dat van de Amerikaanse romanschrijfster Ayn Rand. Rands denken heeft al sinds de jaren '80 een enorme invloed op de ideologen van de vrije markt. De held in Rands werk lijkt wel een almachtig mens: rationeel, meester van zijn lot, aan niemand iets verschuldigd, volstrekt autonoom. Heel wat Amerikanen, maar ook steeds meer Europeanen, vinden haar romans bijzonder aantrekkelijk. Terwijl de postmoderne denkers wantrouwig staan tegenover begrippen als waarheid, rede, identiteit en objectiviteit, voert Rand uitgerekend die begrippen weer in. Ze hangt dus het tegenovergestelde mensbeeld van de postmoderne denkers aan. Tegelijkertijd schetst ze de mens van de toekomst, die perfect past bij het economisch liberalisme.

De *Charlie Hebdo*-moordpartij is een politieke aanslag. Politieke moorden zijn even oud als de politiek zelf, denk aan Julius Caesar, Abraham Lincoln, Jean Jaurès of John F. Kennedy. Bij de aanslagen van 11 september 2001 in New York zijn het kapitalisme – de Twin Towers – en het Amerikaanse militaire complex (het Pentagon) het doelwit, maar in Frankrijk zijn de getroffenen journalisten en opiniemakers.[14] Het doel van elke politieke moord is om de toekomst van een samenleving te veranderen. Wat zegt het over de hedendaagse samenleving dat opiniemakers worden vermoord? Wellicht dat wie ideeën kan verspreiden, meer macht lijkt te hebben dan staatsmannen. Toch neemt de invloed van de traditionele media – kranten, radio, televisie – af. Het internet heeft een groot deel van de aandacht die naar de traditionele media ging voor zich ingenomen. Dat heeft een impact op het samenleven: het beïnvloedt de beleving van het recht om te weten, te spreken en te beslissen, die sinds de Franse Revolutie deel uitmaakt van burgerschap. Met wie mensen zich verbonden voelen, in wie ze vertrouwen hebben, met wie ze contact willen hebben: het internet bepaalt ook die relaties. Deze verandering heeft politieke gevolgen. Ze bevordert de politieke macht. Of onmacht.

DEEL I

DE POSTMODERNE FILOSOFIE

1

PORTRET VAN EEN ONDERZOEKER

In zijn roman *De republiek* schetst Joost de Vries een treffend beeld van een bepaald type hedendaagse onderzoeker in de humane wetenschappen: de postmoderne denker. De protagonist, Friso de Vos, werkt voor een academisch blad over Hitler-studies. Hij is de rechterhand van Brik, de kruising van een succesvolle popfilosoof en een alwetende professor, die verdacht veel lijkt op de Sloveense Slavoj Zizek. Brik geeft over de hele wereld lezingen over Stalin en Robespierre, en legt vlotjes het verband tussen Lacans psychoanalyse en Hitchcocks films. In hun tijdschrift verschijnen duizenden artikelen over totaal irrelevante onderwerpen. De onderzoeksvraag draait altijd op een of andere manier rond Hitler. Toch zijn de onderzoekers geen moment bezig met de samenleving: ze hebben geen enkele interesse in democratie, in waarden of in de politieke rol van extreem rechtse partijen. Briks teksten vormen een metadiscours, vol literaire verwijzingen en speelse metaforen. Veel wijsheid over waarden kan Friso uit Briks werk dan ook niet putten. Brik spreekt als een postmodern orakel: 'Waarheden zijn mistig en doorzichtig en komen in veelvoud, als spoken. Je kunt in ze geloven, maar je kunt nooit precies je vinger op ze leggen.' Brik vertelt over 'het diepe verlangen dat iets toch ook zeker nog iets anders betekende, dat hier toch altijd dáár was, ja ook nee, woede ook geluk, altijd die extra laag.'

Wanneer Brik plots overlijdt, wordt duidelijk wat Friso nog het meest interesseert: hij wil Briks legitieme erfgenaam zijn. In die wereld waarin niemand consequent achter waarden of ideeën staat, raakt Friso gefixeerd op het beeld dat anderen van hem hebben. Zijn vertwijfeling over zijn eigen positie neemt toe wanneer een onbekende jonge historicus, Philippe De Vries, een redevoering houdt tijdens Briks uitvaartplechtigheid. Zo lijkt deze man ook Briks intellectuele erfenis op te eisen. Friso reageert op de rivaliteit door de rol van die andere man aan te nemen. En dan begint hij zich in diens naam zo onuitstaanbaar mogelijk te gedragen, om zijn rivaal in diskrediet te brengen. In Friso's beleving is dat geen enkel probleem: tenslotte is identiteit slechts een constructie, die de ironicus handig kan bespelen. Friso streeft tevergeefs zijn eigen glorie na, en probeert in de blik van de anderen wanhopig enige erkenning te vinden.

De hilarische dialogen in het boek deden me denken aan enkele lezingen die ik jaren geleden bijwoonde op internationale wetenschappelijke conferenties. Eén ging over 'triseksualiteit': een professor legde met een dodelijke ernst uit dat er niet twee maar drie geslachten zijn – en eigenlijk nog veel meer. Ik herinnerde me een andere uiteenzetting over 'terroristische ethiek', waarin de spreker ons uitlegde dat we allemaal terroristen waren, wat toch opnieuw een soort ethiek was. Hij gaf daarbij niet één bevattelijk begrip, evenmin van terreur als van ethiek. Maar een poging om heldere begrippen uit te werken is noodzakelijk. Anders draagt zo'n lezing niets bij om hedendaagse vormen van terreur beter te begrijpen. In een andere toespraak behandelde een gerenommeerd onderzoeker de 'disruptieve kunst van de walg'. Zijn lezing was doorspekt met weerzinwekkende voorbeelden van 'kritische' kunst, die hij in een onbegrijpelijke woordenbrij becommentarieerde. De aangehaalde kunstwerken ontnamen me elke bewondering voor kunstzinnigheid die ik gewoonlijk voel. Na afloop vroeg een toehoorder zich luidop af of de man überhaupt iets zinnigs had gezegd. Anderen prezen deze interpretatie van de postmoderne kunst dan weer de hemel in.

Natuurlijk heb ik evenzeer inspirerende lezingen bijgewoond en boeiende mensen leren kennen. Maar wat me opvalt, is dat postmodernisme – en de bijhorende deconstructie – wel binnengedrongen is op die plekken waar normaal gezien de meest diepgaande, scherpzinnige en creatieve analyses van hedendaagse problemen worden gemaakt. Nochtans produceren de humane wetenschappen complexe theorieën, waarvoor je jaren onderzoek nodig hebt om ze te begrijpen. Wat het veel gebezigde, onduidelijke jargon betreft, dreigt de zoektocht naar heldere verklaringen zelfs te verzanden in 'gestamel, gebabbel en betekenisverlies'.[1]

Het boek van De Vries toont ook treffend hoe de ironische positie juist geen engagement tegenover de wereld inhoudt. De ironicus slaagt erin altijd weg te springen, ongrijpbaar en onvoorspelbaar. Nooit gooit hij zijn kaarten op tafel. Dat is de postmoderne *cool*. Tegenwoordig is het dan ook niet meer *cool* om met open vizier een zaak met passie te verdedigen. Alleen wat verwarring creëert, vindt de ironicus waardevol. Hij vermijdt openlijke conflicten of confrontaties, al bestrijdt hij zijn tegenstanders wel. Maar dat doet hij op een verdoken, indirecte manier. Dat de held in De Vries' boek een obsessie heeft met Hitler is tegelijkertijd veelzeggend en dramatisch. Veelzeggend omdat het totalitaire spook sinds de Tweede Wereldoorlog rondwaart doorheen het westerse denken. Maar die referentie lijkt eerder een poging om oppervlakkigheid nog enige diepzinnigheid te verlenen. Een ironisch en grappig voorbeeld uit het boek is hoe drie internationaal gerenommeerde academici het 'Rechterarmbevrijdingsfront' willen oprichten, om de rechterarm te 'onthitleriseren'. Ze roepen docenten op om hun studenten met de rechterarm te begroeten. Maar het gaat dieper. Even later stapt Friso in Wenen een antiquariaat binnen. Hij vermeldt het academische congres waaraan hij deelneemt en dat hij voor Briks academische tijdschrift schrijft. De eigenares begrijpt het meteen: ze heeft al enkele congresgangers over de vloer gehad, en samenzweerderig voert ze een verraste Friso naar een geheime, exclusieve kamer met bijzondere objecten: naziparafernalia. De ironische pose van Friso's collega's staat een grondige analyse van het verleden dus in de weg, terwijl ze eigenlijk een merkwaardige fascinatie voor de nazi's voelen. Dat is wrang, want het totalitarisme verdient nauwgezet onderzoek. Er is juist wel een gedreven democratische houding nodig om de nieuwe vormen van totalitair, antimodern, antidemocratisch denken op het spoor te komen.

De tegenstelling tussen de houding van de *Charlie Hebdo*-redactie en de postmoderne, academische houding is frappant. De redactieleden vertoonden zelfs zo'n vurig engagement dat het niet meer op sympathie kon rekenen. Het leek te heftig om nog aanvaardbaar te zijn. 'Liever rechtop sterven, dan leven op je knieën,' zei hoofdredacteur Charb strijdvaardig over de doodsbedreigingen, een jaar voordat hij werd neergeschoten. Daarmee klonk hij behoorlijk on-eigentijds. *Charlie Hebdo* leek van een andere tijd, omdat het nog de fascinatie incarneerde voor de permanente revolte die Frankrijk sinds de Revolutie van 1789 kenmerkt. Het blad streefde naar vrijheid, gelijkheid, broederlijkheid. Daarmee stond het haaks op de postmoderne tijd, die zich juist tegen de erfenis van die Revolutie verzet: de Verlichting.

Voorbij de Verlichting

Het postmodernisme zet een stap voorbij het modernisme. Tegelijk reageert het tegen het project van Verlichtingsfilosofen, die religieuze denkkaders bekritiseren om het lot van de mens te verbeteren. Voor Verlichtingsdenkers vervangt de wetenschappelijke methode de traditie en het geloof als denkkader om over de wereld te filosoferen. De postmodernen stoppen niet bij de Verlichtingskritiek op de vertegenwoordigers van God en hiërarchie. Ze richten hun pijlen op de verwezenlijkingen van de Verlichting zelf: op de rede, de rationaliteit, de wetenschap en de mens die gelooft in het autonome ontwerp van zijn leven. De volgelingen van de Verlichtingsfilosofen houden er nog steeds illusies op na, volgens de postmodernen. Wie nog in de rede gelooft, is niet kritisch genoeg. Objectieve waardeoordelen bestaan helemaal niet, elke uitspraak is ingebed in een context, vertrekt van een bepaald belang, beoogt een bepaald doel.

De impact van Heideggers filosofie op het denken van de postmodernen is groot. Het is in feite verwonderlijk dat deze conservatieve denker, wiens denken baadt in religieuze metaforen, de postmoderne denkers zozeer heeft beïnvloed. Vooral zijn houding tegenover de westerse filosofie slaat aan: Heidegger geeft een nieuw fundament aan de kritiek op de Verlichting, op de idealen van de autonomie en de almacht van de mens. Aan het begin van de moderniteit introduceert Descartes de radicale twijfel als een methode om tot waarheid te komen. De Franse denker wil de filosofie beoefenen volgens een strikt wetenschappelijke methode, en zonder zich op religie of traditie te beroepen. Zijn eerste zekerheid is: *je pense, donc je suis*: ik denk dus ik ben. Uitgerekend Descartes wordt het doelwit van een heideggeriaanse analyse: de Duitser ziet in Descartes de filosoof van de subjectiviteit. Descartes plaatst het 'ego', het rationele subject, als het kritische centrum van de wereld, dat de wereld als een object reconstrueert. Maar de mens is geen 'subject', hij kan wel denken dat hij betekenis kan construeren in de wereld rondom hem, maar in werkelijkheid wordt zijn zelfbewustzijn voortgebracht door een structuur waarin dat zelfbewustzijn is opgenomen. Het subject ligt dus niet aan de oorsprong van de betekenissen die het toekent, maar komt zelf voort uit iets breders en iets totaal anders dan wat het subject zelf is. Met deze kritiek meent Heidegger dat hij een laatste etappe van de metafysica heeft overwonnen: de metafysica van de subjectiviteit die sinds Descartes het westerse denken bepaalt. Zoals de mens geen subject is, is hij geen wezen met eigenschappen die op voorhand zouden vastliggen.

Daarin vinden Heidegger en de poststructuralisten elkaar. In een beroemde tekst verklaart Michel Foucault 'de mens' dood. Derrida bevraagt elk denken van het eigene of het identieke: hij meent dat Heideggers ontmanteling van de metafysica nog niet ver genoeg gaat.[2] 'Il n'y a pas de hors-texte'[3]: de mens heeft zelfs geen controle over betekenis die hij voortbrengt of toekent aan de wereld rondom hem. Hij zegt altijd iets anders dan wat hij denkt te zeggen; of het wordt door anderen anders begrepen. En als hij iets zegt, is er meteen een niet-gezegde in de tekst dat ook belangrijk is. Derrida noemt dat dissiminatie. Derrida's deconstructie reageert dan tegen de al te hoog gegrepen aanspraken van de filosofie: die leeft van de pretentie volkomen autonoom en principieel inzichtelijk te zijn, maar kan die zelfoverschatting nooit waarmaken.[4]

De postmodernen grijpen daarom terug naar drie denkers, de 'meesters van het wantrouwen', zoals Paul Ricœur hen noemde: Nietzsche, Freud en Marx. Zij hebben de aanmatigende toon van de rationele filosofie aan de kaak gesteld. Alle drie analyseren ze hoe de mens zich niet bewust is van zijn motieven en van de verborgen structuren (ook van zijn omgeving) die zijn interpretatie van de wereld bepalen. De mens is niet baas in eigen huis. Nietzsches 'wil tot macht' heeft een bijzondere filosofische relevantie voor het thema van de machteloosheid. De twee andere denkers hebben een lange tijd een enorme institutionele impact gehad: het marxisme werd politiek relevant in het communistische systeem, en de psychoanalyse verenigde zich in internationale strekkingen en scholen.[5] Aan deze onttroningen van de rationele mens voegt Martin Heidegger nog een andere toe, of beter: hij geeft een filosofische verwoording voor een fundamentele gebrokenheid in het bestaan van de mens.[6]

De aandachtige lezers van Heidegger, Jacques Lacan, Michel Foucault en Jacques Derrida formuleren die kritiek op het subject op een nog pregnantere manier.[7] Ook de sociologie is enorm door Heidegger en Nietzsche beïnvloed. Voor de analyse van hedendaagse fenomenen is dit relevant: de sociologische verklaring van de *Charlie Hebdo*-aanslag maakt deel uit van het kritische debat. Volgens de sociologie worden morele, politieke, culturele en andere keuzes bepaald door het gezin en de sociale groep waartoe iemand hoort, al denkt die persoon vrij te kunnen oordelen. Dit komt in het laatste hoofdstuk van dit deel aan bod.

Wie is de tegenstander?

Tegenwoordig kun je je afvragen welke filosofen nog zelfgenoegzame uitspraken over de rationele mens doen. Wie gelooft nog dat een bepaald denkkader het monopolie op de waarheid heeft?

Wie ontkent de complexiteit van begrippen zoals rationaliteit, wetenschap, waarheid? En dreigt er niet een paradox, namelijk dat postmodernisme zelf tot denkkader wordt verheven, terwijl het elk denkkader aantast, dus ook zichzelf? Het gevaar bestaat dat criteria om onderscheiden te maken te vaag worden om nog bruikbaar te zijn.

Het postmodernisme dreigt dan het project van de rationele filosofie op te blazen. Maar hoe kan je waarheid en fictie dan nog onderscheiden? Is het evenveel waard dat je iets verzint of niet, wanneer een feit tenslotte altijd herleid wordt tot iemands verhaal, tot iemands standpunt?

Denken veronderstelt per definitie voortbouwen op de vorige generaties. 'We zijn dwergen op de schouders van reuzen,' schreef Newton in een brief over zijn ontdekkingen. Zo wint elke generatie tijd om nieuwe vraagstukken op te lossen, omdat ze de afgelegde weg niet telkens moet heruitvinden. Natuurlijk evolueren denkkaders, maar het verleden blijft een rijke schat aan waardevolle ideeën. Vernieuwing is per definitie constructief.

Voor postmoderne denkers hertekent de filosofische opdracht echter de relatie tot het verleden. De mogelijkheid om verzet op te tekenen wordt de inzet van de filosofische vraag: waar ligt het protest, de rebelse aanpak, de blik van de buitenstaander? De uitkomst is een deconstructie van de teksten uit de traditie.

Deze houding tegenover de traditie is al sinds de Tweede Wereldoorlog veranderd: de moderne mens ervaart dat het verleden niet meer aangeeft hoe de toekomst er zal uitzien. 'Notre héritage n'est précédé d'aucun testament,' schrijft de Franse dichter en verzetsstrijder René Char. Die positie is niet probleemloos. Zonder testament dat kiest en benoemt, dat overdraagt en bewaart, dat aangeeft waar de schatten zich bevinden en wat hun waarde is, is er verleden noch toekomst, aldus Hannah Arendt, die Char citeert. Het is onze taak om die erfenis door te geven, zonder te weten hoe we dat moeten doen, waarom, en aan wie. Dan kan je alleen open blijven kijken naar het verleden en naar je fundamentele ervaringen. De moderne opdracht impliceert dus wel een grondige kennis van de erfenis. Als je geen culturele bagage hebt, kan je niet voor vrijheid kiezen. Als je onwetend bent, kan je niet kritisch denken. Vandaag de dag lijkt de lijn van de overdracht echter doorbroken: de vergaarde kennis wordt niet meer in een bredere horizon van vragen geplaatst. De (post)moderne houding is juist anders: op de traditie moet je een deconstructie toepassen. Niet het doorgeven, niet het overleveren zelf, maar het verzet tegen het voorgaande is relevant. Zo heeft het postmoderne denken een ondermijnend effect. De vraag is dan of niet iedereen met lege handen achterblijft.

Elk denken heeft normen voor waarheid en waarachtigheid nodig. Maar die zijn vervaagd: de ironische postmodernist beschouwt het als zijn taak om meteen de andere kant van een stelling te zien. Net zoals in de roman van Joost de Vries, wordt de obsessie met de ander alleen groter. Niemand weet nog wie hij is, waar hij vandaan komt, waar hij naartoe gaat. De blik van de ander lijkt dan enig heil te bieden, maar dat gaat ten koste van de eigen waardeschaal en het zelfstandig oordeel.

2

NIETZSCHE

Niet alleen Heidegger inspireert het postmoderne denken. Vooral het werk van Nietzsche voedt de postmoderne kritiek op universele waarheden. Volgens Nietzsche zoekt een ernstige filosoof geen absolute waarheidsaanspraak, maar wil hij altijd opnieuw zijn eigen gedachten weerleggen. Daartoe heeft hij niemand anders nodig.[8]

Nietzsche waarschuwt bovendien voor de illusie van de belangeloze reflectie, van een reflectie die zonder verlangen zou kunnen ontstaan. Zulke objectieve, onbevooroordeelde oordelen bestaan niet. 'Oordelen, waardeoordelen over het leven, vóór of tegen, kunnen in laatste instantie nooit waar zijn: zij hebben alleen waarde als symptomen, ze komen alleen als symptomen in aanmerking, – op zichzelf beschouwd zijn zulke oordelen klinkklare onzin. Men moet dan ook zijn vingers uitsteken en proberen deze verbazingwekkende finesse te vatten, *dat de waarde van het leven niet geschat kan worden*. Door de levenden niet, omdat ze partij, zelfs twistappel zijn en geen rechter; door de doden niet om een andere reden. Wanneer een filosoof in de *waarde* van het leven een probleem ziet, spreekt dat alleen maar tegen hem, het is een vraagteken bij zijn wijsheid, zijn onwijsheid.'[9] De objectiviteit die Nietzsche nog overhoudt, is de mogelijkheid voor de kritische filosoof om pro en contra tegen elkaar af te wegen. Maar een strikt onderscheid tussen rede en gevoel is niet mogelijk. En dus moeten we onze gevoelens niet onderdrukken, maar ons juist bewust worden van de manier waarop ze in ons denken aanwezig zijn, en het beïnvloeden. Er is alleen maar een perspectivistisch zien, alleen maar een perspectivistisch kennen; hoe meer affecten we betreffende een zaak laten meespreken, hoe meer ogen we voor dezelfde zaak weten te gebruiken, des te vollediger zal ons begrip van deze zaak, onze 'objectiviteit', zijn.[10]

Macht en onmacht bij Foucault

Michel Foucault vindt bij Nietzsche de idee om de vraag naar een correcte interpretatie te vervangen door de vraag naar de dominante interpretatie. In zijn zoektocht naar de structuren die het dominante discours bepalen, heeft Foucault het over een interpretatieoorlog.[11] De gevolgen zijn verregaand: kritisch denken betekent dat je conflicten tussen interpretaties schetst. Alles draait om 'het discours', er is geen neutrale kennis, maar een strijd tussen kennisopvattingen waarbij macht de uitkomst bepaalt. In een permanente strijd gewikkeld, wint de ene interpretatie het van de andere.[12] Zo evolueert kennis. Er is geen kwalitatieve, positieve evolutie van kennis: kennis geeft slechts een tijdelijke stand van zaken weer. Ze verwijst niet objectief naar iets buiten die kenniscontext zelf. Machtsstructuren produceren kennis, die op haar beurt de machtsstructuren beïnvloedt. De complexe machtsrelaties die in elk aspect van het leven doordringen – leeftijd, gender, sociale status – bepalen het gedrag en de gedachten van individuen. Het individu op zich bestaat niet: het is al het product van machtsrelaties, uitgeoefend op 'lichamen, veelheden, bewegingen, verlangens, krachten'.[13] Vrij onderzoek is dus een illusie: wat je kan denken is al op voorhand beperkt, door de dominante ideologie waarin je je bevindt, de *doxa* – het dominante discours – dat je omringt, de *episteme*, het kennissysteem waarin je bent ingedompeld. Er is geen ontkomen aan, zelfs voor wie meent objectief en kritisch te denken. Zo wordt een project om objectief kennis te verwerven haast een verdacht project: het impliceert dat de dynamiek van machtsrelaties ten onrechte wordt ontkend, en dus wordt versterkt.

Machtsrelaties zijn historisch contingent – ze zijn door toevallige omstandigheden tot stand gekomen. Postmoderne denkers interesseren zich voor de historische context waarin ideeën ontstaan. Foucault bedenkt een originele visie op historisch onderzoek: de foucauldiaanse historicus moet voortaan de structuren blootleggen die aan de basis liggen van de machtsrelaties. Deze nieuwe discipline is een archeologie of een genealogie van het denken, naar het woord van Nietzsche.

De paradox van Michel Foucault is dat hij enerzijds de filosoof is van het engagement en het verzet – hij ijverde voor betere levensvoorwaarden voor psychiatrische patiënten en gevangenen; hij zette zich in voor minderheden. Anderzijds sluit zijn theoretisch werk verzet uit: niemand, ook de meest kritisch geest niet, kan zich buiten het heersende discours plaatsen. Zelfs het verzet wordt door de macht gerecupereerd. Dat probleem ontging ook Foucault niet. In zijn lezingen aan het Collège de France probeerde hij net die spanning tussen macht en denken, tussen dwang en vrijheid te hertekenen. Zijn laatste teksten over levenskunst en zorg voor het zelf getuigen van zijn poging om de macht-onmacht-dynamiek die hij overal meende te ontwaren, te overstijgen.[14]

Meerderheid versus minderheid

Postmoderne denkers beweren helemaal niet vanuit een objectief standpunt bestaande machtsrelaties te analyseren, kennis is altijd voorwaardelijk. Maar er zijn verschillende regimes van waarheid; het ene regime is sterker dan het andere. Bij elke kennisoverdracht zijn er winnaars en verliezers. Sommigen hebben voordeel bij het heersende discours, terwijl anderen de nadelen ondervinden. Daarin zien heel wat volgelingen van Foucault een mogelijkheid voor de tegenstem: het bestaande discours moet worden ondermijnd en omvergeworpen. Het resultaat is dat elke actuele autoriteit ter discussie wordt gesteld. Zo kan het onzichtbare, het vergetene, het onderdrukte naar boven komen. Het metadiscours stelt de vraag welke criteria, procedures en selecties ervoor zorgen dat we sommige dingen nog wel opnemen in onze geschiedenis, en andere gewoon niet meer weten. Om nieuwe perspectieven te openen, moeten onderliggende structuren en vooronderstellingen worden blootgelegd. Vandaar dat postmodernisme zich heel vaak richt op minderheidsgroepen; postkoloniale studies herbekijken de geschiedenis en de werkelijkheid vanuit het vergeten perspectief van onderworpen volkeren; feministische studies geven een stem aan vrouwen die door de dominantie van het mannelijke discours niet aan bod komen.

Vanuit foucauldiaans perspectief initieert de bevrijding uit de bestaande structuren de overgang naar een nieuwe machtsrelatie: elke interpretatie van kennis gebeurt binnen een machtsverhouding. Het resultaat van een denkoefening – bijvoorbeeld met betrekking tot het kolonialisme – is dus niet intrinsiek beter. Het postmodernisme kan geen beter alternatief garanderen. Er is geen normatief argument om dat nieuwe te verkiezen boven het vorige, behalve dat de onderdrukte nu een eigen perspectief kan ontwikkelen. Telkens opnieuw ontstaat er contestatie van de heersende machtsrelaties, is er de strijd van minderheden.

Wanneer behoort iemand echter tot een minderheidsgroep? Dat is een moeilijke vraag, iemand kan deel zijn van een minderheid in een sociale groep, maar een meerderheid vormen in een buurt, of binnen een gezin. De enige niet-gelovige in een gezin behoort wel tot de grotere groep over de gehele bevolking, maar kan binnen één familie wel een kwetsbare minderheid zijn. Wie is dan potentieel onderdrukt? Wie neemt de verzetspositie in?

De Franse filosoof Deleuze werpt hierop een origineel perspectief, om de houding van politiek links te determineren (de postmodernen vertegenwoordigen links binnen het politieke spectrum). Als je politiek links bent, zegt Deleuze, dan zoek je het *devenir minoritaire*: je verplaatst je in de minderheidspositie, ongeacht welke positie je in de maatschappij bekleedt.[15] Zo trek je het heersende denkkader in twijfel, omdat je aanneemt dat elke vaste bepaling een illusie is. Deleuze noemt bijvoorbeeld *devenir femme*, het vrouw-worden, dat niet samenvalt met de vastgelegde, voorbestemde rol van de vrouw in de samenleving. Er is geen stellige definitie van 'vrouw', maar elke vrouw beleeft een *devenir femme*.

Daartegenover staat de rechtse positie, die hij *être majoritaire* noemt: naar anderen kijken vanuit het standpunt van de meerderheidsnorm. Die norm of standaard heeft op zich geen inhoud, maar ontstaat door toevallig bestaande regels. In het Parijs van 1988, noemt Deleuze 'man', 'volwassene', 'bewoner van een stad' als standaard. Wie zich daarin herkent, vormt de meerderheidsgroep die politiek de meeste macht uitoefent. Vrouwen verhouden zich ook tot die norm, in de mate dat ze ermee verbonden zijn: als echtgenote, moeder, of zus van zo'n man. Deleuze onderscheidt daarbij *devenir* (worden) van *être* (zijn). Je wordt minderheid, in de zin dat je je verplaatst in de positie van de ander. Maar je bent meerderheid, wanneer je jezelf herkent in de meerderheidsstandaard. Wie zich met die standaard identificeert, gelooft dat er een vaste standaard of norm is die voor iedereen het referentiepunt is. Je denkt, bijvoorbeeld, dat je weet wat man-zijn of vrouw-zijn inhoudt, dat jij de essentie kent. En je verdedigt de middelen die je nodig acht om anderen aan die standaard te houden. Op deze manier is het onderscheid tussen minderheid en meerderheid voor een progressief project relevant, aldus Deleuze.

Deleuze benadrukt dat minderheids- of meerderheidsdenken geen kwestie van personen is. Er zijn geen op voorhand vastgelegde uiterlijke of innerlijke kenmerken die bepalen of iemand lid is van de ene of de andere groep. De enige kwestie is of iemand zich herkent in een referentiepunt, in een standaard. Het is dan ook geen kwestie van aantallen. Een kleine groep kan een meerderheidsnorm opleggen. Bijvoorbeeld: tijdens de Britse koloniale overheersing van India gold de norm 'Engels', 'blank', 'christelijk', 'man' als standaard, al beantwoordde slechts een numerieke minderheid eraan. In aantallen was de overweldigende meerderheid 'hindoe', 'moslim', 'niet-blank' of 'vrouw'. Maar de norm beperkt zich niet tot een bepaalde groep van personen. Ook Indiërs konden zich in de meerderheidsnorm herkennen, hoewel ze er als personen op het eerste gezicht niet toe behoorden. Jawaharlal Nehru en Mahatma Gandhi studeerden in hun jonge jaren rechten aan exclusieve Engelse universiteiten in Cambridge en Londen. Jarenlang bestudeerden ze, in mooie Britse maatpakken, het Britse rechtssysteem. Zolang ze dat deden, gaven ze aan dat ze zich in de meerderheidsnorm van de Engelse *gentleman* herkenden. '*The moment a man wears a tie, he is lost*,' waarschuwt Joseph Conrad, '*the germ of corruption has entered into his soul*.' Naarmate Nehru en Gandhi actief werden in de Indische emancipatie- en vrijheidsstrijd, begonnen ze de meerderheidsnorm te weigeren. Ze waren op weg naar hun *devenir minoritaire*, zou Deleuze zeggen. Gaandeweg verwisselden Nehru en Gandhi als antikoloniale, politieke leiders hun westerse maatpakken voor meer traditionele kledij, zoals een *kurtapajama* of een *dhoti* (lendendoek). Nehru zou later als eerste minister van een onafhankelijk India pogingen ondernemen om vrouwen meer rechten te geven, en kastelozen te beschermen. Toch veranderen nieuwe machtsrelaties de meerderheidsstandaard. Zo ontstaan er telkens nieuwe dynamieken.

Zo bekeken heeft het geen zin om personen die een bepaalde godsdienst aanhangen vanuit elk oogpunt als een minderheid te zien. Ze kunnen dat in numeriek opzicht wel zijn. Maar ze kunnen zich best bij een meerderheidsnorm aansluiten. Of ze kunnen hun eigen meerderheidsdenken binnen een groep opleggen. Hoe moeten we bijvoorbeeld de houding van een man inschatten die een vrouw lastigvalt omdat ze geen hoofddoek draagt? Valt hij onder een *devenir minoritaire* indien hij vindt dat die vrouw als een eerloze vrouw rondloopt, en dus een lesje verdient? Of hanteert hij zelf een strak idee over man-zijn, terwijl een vrouw pas respect verdient als ze bewijst eer te hebben? Eer krijgt dan een definitie vanuit zijn meerderheidsnorm. Wie in een buurt woont waar een religieuze culturele meerderheidsnorm ook effectief door de grootste groep wordt gedeeld, zoals in bepaalde Brusselse, Parijse wijken, beleeft daar een specifieke meerderheidsnorm.[16] Er zijn geen op voorhand gedefinieerde minder- of meerderheden. De standaard is op zich onbepaald. Wat volgens Deleuze telt, is de bereidheid om de positie van een *devenir minoritaire* in te nemen, en het geloof in een onveranderlijke standaard te verlaten.

Foucaults verblinding door islamisme

Verzet tegen een bestaande, onderdrukkende autoriteit lijkt per definitie een nobele, rechtvaardige zaak. Het lijkt moreel en politiek verkiesbaar boven meeheulen met de meerderheid, en beter dan aanpassen aan de machtsstructuur. Maar politieke kenteringen zijn onvoorspelbaar en complex. Over het politieke alternatief na een opstand of verzet is minder duidelijkheid, zeker voor wie in termen van meerderheid of minderheid denkt. Dan bestaat het risico dat het nieuwe bestel voor delen van de bevolking minstens even onderdrukkend is, of zelfs nog meer. Een goed voorbeeld hiervan is de overgang van het door de dictatoriale Perzische sjah bestuurde Iran naar de islamfundamentalistische staat van Ayatollah Khomeini. Tijdens de Iraanse Revolutie in 1979 greep de religieuze leider Khomeini de macht en verdreef de sjah, Mohammed Reza. Meteen na die staatsgreep begon Khomeini's terreurbewind. Hij vormde Iran om tot een islamitische staat en verbood elke oppositie met bruut geweld.

Vlak voor de revolutie publiceert Foucault enkele artikelen waarin hij zijn steun aan Khomeini uitspreekt. Hij maakt ook een korte reis door Iran.[17] De filosoof ziet in de sjah een marionet van Amerikaanse, kapitalistische machten, en vergelijkt de Iraanse revolutie met anti-Amerikaanse oorlogen in Vietnam en Cuba, en met de Chinese Revolutie. De sjah heeft een autoritair programma met economische en culturele hervormingen doorgevoerd, die het land moeten verwesteren. Foucault bespeurt in het secularisatie- en modernisatieproces van de sjah dezelfde disciplinaire technieken die tijdens de negentiende eeuw in Europa werden ingezet. Ook zijn moderne staatsmacht, met een indrukwekkende geheime staatspolitie en een streng gevangenisregime, dient om de bevolking te disciplineren. Voor Foucault loopt de sjah honderd jaar achter.

Hij is echter wel onder de indruk van Khomeini's pogingen om een 'spirituele politiek' te ontwerpen. Hij ziet in de sjiitische islam een politiek verenigende tegenmacht, een gezamenlijk verzet van de Iraniërs tegen hun corrupte dictator. Met scherpe visie stelt Foucault dat de politieke islam een enorm potentieel heeft in de regio. Hij voorspelt correct dat Khomeini niet door marxistische, linkse groeperingen van de macht zou worden verdreven, zoals linkse stemmen in Europa hoopten. De islam, schrijft Foucault, is niet alleen een godsdienst, maar een manier van leven, een gehechtheid aan een geschiedenis en een beschaving. Die islam is een gigantisch kruidvat.[18] En dat zo'n geloof niet door een seculiere beweging aan invloed zal inboeten, betreurt Foucault geenszins.

Maar Foucault blijkt de gevaren van de politieke islam verkeerd te hebben ingeschat. In oktober 1978 houdt hij nog vol dat een islamitische regering wel degelijk democratisch zou zijn en dat de sjiitische religieuze wereld geen hiërarchie kent. De filosoof-activist blijkt stekeblind voor de onderdrukking van vrouwen en religieuze minderheden onder een islamitisch regime. Zo herhaalt hij gewillig de traditionele stellingen van religieuze leiders dat mannen en vrouwen gelijk zijn, maar verschillend. Meteen na zijn artikelen krijgt Foucault in *Le Nouvel Observateur* weerwoord van een Iraanse feministe, Atoussa H. Zij publiceert een anonieme brief waarin ze waarschuwt voor de desastreuze effecten van Khomeini's revolutie voor vrouwen, die zich moeten onderwerpen aan de islamitische wet. Op straat werden vrouwen al lastiggevallen, aldus Atoussa H. Ze krijgt gelijk. Na de revolutie worden vrouwen meteen achtergesteld: bij erfenissen ontvangen ze nog maar de helft en ze worden verplicht de chador te dragen.[19] Atoussa H. verwijst ook naar de schokkende toestand in Saoedi-Arabië, waar bij dieven en overspeligen handen worden afgehakt. Een week later reageert Foucault gepikeerd, en dicht de vrouw haatmotieven toe: 'Het probleem van de islam als politieke macht is een essentieel probleem voor onze tijd en voor de komende jaren. De eerste voorwaarde om het probleem met een minimum aan intelligentie aan te kaarten, is om elke haat te vermijden.'[20]

De Franse pers reageert sarcastisch op Foucaults Iraanse avontuur. Het debacle wordt gezien als een misstap, een gevolg van zijn onwetendheid over de lokale geschiedenis en cultuur. Maar eigenlijk vloeit Foucaults visie op Iran consistent voort uit zijn kritiek op het moderne Verlichtingsdenken.[21] Zijn reactie illustreert hoe moeilijk het is om een gedegen postmoderne analyse te maken van de relatie tussen godsdienst en politiek.[22]

Niet Foucaults verzet tegen het Amerikaanse imperialisme is problematisch, maar het feit dat hij vanuit zijn verlangen om de gekende westerse demonen te bestrijden, enthousiast de deur opent voor fundamentalisme. Veel later, in 1984, publiceert Foucault een tekst over de Verlichting, waarin hij de filosofische ethos ervan meer op waarde schat.[23]

Nietzsches nihilisme

Wat is dan de blijvende meerwaarde van zo'n postmoderne analyse voor het politieke leven? Vooral bij minder geslaagde postmoderne analyses verglijdt kritisch denken naar een intentieproces, waarbij de morele veroordeling primeert op een correcte analyse. De interpretatiestrijd wordt een doelbewuste poging van een dominant discours om een ander discours weg te drukken. De stille stem wordt de verdrukte, onrechtvaardig behandelde en gediscrimineerde stem. Dan bestaat de alternatieve canon niet alleen uit vergeten, maar uit onderdrukte denkers. Het gaat niet meer over genuanceerd bouwen op het verleden, maar over tribunalen oprichten voor denkers en hun dwalingen.[24] De doorslaggevende vraag is wie een ander heeft benadeeld. Al leert Nietzsche volgens de postmoderne opvatting dat geen enkel oordeel objectief of absoluut kan zijn, toch bestaat de neiging om vanuit het postmoderne denken filosofische vragen vooral tot morele posities te herleiden. Het oordeel, de aanklacht en de beschuldiging zijn tegenwoordig de ondertoon van heel wat 'kritisch' denkwerk over de samenleving.

Een analyse op basis van machtsstructuren – wie domineert, wie is de gedomineerde? – heeft het merkwaardige neveneffect dat slachtofferschap aantrekkelijk wordt: vanuit die positie ontstaat schijnbaar het noodzakelijke verzet, dat meteen een morele rechtzetting impliceert. De vraag is of zo'n denkschema toelaat hedendaagse fenomenen te ontleden. Of is zo'n project op voorhand gedoemd om de onmacht te vergroten? Het staat bijvoorbeeld natuurlijk als een paal boven water dat African Americans en Native Americans in Amerika op grote schaal worden gediscrimineerd, dat vrouwelijke stemmen minder aan bod komen en dat Europese landen andere werelddelen hebben gekoloniseerd. Maar de vraag is of de postmoderne methode als kritische methode een beter filosofisch en politiek project mogelijk maakt, dat onmacht doet afnemen en wantoestanden verbetert.

Om die vragen te kunnen beantwoorden, moet Nietzsches kritiek op de Verlichting en de traditie, waar postmodernen graag op terugvallen, nog een stap verder worden gedacht, en op het postmodernisme zelf worden toegepast.

Nietzsches onverbiddelijke boodschap is dat de Verlichting en het humanisme nog in het verlengde van de godsdienst liggen. Verlichtingsfilosofen gaan uit van een religieuze denkstructuur, al beseffen ze dat niet. Natuurlijk hebben ze vernietigende kritiek op de religieuze tradities, wanneer ze bijgeloof ontmaskeren. Natuurlijk ondermijnt hun denken de kerkelijke autoriteiten, wanneer het de rede promoot. Maar die Verlichtingsfilosofen geloven nog altijd in idealen als vrijheid, gelijk en broederlijkheid. Ze menen dat bepaalde waarden hoger zijn dan het leven zelf. Daarom evalueren ze de werkelijkheid vanuit de idealen die ze aanbidden, en willen ze de werkelijkheid aan hun idealen aanpassen. Verlichtingsdenkers en hun volgers vereren nieuwe afgoden, zonder God.[25]

Daarmee beleeft de negentiende-eeuwse cultuur, die wetenschap en rede hoog in het vaandel draagt, een vorm van nihilisme, aldus Nietzsche. Nihilisme betekent dat de werkelijkheid wordt ontkend in naam van een ideaal. In wezen herneemt elk nihilisme een theologische gedachte: dat de waarde van het leven op aarde beoordeeld kan worden vanuit een idee over een betere wereld. Om waarden te deconstrueren, bedenkt Nietzsche de genealogische methode, die naar de bron, de stam van de waarden zoekt, en naar hoe die zijn geëvolueerd. De filosoof speurt dan op hoe de waarde van de waarde is ontstaan: hoe de mens ertoe is gekomen om bepaalde ideeën heilig, onschendbaar, goddelijk te vinden. De filosoof onttroont dus wie een verheven pose aanneemt.

Nietzsche zet – paradoxaal genoeg – hiermee de traditie van Kants Verlichtingsfilosofie verder. Kants filosofie tast de grenzen van de geest af: van het kennen, het handelen, het oordelen. Zijn kritische werk over de 'zuivere' rede verlegt de kennis over God buiten het domein van de menselijke kennis. Het antwoord op de vraag of God bestaat, kan niemand met absolute zekerheid geven. In zijn *Kritik der praktischen Vernunft* vraagt Kant zich vervolgens af welke waarden ons zouden moeten leiden. Hoe komen we tot morele principes? Dankzij de categorische imperatief: we handelen moreel als we die maxime volgen waarvan we willen dat ze een algemene wet wordt. Die imperatief zet aan tot universeel denken. De imperatief biedt een richtlijn om rechtvaardig handelen aan te toetsen. Universeel betekent niet dat één regel geldt in alle situaties. Of een algemene regel bij een situatie past, hangt af van alle bijzonderheden van die situatie. De eis tot universeel denken wordt dan de eis om ongeacht de bijzondere omstandigheden, steeds rechtvaardig te handelen en iedereen die in een gelijkaardig situatie verkeert, gelijk te behandelen. Zo verdwijnen willekeurige discriminatie, opportunisme en hypocrisie. Hieruit volgt het politieke luik van de Verlichting: de noodzaak om politieke stellingen te bevragen en te verdedigen. Kant noemt kritisch durven te denken – *sapere aude*! – de fundamentele waarde van de Verlichting. Zo'n denken is een noodzaak voor elk mens, voor elke burger.[26]

Kants filosofie gaat voor Nietzsche niet ver genoeg, en daarom ontwikkelt hij zijn genealogie.[27] Hij meent dat elk transcendent ideaal, dat de wereld hier en nu overstijgt, een ontkenning van het leven insluit zoals het is. In deze vernietigende methode klinkt Nietzsche als een immoralist, maar hij heeft zelf ook een waardeschaal gecreëerd: hij geeft een selectiemethode om te bekijken welke levensstijl op aarde de moeite waard is om geleefd te worden. Dat aardse leven gebeurt hier en nu. Het wordt niet door een verleden achtervolgd, het droomt niet van een betere wereld in de toekomst. Dat richtsnoer om het eigen leven in te schatten is de idee van de eeuwige terugkeer. Maar Nietzsches alternatieve wijsheid en levenskunst vallen buiten de opzet van dit boek.

Wat opvalt, is hoe nihilisme in elke heilsleer verscholen zit: de verheven retoriek van de religiositeit verbergt een fundamenteel vijandige tendens tegenover het leven. Nietzsche geeft dus genadeloze kritiek op elk geloof, op eenieder die zijn redding zoekt door in God te geloven. Hij ondermijnt elk streven naar een hiernamaals dat zondaars beloont voor hun ellendige bestaan op aarde. In zijn aanbidding van God veroordeelt de mens de natuur en de wil tot leven.[28]

Hoe staat de beeldenstormer Nietzsche dan tegenover godslastering? Die krijgt een aparte draagwijdte, omdat de christelijke God al overleden is. In *Aldus sprak Zarathoestra* geeft hij deze raad: 'Ik bezweer u, mijn broeders, blijft de aarde trouw en gelooft niet degenen, die u van bovenaardse verwachtingen spreken! Gifmengers zijn zij, of zij het weten of niet. Levensverachters zijn zij, afstervenden en zelf vergiftigden, die de aarde moede is: dat zij heengaan! Eens was het vergrijp jegens God de grootste misdaad, maar God stierf en met hem stierven ook deze misdadigers. Nu is de grootste schanddaad zich aan de aarde te vergrijpen en het ingewand van de ondoorgrondelijke hoger te achten dan de zin der aarde!'[29]

Nietzsche verwijst naar twee momenten aan het einde van de negentiende eeuw waarop godslastering een betekenis heeft. Het meest openlijke moment van godslastering is dan al voorbij, namelijk in de periode van de Verlichting. Toen riskeerden denkers hun vege lijf wanneer ze hun atheïstisch getinte geschriften publiceerden. De lijst van tragische gevallen is pijnlijk lang. Ik noem er drie. In 1669 overlijdt de vrijdenker Adriaan Koerbagh na een veroordeling tot dwangarbeid in de gevangenis. Hij heeft in zijn werk *Een licht dat schijnt in duistere plaatsen* de machtsgreep van de kerkelijke autoriteiten op de politiek bekritiseerd.[30] De radicale denker Spinoza (1632-1677) houdt zijn *Ethica* netjes opgeborgen in een lade. Uit vrees voor de overheid verschijnt zijn *Theologisch-politiek traktaat* in 1670 anoniem. Tot in de negentiende eeuw is atheïsme een beschuldiging die tot gevangenschap of de doodstraf kan leiden. De Duitse filosoof Ludwig Feuerbach, die Marx enorm heeft beïnvloed, kan zijn hoop op een academische carrière opbergen nadat hij de onsterfelijkheid van de ziel durft te ontkennen. Maar Nietzsche verklaart God dood, en beschouwt het verzet tegen atheïsme binnen de christelijke cultuur als een filosofisch feit van het verleden. Juist omdat de christelijke God overleden is, verschuift de zin van godslastering in een tweede moment. Nietzsche beschouwt de nieuwe opdracht tot godslastering als de aanval op die idealen van de Verlichting zelf: van gelijkheid, democratie, herverdeling. Hij doelt op ideologieën en utopieën die in de twintigste eeuw grote massa's verleiden, zoals het communisme en het socialisme. Het postmodernisme lijkt die tweede vlaag van godslasteringen grondig te hebben voltooid.

Met de aanslag op *Charlie Hebdo* in gedachten valt er een derde moment te onderscheiden, waarop er een kloof tussen groepen verschijnt. Die kloof leidt tot een soort spraakverwarring over de noodzaak en de betekenis van godslastering. Voor een deel van de bevolking is God helemaal niet overleden. Zij redeneren nog binnen het denkkader waarbij aan Gods almacht twijfelen voldoende is om de doodstraf te riskeren (wat trouwens in heel wat moslimlanden nog steeds het geval is). De beeltenis van de profeet is een diepe belediging die geweld uitlokt, omdat de heilige goddelijke boodschap zo'n afbeelding verbiedt. Dat geldt helemaal als het een spotprent betreft. Daartegenover staat de houding van de postmodernen, die trouw zijn aan Nietzsches tweede invulling, wanneer ze elk 'Groot Verhaal' deconstrueren. Het merkwaardige is dat diezelfde genadeloze critici geen kritische houding tegenover godsdienst verdragen. Zij richten hun pijlen hoofdzakelijk op de moderne pretenties van de Verlichtingsdenkers en hun nazaten: het rationele denken, de wetenschap. Daarmee nemen ze afstand van de *Charlie Hebdo*-redactie, die expliciet een laïcistisch model verdedigt en zich als erfgenaam van de Franse Revolutie presenteert. Voor de postmoderne critici is godsdienst een identitaire vraag geworden: wie bekritiseert wie? Voor hen veronderstelt kritisch denken vandaag de dag dat de idealistische pretenties van godsdienst juist niet meer worden neergehaald. Dat God dood is, wordt liefst niet al te hardop gezegd, al is precies die gedachte de fundamentele voorwaarde om

Nietzsches genealogie te begrijpen. Iconoclastisch een monotheistisch geloof deconstrueren, zoals Nietzsche voorstelt, is voor hen een lage aanval geworden: de belangrijkste vraag voor een kritische denker luidt nu hoe een minderheid wordt behandeld binnen de machtsstructuren van de maatschappij. Wie kritiek levert op theologische of religieuze denkbeelden, beledigt, vernedert, spuwt op de 'zwakkere', zoals een criticus de activiteiten van *Charlie Hebdo* typeerde.[31] Deze retoriek van het ressentiment, van slachtofferschap, medelijden en schuld tekent het hedendaagse debat rond godslastering, en dus ook de reacties op geweld tegen godslasteraars, zoals de cartoonisten.

Slachtofferschap

Hier verschijnen Nietzsches kernideeën over ressentiment, actieve en reactieve krachten, die de basis vormen van zijn filosofie. Ironisch genoeg zijn deze ideeën dus op het postmoderne denken zelf van toepassing. Ze lichten zelfs een tip van de sluier waarom dit denken niet echt wapens levert voor de conflicten die de samenleving verdelen. Erger nog, door zijn weinig consequente houding verhindert het postmoderne denken juist de emancipatie, het kritisch denken en de onafhankelijkheid van leden uit minderheidsgroepen. Nietzsche interesseert zich namelijk niet alleen voor de dood van God, maar vooral voor de houding tegenover levensontkennende waarden die achter elk geloof schuilgaan. Daarom haalt hij de hakbijl boven. Niet omdat hij per se wil vernielen, maar omdat er zoveel op het spel staat, namelijk de omarming van het leven. Hier schuilt het antwoord op de eerdere vraag over de macht of onmacht van kritisch denken: voor Nietzsche is het criterium of iemand het leven omhelst, of niet. De merkwaardige aantrekkingskracht van slachtofferschap moet dan ook van naderbij worden onderzocht.

Dat slachtofferschap aantrekkelijk is, klinkt tegenstrijdig. En dat is het ook: is het niet beter geen slachtoffer te zijn, geen compensatie te behoeven, niet omringd te zijn door daders? Ook dit hangt met onmacht samen, of beter met het gevoel van onmacht bij uitstek: het ressentiment, dat een combinatie is van vijandigheid, jaloezie en verontwaardiging.

Ressentiment is echter méér dan alleen een gevoel: voor Nietzsche is het een manier om naar het leven zelf te kijken. Ressentiment of geen ressentiment voelen, er is geen groter verschil, zelfs voorbij de geschiedenis en de metafysica.[32] Hoog of laag, nobel of niet, is geen sociologische beschrijving, geen historisch verworven positie, maar een type. Zo kan een priester ressentiment voelen, maar ook een koning of een rechter, terwijl een gewone werkman het niet noodzakelijk ervaart. Want niet de 'armen' of de 'lagere klassen' zijn reactief, wel de slaven, en een slavenmentaliteit kunnen zelfs rijke mensen hebben. Alles hangt af van gevoelens, de waardeschaal, het perspectief. Het bepaalt hoe iemand ervaringen, verwezenlijkingen, gebeurtenissen beoordeelt. Het beïnvloedt dus hoe een mens de wereld interpreteert, en welke nieuwe, positieve mogelijkheden hij kan uittekenen. Dan is ressentiment een vorm van onmacht die de onmacht alleen doet toenemen.

De drie kenmerken van ressentiment

Nietzsche onderscheidt drie kenmerken van ressentiment: niet kunnen liefhebben of bewonderen, het lot passief beleven, en beschuldigend in het leven staan.

Wordt onze cultuur gedreven door bewondering? Dat zou je niet denken als je de televisie aanzet, en uitlachprogramma's ziet, waarin mensen vernederingen ondergaan in ruil voor enkele minuten roem. Of wanneer je de krant openslaat en leest hoe betweterige opiniemakers de bevolking vermanen, of wanneer opvoeders niet de beste prestatie, maar de laatste of laagste prestatie de meeste waardering geven, bijvoorbeeld als de verliezer van een loopwedstrijd dezelfde prijs krijgt als de winnaar. Dat is typisch voor een cultuur van ressentiment, die presenteert de nederlaag, die iedereen kan waarnemen, als een overwinning. De kwetsuur – of de belediging – wordt dan de belangrijkste leidraad om het goede van het kwade te onderscheiden. Ressentiment herken je wanneer de vraag wie je onuitstaanbaar vindt, makkelijker wordt beantwoord dan de vraag wie je bewondert. Kortom, als je makkelijker te weten komt waar je tégen bent, maar niet goed weet waarvoor je je zou inzetten.

Volgens Nietzsche zoekt de actieve geest juist iets of iemand om te bewonderen, zelfs als hij dat in een tegenstander vindt, of in iets wat buiten zijn bereik ligt. 'Hoeveel eerbied heeft een voorname mens al voor zijn vijanden!'[33] De ressentimentsmens, daarentegen, kan slechts kritiek geven op wat hij niet kan krijgen. De man voor wie mooie vrouwen een bron van frustratie zijn, ziet schoonheid niet als verrijking van zijn wereld, hij ervaart alleen zijn eigen mislukking. Dus maakt hij de schoonheid lelijk door haar moreel minderwaardig te maken. De gefrustreerde doet alsof alleen hij begrijpt wat eer betekent, namelijk dat eerbare vrouwen hun charmes moeten verbergen. Vrouwen die openlijk hun schoonheid tonen, verdienen in zijn ogen geen respect.

Omdat de ressentimentsmens zelf niets kan scheppen, haalt hij het schone, het goede, het bewonderenswaardige neer. Hij vergoelijkt zijn demarche door de oorzaak van zijn onbehagen buiten zichzelf te leggen. 'Mijn ongeluk is jouw schuld,' denkt hij. '(Hij) zoekt nauwkeuriger gezegd, een dader, en nog exacter, een voor leed ontvankelijke, schuldige dader (...) in een verlangen dus naar verdoving van pijn door affect. "Deze of gene persoon moet er de schuld van zijn dat het slecht met me gaat,"' aldus Nietzsche in *Genealogie van de Moraal*.[34] De ongelukkige zoekt redding bij een priester. Maar die (christelijke) priester lost niets op, hij wijzigt vooral de richting van het ressentiment: 'Ik lijd: dat moet iemands schuld zijn.' – zo denkt ieder ziekelijk schaap. Maar de herder, de ascetische priester, zegt hem: 'Gelijk heb je, mijn schaap! Iemands schuld moet het zijn: maar je bent zelf deze iemand, het is alleen je eigen schuld – jij zelf alleen bent je eigen schuld!' Zo sluipen begrippen als 'schuld', 'zonde', 'zondigheid', 'verderf' en 'verdoeming' binnen in de idealen van de moraal.

De taal van de schuld domineert de ressentimentsmens, die het geweten van de gelukkigen tracht te belasten met zijn eigen lijden, of zelfs met de ellende van de mensheid: 'zodat deze gelukkigen zich op een dag voor hun geluk gingen schamen en misschien onderling tegen elkaar zeiden: "Het is een schande gelukkig te zijn! Er is te veel ellende!"'[35] Maar dit berust juist op een misverstand, gebaseerd op de omkering van waarden: de gelukkigen hebben geen reden om aan hun recht op geluk te twijfelen. En het is eigen aan de nobele dat hij zichzelf en anderen kan laten genieten. Meer nog, de nobele mens neemt zijn afwijzingen, en zelfs zijn ongeluk niet ernstig. Hij stapt over zijn lotgevallen heen en wordt niet door het leven vertrappeld. 'Je vijanden, je tegenslagen, je wandaden zelf niet lang *au sérieux* kunnen nemen – dat is het kenmerk van sterke, volle naturen, waarin een overmaat aan (...) genezende, en ook vergetelheid schenkende kracht aanwezig is. (...)'[36] De nobele mens is voor Nietzsche de tijdgenoot van Homeros. Welke bedoeling heeft het menselijke lijden anders dan een feestelijk schouwspel voor de Goden te bieden?[37] Voor de ressentimentsmens is niet zozeer het lijden op zich ondraaglijk, als wel het zinloze lijden. Hij zoekt dus een verklaring – wie is de schuldige? Hij verlangt naar een beloning voor zijn lijden, en hij wil dat zijn vijanden worden bestraft.

Daarbij ervaart de ressentimentsmens zijn lot passief. Het ressentiment is een reactie die niet langer een handeling wordt, en slechts nog wordt gevoeld. Zo wordt het lijden verinnerlijkt. Het gaat niet meer over een handeling, maar over een blijvende kwetsuur. Er is zelfs geen mogelijkheid meer tot actie, de vernedering, de kwetsuur wordt gekoesterd. Daarbij maakt de ressentimentsmens van zijn slachtofferschap een superieure morele kwaliteit. Omdat hij slachtoffer is, meent hij recht te hebben op compensatie voor zijn onmacht, hoewel hij zelf weinig of niets bijdraagt tot het welzijn van anderen. Zo bepaalt ressentiment dan het perspectief: als hij niet krijgt wat hij verlangt, getuigt dat van een notoire kwaadaardigheid. Want hij legt de mogelijkheid tot handelen bij anderen. Zij, en zij alleen hebben de macht om te geven. Als de ressentimentsmens gefrustreerd achterblijft – wat gezien zijn houding bijna niet anders kan – beschouwt hij dat als een onterechte straf.

Ook typisch voor ressentiment is de beschuldiging, schrijft Nietzsche. De slavenmoraal heeft altijd eerst een tegen- en een buitenwereld nodig, haar actie is totaal reactief. Jij bent slecht, ik ben het tegenovergestelde van jou, dus ik ben goed. Dat is de logica. Deze morele omkering wordt gevoed door een buitengewoon geheugen. Zo'n olifantengeheugen lijkt behulpzaam, maar het herinnert zich vooral pijn en onvermogen. De blik op het verleden leidt niet tot een subtiele, genuanceerde analyse van reële oorzaken. Dat is bij Machiavelli bijvoorbeeld wel het geval. De Florentijn betreurt de politieke neergang van Italië in zijn tijd, de vele oorlogen, de buitenlandse invallen, de diepe verdeeldheid. Omdat die situatie hem droevig maakt, wil hij die veranderen. Hij vorst het verre verleden van de Romeinse geschiedenis uit. De werken van Romeinse schrijvers als Livius en Tacitus worden zijn schatkamer vol politieke inzichten, die toelaten om de oorzaken van overheersing en ellende te begrijpen. Maar nooit beschouwt Machiavelli het verleden als een ongeneeslijke wonde, als eeuwige bron van vernedering en wrok. Integendeel, hoeveel liefde en bewondering spreekt er niet uit Machiavelli's werk? De ressentimentsmens blijft echter het verleden opdelven, niet omdat hij scherp denkt, maar omdat hij diep voelt. Zijn reactie op de wereld ontspringt uit de belediging, de vernedering, waar hij niet overheen raakt. Vanuit zijn wrange herinneringen formuleert hij beschuldigingen die hem passief maken, en waarvoor hij anderen wil doen boeten.

Hedendaagse priesters

In de joods-christelijke traditie wordt het ressentiment zelf waarde-scheppend, in wat Nietzsche de slavenopstand noemt: 'De slavenopstand in de moraal begint ermee dat het ressentiment zelf scheppend wordt en waarden voortbrengt: het ressentiment van wezens aan wie de werkelijke reactie, die van de daad, onthouden is en die zich alleen door een imaginaire wraak schadeloos kunnen stellen.'[38] Nietzsches cultuurkritiek bevat dus meedogenloze kritiek op de rol en de ontwikkeling van monotheïstische godsdiensten. Daarbij kanaliseren of versterken priesterlijke figuren het ressentiment.[39] Het is de priester die zegt dat wie ellendig leeft en lijdt, de enige goede is; dat de armen, de onmachtigen, de behoeftigen door God gezegend zijn. De priester zorgt ervoor dat de reactieve krachten zegevieren, doordat hij de mens het kwade geweten aanpraat.[40] Zo garandeert hij een triomf van de reactieve krachten.

Nietzsche onderscheidt twee soorten krachten (ook wel driften of instincten), die elke interpretatie van het leven beïnvloeden: de reactieve krachten en de actieve krachten. Zijn wereldbeeld bestaat uit het chaotische geheel van deze krachten, van driften die met elkaar botsen. Beide krachten zijn aanwezig, de vraag is dus hoe ermee om te gaan. Hier steekt de houding van de ressentimentsmens sterk af tegenover die van de sterke of actieve mens. Bij de ressentimentsmens overheersen de reactieve krachten de actieve. Maar de actieve mens heeft niet alleen actieve krachten, hij slaagt erin van zichzelf een huis te maken met vele kamers, waarin ook reactieve krachten kunnen wonen, zonder de overhand te krijgen. Reactieve krachten willen afschaffen, is tenslotte een vorm van reactie. Het gaat erom dat een mens de chaos die hij is, kan beheersen. Dergelijke grootheid is een manifestatie van levenskrachten, die toelaten intenser te leven. De actieve mens zoekt niets te onderdrukken, maar kan juist tegenstand waarderen. Nietzsche past die wisselwerking van krachten ook op zichzelf toe: 'Dat ik vrij ben van ressentiment, verlicht denk over het ressentiment – wie weet hoezeer ik ook in dat opzicht dank verschuldigd ben aan mijn lange ziekte! Het probleem is niet bepaald eenvoudig; je moet het vanuit een toestand van kracht én van zwakte hebben doorleefd.'[41] Zijn levensvisie leidt nooit tot zelfverwijten, of verwijten naar anderen. Door zelfkennis kan de actieve mens zijn levensproject ontwikkelen.[42] 'Terwijl de voorname mens met vertrouwen en openheid voor zichzelf leeft (...) is de ressentimentsmens oprecht noch naïef, noch eerlijk en recht op de man af tegen zichzelf.'[43]

Het toppunt van reactieve kracht is schuldgevoel. Het is een uitdrukking van een slecht geweten, van een strenge innerlijke blik die een vernietigend moreel oordeel velt. Schuldgevoel leidt tot innerlijke verdeeldheid, het blokkeert de geest. Dan zegevieren de reactieve krachten over de actieve. Hetzelfde geldt voor spijt, berouw, medelijden en schaamte, al die gevoelens genereren innerlijke strijd, ambivalentie, zwakte en verminderde levenskracht. Tegenover leven met spijt en pijn, stelt Nietzsche het vurige beminnen van het leven zelf, inclusief de minder aangename aspecten van dat leven. 'Mijn definitie voor grootheid bij de mens is *amor fati*: dat je van niets wil dat het anders is, niet voor je, niet achter je, in alle eeuwigheid niet. Het onvermijdelijke niet enkel verdragen, nog minder verdoezelen – alle idealisme is leugenachtigheid ten aanzien van het onvermijdelijke –, maar *ervan houden...*'[44] Om het leven lief te hebben, moet de mens zich meer waard vinden dan een zondig, schuldig wezen te zijn.

Nietzsche herkent deze levensontkennende waarden in het monotheïstische geloof, maar hij beperkt zich er niet toe. God kan overleden zijn, maar er lopen nog heel wat priesters rond. Ze hebben geen kerk nodig, want priesterschap is geen beroep of functie, maar een type, het type dat lijdende mensen een kwaad geweten opdringt. Hij duikt op waar frustratie en ellende woekeren. Hij bespeelt de massa met schuld en medelijden, ofwel om schuld te bekennen, ofwel om met een vinger naar de ander te wijzen. Niet elk geloof kan tot ressentiment worden herleid. Maar elk geloof verdient wel een genealogische analyse, die de actieve of reactieve krachten achter zijn waarden ontleedt. Er is geen enkele reden om de filosofische analyse niet toe te passen op elk monotheïsme, telkens als merkwaardige heilige idealen opduiken. Wie kan er, vanuit Nietzsches visie, geen baat hebben bij het overwinnen van ressentiment?

Nietzsches filosofie relativeert elke waardeschaal dus niet. Integendeel, hij probeert juist om strategisch ressentiment te detecteren en te overwinnen. De filosoof is de arts van de cultuur, en zijn waarachtige zoektocht naar die waarden duurt voort. Maar kunnen we de waarachtigheid nog wel vinden? Of heeft dat postmoderne denken ook dat aangetast, en zo het denken ondermijnd?

3

DEUGDEN VAN WAARACHTIGHEID

Voor de Britse filosoof Bernard Williams is er heel wat verloren gegaan met het postmoderne denken: de mogelijkheid tot kritisch denken, historisch onderzoek en democratische politiek. In zijn boek *Truth and Truthfulness* gebruikt Williams een ander aspect van Nietzsches filosofie om een nieuwe visie op waarachtigheid te introduceren, en het postmoderne relativisme een halt toe te roepen. Postmoderne filosofen als Bruno Latour, Richard Rorty en Jacques Derrida zijn volgens Williams 'ontkenners van de waarheid'.

Volgens Williams is een geloof in waarheid en waarachtigheid noodzakelijk voor elke samenleving. Dat geloof gaat samen met twee deugden: *accuracy* (nauwkeurigheid) en *sincerity* (oprechtheid). Geen enkele kritiek op de metafysica, en haar bijbehorend essentialisme, geen enkele doodverklaring van God, geen einde van de Grote Verhalen verandert daar iets aan. Want volgens Williams is het mogelijk om een idee van waarheid over te houden *met* Nietzsche. En die redding is noodzakelijk om in een democratische samenleving te kunnen leven. Zo zet Williams ons op weg om ook de politieke en maatschappelijke crisis te begrijpen, die deels met de hedendaagse intellectuele malaise is verbonden.

Wie zich in het publieke debat over politiek uitspreekt, zoals politici, journalisten, filosofen, economen, opiniemakers, kan die deugden als leidraad nemen. Waarheid heeft te maken met vertrouwen en betrouwbaarheid. Oprecht spreken betekent communiceren op een eerlijke manier, zonder te verzwijgen, zonder bedrieglijke trucjes. Nauwkeurigheid slaat op het verlangen om het juiste te zeggen, volgens de juiste onderzoeksmethode. Als deugd betreft ze een houding, een gewoonte zelfs, ook om zelfbedrog en wensdenken te ontleden. Liever feiten dan meningen, zelfs als die onaangenaam zijn. Waarachtig denken tracht zich te verzetten tegen de aangeboren neiging om ons af te sluiten van de realiteit zoals die is.

Voor het waarachtige onderzoek blijken tijd en bestaande middelen vaak te beperkt. Maar het gevoel dat je niet hebt kunnen bereiken wat je wil, staat een waarachtige reflectie niet in de weg. Dat je geen perfectie bereikt, wil niet zeggen dat de conclusie niet waardevol is. Altijd blijft de vraag: ben ik oprecht genoeg? Heb ik voldoende onderzocht? Druk ik me correct uit? Een opiniestuk in de media, bijvoorbeeld, dat begint met 'ik heb de indruk dat...', of dat gebouwd is op 'zou'-constructies mist feitelijke grond.

Oprechtheid en nauwkeurigheid zijn een innerlijke richtlijn. Je laat je dus niet afleiden door de communicatiestrategie van anderen, maar beslist vanuit jezelf en omwille van je eigen criteria hoe je waarachtig wil zijn. Williams wil een intrinsiek streven naar waarheid opnieuw mogelijk maken. Wie alleen instrumenteel omgaat met meningen – dus om een effect te bereiken – ondermijnt de waarachtigheid die nodig is om een fair debat te creëren. Wie de waarheid overboord gooit om te scoren met zijn eigen gelijk, maakt geen onderscheid meer tussen een eerlijk debat en retorische kneepjes. Maar volgens Williams appreciëren we wie intrinsiek waarachtig spreekt het meest. Meer nog, elk denken heeft de idee van waarachtigheid nodig, anders is het niet geloofwaardig.

Die innerlijke richtlijn is dus de basis voor zelfkritiek.[45] Ze is gebaseerd op het verlangen dat je zelf voor jezelf wél waarachtig wil zijn, los van effecten in de buitenwereld, los van reacties van anderen. Ze is wel degelijk een belangrijk wapen in de verdediging van democratie of vrij debat. Jezelf niets wijsmaken, niet lichtvaardig overnemen wat anderen beweren, of wat je eigen geest je soms ingeeft, blijft een leidraad. Denken is het gesprek dat je voert met jezelf, volgens Hannah Arendt, het is de stille dialoog, waarin je zowel vragen stelt als ze beantwoordt.[46]

Williams wil in de lijn van Nietzsches filosofie denken, juist zoals de postmoderne denkers die hij bekritiseert. Maar zijn Nietzsche is niet in de eerste plaats de voorloper van het postmoderne denken, de genadeloze ontkrachter van metafysische illusies, die doorheen de westerse traditie waaien, van Plato tot Kant, nee, Williams' belangstelling gaat uit naar een andere Nietzsche: een zeer kritische, originele filosoof, die de mogelijkheid om normatieve oordelen te vellen over waarachtige stellingen overeind houdt.[47] Willliams citeert enkele bekende relativistische passages uit Nietzsches werk, zoals: 'Maar men zal begrepen hebben waar ik heen wil, namelijk dat het nog altijd een metafysisch geloof is, waarop ons geloof in de wetenschap berust, – dat ook wij kennenden van tegenwoordig, wij goddelozen en antimetafysici, ook ons vuur nog stelen uit de brand die een millennia lang geloof ontstoken heeft, dat christelijk geloof, dat ook het geloof van Plato was, dat God de waarheid is, dat de waarheid goddelijk is.'[48]

Nietzsche, aldus Williams, doet echter vaak een beroep op eerlijkheid en op een soort intellectueel geweten. Hij prijst wie een discussie met zichzelf aandurft over de eigen motieven om stellingen te aanvaarden.[49] Eerlijkheid in intellectuele zaken veronderstelt een genadeloze strengheid tegenover zichzelf. Tegelijkertijd beseft Nietzsche hoe moeilijk dit is. Daarbij is het niet voldoende dat iemand zichzelf niet wil bedotten omdat waarachtigheid nuttig zou zijn, en zijn eigenbelang zou dienen. Dat klopt niet, volgens hem: heel vaak is het makkelijker en nuttiger om in illusies te leven. Toch houdt Nietzsche vast aan de idee dat er geen alternatief is voor de stelling 'ik wil niet bedriegen, zelfs mezelf niet'.[50] Los van filosofische vragen over interpretatie, meent hij dat feiten moeten worden gerespecteerd, en hij looft de antieke wereld omdat ze de kunst van de nauwgezette lectuur heeft uitgevonden. Die kunst beschouwt hij als een voorwaarde voor systematische kennis.[51]

Het project van Williams is boeiend, hij wil een nieuwe genealogie van de moraal opmaken. Hoe komt het, vraagt hij zich af, dat we waarheid zo belangrijk vinden? Welke ogenblikken in het westerse denken waren hiervoor cruciaal? Williams erkent dat de filosofische zoektocht nu niet meer gaat over de overeenkomst met een (goddelijke) waarheid. En hij wil helemaal niet terug naar een filosofie van eeuwige en onveranderlijke, platoonse waarheden, en zelfs niet naar een kantiaanse, universele moraal. Maar er is een andere opvatting van moraal mogelijk dan de platoonse of de christelijke. De postmodernistische 'ontkenners van de waarheid' richten zich te veel op de traditie die ze willen verwerpen. Ze zijn verblind: ze beseffen niet dat hun afkeer voor de westerse traditie ook het denken én het democratisch bestel op de helling zet. Volgens Williams ging Nietzsche niet zover als de postmoderne ontkenners van waarheid, en beseft hij wel dat waarheidsaanspraken een belang blijven behouden, ook al kunnen ze niet langer gebaseerd worden op een wereld die geschapen zou zijn door een welwillende God.

Williams verklaart onze gehechtheid aan de waarheid vanuit een traditie, die ook democratie mee heeft vormgegeven. Volgens Williams zijn we met de filosofie van de postmodernen, de 'ontkenners van de waarheid', veel meer verloren dan de illusies over waarheid die ze aan hun voorgangers toeschrijven. Als we de zin voor de waarde van waarheid verliezen, aldus Williams, dan verliezen we iets, en misschien zelfs alles.[52] Postmodernisten hebben geleidelijk aan de democratie ondermijnd, want ook politiek heeft waarachtigheid nodig.

De liberale ironicus faalt

De belangrijkste gesprekspartner en tegenstander van Williams is de Amerikaanse denker Richard Rorty. Voor Williams incarneert hij de postmoderne filosoof, al beschouwt Rorty zichzelf liever als een pragmaticus.[53] Rorty ontkent expliciet dat er een universele morele orde bestaat. Hij beroept zich hiervoor op een ander typisch postmodern citaat van Nietzsche: 'Wij hebben helemaal geen orgaan voor het kennen, voor de "waarheid": wij "weten" (of geloven, of beelden ons in) precies zoveel als in het belang van de mensenkudde, van de soort, nuttig kan zijn.'[54] Rorty haalt deze passage aan, en meent gelijkaardige ideeën te vinden in het werk van William James of John Dewey. Hij neemt Nietzsches opmerking over de waarheid om te stellen dat wat we objectieve waarheid noemen niets te maken heeft met een overeenkomst tussen ideeën over de werkelijkheid, en hoe de werkelijkheid echt is. De zogenaamde objectieve waarheid is, volgens Rorty, een kwestie van overeenkomst tussen mensen. Het is gewoon een manier om de wereld in te schatten.[55]

Rorty bekritiseert op zijn beurt Williams, omdat hij de intrinsieke waarde van waarheid onbewijsbaar acht. De idee van een intrinsieke waarde refereert impliciet toch opnieuw aan een externe macht – God, de Natuur, een universele wet – en volgens Rorty bestaan die niet.

Er zijn dan ook geen universele of fundamentele morele principes waarop de moderne idee van moraal of politiek kan berusten. Er is geen universele menselijke natuur, waarnaar we kunnen verwijzen. Aangezien Rorty in elke universele waarde een verwijzing ziet naar iets wat niet bestaat, houdt hij alleen de idee van een 'wij' of een 'ons' over om solidariteit of morele verplichting op te baseren. Een Fransman die in 1942 een Jood van deportatie naar een concentratiekamp redt, overstijgt de 'wij-zij-logica' van de nazi's, die Joden omschrijven als onmensen, of zelfs als ongedierte. Maar die redder zou, volgens Rorty, niet handelen vanuit een vaag ideaal van menselijkheid. Hij handelt niet gedreven door abstracte morele principes, bijvoorbeeld omdat hij de universele rechten van de mens aanhangt. Gevraagd naar zijn beweegredenen, zou de redder wellicht verwijzen naar het feit dat die Joodse man zijn buurman was, of een dorpsgenoot. Voor solidariteit, onderstreept Rorty, hebben we geen begrip van een menselijke natuur nodig.[56]

Voor Rorty is het cruciaal abstracte begrippen te weren, want ze getuigen van een voorbijgestreefd metafysisch denkkader. Onze overtuigingen zijn contingent en kunnen uiteindelijk niet gegrond worden. Hij beschrijft zichzelf als een *bourgeois liberal ironist*. Een liberaal is iemand die meent dat de afkeer van wreedheid het ijkpunt is van de politiek.[57] De ironicus is zich bewust van de contingentie van zijn eigen geloofsopvatting: hij weet dat hij op een ander moment in de geschiedenis andere ideeën zou hebben gehad. De liberale ironicus wil zelfs zijn ideeën over wreedheid niet funderen; hij weigert een universele menselijke natuur te veronderstellen als argument voor solidariteit: 'Er is geen neutrale, niet-circulaire manier om de claim van liberalen dat wreedheid het ergste is te verdedigen. (...). We kunnen niet terugkijken achter de processen van socialisering die ons, liberalen van de twintigste eeuw, overtuigen van de validiteit van deze bewering, en beroep doen op iets dat meer "reëel" of minder kortstondig is dan de historische contingenties die dergelijke processen op gang brachten.'[58]

Waarheid is geen eigenschap in de wereld. Het is een eigenschap van taal, die een menselijke creatie is. Waarheid is ook geen kwestie van overeenkomst tussen een woord en een onafhankelijke werkelijkheid die buiten de menselijke context zou vallen; waarheid is wat mensen geloven als het resultaat van vrije en open ontmoetingen. Liberale democratie garandeert vrije meningsuiting. Je hebt dus de vrijheid om te zeggen wat je gelooft, en dat is het belangrijkste. Voor Rorty hebben liberale samenlevingen geen gedeelde filosofische geloofsovertuigingen, maar wel een gedeelde woordenschat en gedeelde hoop.[59] De woordenschat geeft mee vorm aan de hoop door verhalen te vertellen over toekomstverlangens. Rorty begrenst de rol van intellectuelen, in de ideale liberale samenleving zijn ze 'ironici'. Overtuigingen kunnen zelfs zonder funderingen perfect de leidraad zijn voor actie. Hij denkt dat mensen nog bereid zijn te sterven voor liberale overtuigingen. Maar helemaal zeker weet hij het niet.

Foltering en waarheid – de les van George Orwell

Hoe verdedig je de liberale democratie wanneer je voortdurend zelf benadrukt dat ze slechts contingent is? Wie een einde wil stellen aan die liberale democratie, bijvoorbeeld om haar te vervangen door een religieus geïnspireerde theocratie, kan ook het argument van contingentie inroepen. Dan kan je zeggen dat de historisch contingente steun voor een democratische samenleving gewoon verminderd is. Dat lijkt me een fundamenteel probleem met de houding van de liberale ironicus: tegenstanders van de democratie zullen niet nalaten om de afwezigheid van een ultieme legitimering te gebruiken om ook dat democratische discours in twijfel te trekken. Dat is precies de redenering die impliciet in Houellebecqs *Onderworpen* naar voren komt: wat als een deel van de bevolking nood heeft aan een religieuze heropleving, en die vindt in een godsdienst die geen scheiding van kerk en staat erkent? Wat houdt de opheffing van de republiek dan nog tegen? Ten slotte bestaat de waarheid toch niet, en wat geldt als een morele of een politieke waarde, is slechts de tijdelijke uitkomst van een onophoudelijke machtsstrijd. Waarom zou de scheiding tussen kerk en staat afschaffen dan problematisch zijn? Maar die afschaffing is problematisch, omdat de republiek wel degelijk veel meer vrijheid en gelijkheid garandeert dan leven in een theocratie. Het feit dat een politiek regime toevallig is tot stand gekomen – er is geen noodzakelijke ontwikkeling in de geschiedenis en er is geen Goddelijke Voorzienigheid die tussenkomt – belet niet dat er objectieve redenen zijn waarom het ene politieke regime beter is dan het andere.

De liberale opvatting van Rorty is inconsistent: zelfs indien een opvatting van de waarheid altijd de inzet is van een machtsstrijd, dan stopt die machtsstrijd niet omdat de waarheid wordt afgeschaft. Integendeel, dan wordt de greep van de machthebber alleen sterker. Om dit punt duidelijk te maken, verwijst Williams naar *1984*, de dystopie die George Orwell schreef in 1948. Orwell schetst een Engeland dat verworden is tot een totalitaire staat, de machthebbers vermorzelen elk gevoel van integriteit en vrijheid door binnen te dringen in het privéleven van burgers. Volgens Williams toont Orwell hoezeer de politieke macht in staat is om iemand iets te doen geloven, zonder verwijzing naar juistheid of waarheid. Opzettelijk foute ideeën verspreiden, en die als waarheid inkleden, kan alleen maar door iemand die buitengewoon veel macht heeft. Winston, de protagonist van *1984*, moet artikelen uit gearchiveerde kranten herschrijven. Zijn taak bestaat uit doelbewust feiten uit het verleden verdraaien. Dat heeft een politiek, propagandistisch doel: de overheid tracht een gevoel van saamhorigheid te creëren door voortdurend gewapende conflicten te voeren tegen buitenlandse mogendheden. Maar in die strijd wisselen de bondgenoten nogal eens. Een ongewijzigd archief zou kunnen onthullen hoe de vijand vandaag de vriend van gisteren was, en omgekeerd. Het zou ook kunnen aantonen dat de politieke leiders geen vreedzame politiek beogen, aangezien ze constant strijd zoeken. Die veranderingen van kamp moet Winston doorvoeren, opdat zal blijken dat de huidige machthebbers de juiste voorspellingen maakten in het verleden. Het drama is dat niemand nog weet wat echt is gebeurd. Zonder poging tot waarachtige journalistiek wordt alles een leugen. En zonder geschiedschrijving kan niemand een analyse maken van de echte machtsverhoudingen. Dan kan niemand een politiek alternatief bedenken. Een dieper inzicht over de mens en zijn geschiedenis wordt onmogelijk. Politiek denken heeft dus een feitelijke basis nodig, als het nieuwe, alternatieve ideeën voor een beleid wil uitvinden.

In zijn dagboek noteert Winston: 'Vrijheid betekent de vrijheid hebben om te stellen dat twee plus twee vier is. Als dat toegelaten is, wordt alles mogelijk.' Dat is essentieel: vrijheid is de waarheid met anderen te kunnen of mogen delen. Maar de innerlijke dialoog, de eigen reconstructie van de werkelijkheid is ook belangrijk. Partijbaas O'Brien doet Winston na foltering een tijdje geloven dat twee plus twee vijf is. Winston weet het zelf niet meer, en gelooft wat zijn folteraar zegt. Dat is voor Orwell de ultieme zet van een totalitair bestuur, de ultieme machtsuitoefening. Het ontmenselijkende van de dictatuur bestaat erin dat mensen overtuigd raken van manifest foute informatie. Ze herhalen de officiële versie van de feiten, opgedrongen door de overheid. Ze herhalen die onwaarheid niet alleen wanneer ze met anderen praten; ze weten ook voor zichzelf niet meer hoe ze waarheid van fictie kunnen onderscheiden.

Voor Rorty is nu net die scherpe scheiding tussen waarheid en fictie discutabel. Hij veroordeelt de staat die Winston foltert, omdat hij foltert. Die folterpraktijken bedreigen evenzeer het open debat, en het open debat is het fundament van de democratie. Met dat laatste kan iedereen het eens zijn. Alleen voegt Williams eraan toe dat de ultieme foltering Winston verhindert om voor zichzelf waarheid en fictie te onderscheiden. Williams grijpt dit voorbeeld aan om het verband tussen democratie en waarachtigheid te duiden. Nadenken over aanvaardbare en onaanvaardbare methodes om mensen van een idee te overtuigen is niet voldoende, we hebben ook het onderscheid tussen waarheid en fictie nodig. Williams geeft graag toe dat je de werkelijkheid niet helemaal kan weergeven zoals ze is, volstrekt objectief, totaal en absoluut. Maar er zijn wel meer of minder waarachtige standpunten, meer of minder waarachtige interviews, meer of minder waarachtige documentaires. Zodra een totalitair regime een leugen kan doen geloven, vernietigt dat regime de relatie tussen een persoon en de werkelijkheid. Winston is niet alleen verward over de inhoud van de gedachte dat twee en twee vijf is, hij is ook onderworpen aan de willekeur van zijn beul. Daardoor verliest hij niet alleen de band met de rest van de wereld, maar ook die met zichzelf. Zijn leefwereld wordt de verbeeldingswereld van O'Brien, van de Partij. Hij heeft geen mentaal verzet meer tegen O'Briens dictatuur. Het gaat dus niet alleen over wreedheid en vernedering als de ergste dingen die we anderen kunnen aandoen, zoals Rorty beweert; zolang Winston voor zichzelf het onderscheid tussen waarheid en leugen kan maken, bestaat de mogelijkheid dat hij de vrijheid herovert. Een minimum aan waarachtigheid is dus de noodzakelijke voorwaarde voor de liberale leefwereld die Rorty slechts ironisch kan verdedigen. Zonder strijd voor waarachtigheid heb je geen enkel verweer wanneer democratie wordt bedreigd, door bijvoorbeeld desinformatie van fundamentalisten, terroristen, lobbyisten of complotdenkers. Dan dreigt ook juist het echte geweld op te flakkeren. De democratie heeft tot doel het geweld tussen burgers te controleren. In een gezonde democratie kunnen burgers uitdrukking geven aan uiteenlopende ideeën over het algemene belang. Maar ze gebruiken geen geweld in de strijd. Zo waren de straten van Parijs na de aanslagen op de redactie van *Charlie Hebdo* het strijdtoneel van vreedzame optochten. Alleen daarom al was de *marche républicaine* opmerkelijk: betogers hadden bordjes met 'Je suis Charlie', 'Je suis Ahmed' of 'Je suis français'.

Een goed geheugen

Orwells roman beschrijft ook prachtig hoe belangrijk continuïteit met het verleden is voor waarachtigheid. In Orwells samenleving 'Airstrip One' (dat in het boek wordt aangeduid als het voormalige Groot-Brittannië) zijn niet alleen democratie, vrijheid en waarheid verdwenen, maar ook elke zin voor een gedeelde cultuur, en elke referentie aan een identiteit. Winston wil een dagboek bijhouden van zijn herinneringen, verlangens en reflecties. Officieel is dit niet verboden, toch tekent hij hiermee zijn doodvonnis. Privacy is namelijk verboden in de totalitaire staat. In elke kamer staan *telescreens* die burgers nauwlettend observeren. Schrijven kan Winston alleen in een hoekje van zijn flat waar Big Brother hem niet kan zien. Dat denkt hij althans, maar hij vergist zich.[60] Eigenlijk moet Winston voor het *Ministry of Truth* het verleden verwissen, zoals zijn eigen verleden werd vernietigd: Winston heeft amper herinneringen aan zijn kindertijd, maar hij wil weten wie hij is en waar hij vandaan komt. Hij wil voeling krijgen met zijn identiteit om oprechte liefde te kunnen beleven. Hij beseft heel goed dat herinneringen noodzakelijk zijn voor zijn innerlijke leven. Maar een totalitair regime beschouwt het verlangen naar identiteit en oprechtheid als ongewenst. Een totalitair regime streeft naar uitwissing van het verleden, kijk maar naar de actualiteit: geradicaliseerde moslims breken met hun familie en veranderen hun naam; IS-strijders vernietigen, zodra ze een gebied veroveren, de culturele erfenis: eeuwenoude schatten van Assyriërs, Romeinen en andere volkeren zijn inmiddels verdwenen.

Wie het verleden, of de traditie, aantast, vernietigt de mogelijkheid om een authentiek leven op te bouwen. Waarachtigheid, identiteit en continuïteit met het verleden hangen nauw met elkaar samen. Dat betekent niet dat het verleden kritiekloos moet worden aanvaard, of dat vorige ideeën zonder aanpassingen moeten worden overgenomen. Het betekent wel dat het geen zin heeft om je af te sluiten voor de erfenissen van eerdere culturen. Wie het in de toekomst beter wil doen, heeft de inzichten van de vorige generaties nodig.

Wie vrij wil zijn, moet zoveel mogelijk een vrij oordeel kunnen vellen. Het inzicht dat je nooit volledig vrij bent, dat andere interpretaties mogelijk zijn, staat een duidelijke keuze niet in de weg. Zonder de waarachtigheidseis, zonder het verlangen om feit en fictie uit elkaar te houden, blijft er niet alleen van waarheidsaanspraken, maar ook van redelijke besluiten weinig over. En dan duikt er een dubbel gevaar op. Enerzijds krijgt fictie hetzelfde gewicht als feitelijkheid, en dat is de deur openzetten voor willekeur en wantrouwen. Anderzijds ontstaat de illusie dat de waarheid afschaffen ook het probleem van machtsrelaties oplost. Dit is niet het geval: machtsrelaties blijven altijd spelen, op ideologisch, economisch of politiek vlak. De zoektocht naar waarachtigheid is dus nodig om valse aanspraken te ontmaskeren.

Het debat over klimaatverandering, bijvoorbeeld, illustreert hoe waarachtigheid het beste weerwoord biedt tegen de argumenten van lobbygroepen. Eigenlijk bestaat er allang consensus onder wetenschappers dat menselijke activiteiten een vernietigend effect hebben op het leefmilieu. Maar zonder criterium voor waarachtigheid, wordt de waarheidsaanspraak van de wetenschap op zich ter discussie gesteld. Dan klinkt het dat wetenschappers gewoon opinies verkondigen zoals anderen. Zo krijgt de mening van een energiebedrijf dat klimaatverandering niets met menselijk gedrag te maken heeft, schijnbaar evenveel gewicht als op wetenschappelijk onderzoek gebaseerde conclusies van onafhankelijke experts. Politici kunnen wetenschappelijke bewijzen naast zich neerleggen, zich baserend op de mening van het energiebedrijf, en gesterkt door de campagnes die lobby's opzetten om de publieke opinie bij te sturen. Wanneer een wetenschappelijke uiteenzetting echter evenveel waard wordt als de opinie van een leek, kan er geen redelijke beslissing worden genomen. Meer nog, dan is zelfs een debat erover onmogelijk. En wie wint dan? Degene die de meeste macht kan uitoefenen en zijn belangen het best weet te beschermen. Zo draaien discussies over klimaatverandering in de Amerikaanse senaat al jaren op niets uit – op geen enkele maatregel, geen enkele verandering in beleid – omdat de 'opinie' van energielobby's even hoog wordt geschat als wetenschappelijke resultaten. In februari 2015 spreekt een Republikeins senator met een sneeuwbal in de hand om te bewijzen dat klimaatverandering een 'hoax' is.[61] Alsof zo'n bal in je hand volstaat als empirisch bewijs... Eensgezindheid over hoe belangrijk wetenschappen zijn, vormt een noodzakelijke voorwaarde voor redelijke politieke beslissingen.

4

DE VORIGE OORLOG

In *Truth and Truthfulness* refereert Bernard Williams aan de postmoderne wetenschapsfilosoof Bruno Latour als een 'ontkenner van de waarheid'.[62] Voor Latour is de wetenschappelijke kennis helemaal niet meer zeker. Kort na de publicatie van Williams' boek (maar onafhankelijk daarvan) lijkt Latour tot inkeer gekomen en staat hij stil bij de vernietigende gevolgen van de postmoderne theorie waaraan hij jaren meewerkte. Latour gebruikt het voorbeeld van de klimaatverandering om de onmacht van het kritische denken aan te kaarten, in het stuk 'Why Has Critique Run out of Steam? From Matters of Fact to Matters of Concern'. Wie zijn artikel leest, beseft het zwaktebod van de postmoderne filosofie: ze heeft het omgekeerde bereikt van haar oorspronkelijke doel.

De kritische (of postmoderne) theorie strijdt al lange tijd tegen een duidelijke vijand, die deels wordt geïdentificeerd op basis van Heideggers filosofie: de rationele kennisaanspraken van de wetenschappen, de vermeende weldaad van de techniek en de almacht van de mens die daaruit spreekt. Deze theorie heeft een duidelijk nut, het is noodzakelijk om de zogezegd autonome, rationele mens (het 'subject') die meent zekerheid te produceren, erop te wijzen dat de context waarin hij spreekt, bepalend is voor zijn denken. Het is belangrijk om duidelijk te maken dat de mens wordt bepaald door wat aan de mens zelf ontsnapt.

Deze theorie werkt een aantal methodes uit om waarheids-en kennisaanspraken te deconstrueren. Maar nu wordt die gereedschapskist ingezet om elk standpunt in diskrediet te brengen. Met andere woorden: de postmoderne theorie heeft de wapens voor constructief denken uit handen gegeven, ze overgeleverd aan een tegenstander die nu op het kritische denken zelf schiet. Het denken zelf is aldus weerloos gemaakt, vooral wanneer het denken strijdt tegen wie geen enkel belang heeft bij een correcte weergave van de feiten. Een eerste voorbeeld zijn de reeds genoemde lobbygroepen over klimaatverandering, die hameren op het gebrek aan absolute (wetenschappelijke) zekerheid om elke maatregel tegen te houden.

Terwijl Latours postmoderne wetenschapstheorie het publiek wil beschermen tegen valse informatie, gebeurt juist het tegenovergestelde. De mogelijkheid om 'feiten' aan te tonen, los van een subjectieve interpretatie, wordt als twijfelachtig beschouwd: elke voorstelling van feiten is ingebed in een discours, en getuigt reeds van een ideologische keuze. Overtuigend is gewoon wat in de machtsstrijd van interpretaties tijdelijk de overhand haalt. Nu lijkt het alsof niemand nog feiten herkent, terwijl vooroordelen en drogredeneringen de revue passeren.

De tijd dat intellectuelen op de barricaden stonden, bakens uitzetten voor acties, de vinger op wonden van de tijd legden, en de blinde vlek in het dagelijks denken belichtten, ligt ver achter ons. De bedoeling van de postmoderne theorie was juist dichter bij de feiten te geraken, om beter te kunnen oordelen. De bedoeling was emancipatie, schrijft Latour. Het woord emancipatie is jammer genoeg uit de mode geraakt. Emancipatie is een fundamenteel criterium om kritisch denken te beoordelen. Intellectuelen, academici, journalisten moeten mensen ertoe aanzetten om nauwkeuriger, beter, juister te denken.

De wereld is in staat van oorlog, stelt Bruno Latour: tegen armoede, tegen honger, tegen fundamentalisme, tegen het Westen. Wat vermag de postmoderne theorie in zo'n oorlogssituatie? Het is een gemeenplaats onder polemologen: de militaire staf loopt steevast één oorlog achter. De gewiekste vijand heeft een nieuwe strategie uitgedacht, nieuwe wapens en nieuwe tactieken ontwikkeld. Maar op de militaire academies heeft de staf voorbije oorlogen bestudeerd, en nauwelijks nagedacht over nieuwe vormen van oorlogsvoering. Misschien, zegt Latour, maak de academische wereld, waarin de postmoderne theorie erg present is, een soortgelijke fout. Zou het niet vreselijk zijn als we nog jonge rekruten aan het opleiden zijn voor gevaren die geweken zijn, tegen vijanden die er niet meer zijn, om gebieden te veroveren die verdwenen zijn?[63] Het resultaat van die strategie is dat we niet meer voorbereid zijn op de dreigingen van nu.

Nog altijd worden doctoraatsprogramma's opgezet, aldus Latour, om aan Amerikaanse jongeren te leren dat 'feiten' het resultaat zijn van een constructie, van keuzes en van retorische trucjes, dat er niet zoiets bestaat als een natuurlijk, onmiddellijk, niet-bevooroordeelde benadering van de waarheid, dat we gevangenen zijn van onze taal, dat we altijd spreken vanuit een bepaald standpunt. En dat de wetenschap dus met de grootste argwaan bejegend moet worden.

Ondertussen gebruiken gevaarlijke extremisten hetzelfde argument van sociale constructie in een strijd die ons leven kan bedreigen. Natuurlijk kan je stellen dat kwaadwilligen ook zonder kritische theorie of postmodernisme zich tegen het algemeen belang of tegen wetenschappelijk denken zouden verzetten. Postmoderne denkers zijn niet verantwoordelijk voor het misbruik van hun denken. Maar dat vindt Bruno Latour een wat gemakkelijk argument. De huidige context, de wereld na 9/11, zou die academici er tenminste toe moeten aanzetten om kritisch tegenover zichzelf te zijn, om in te zien dat het constante verlangen om te contextualiseren, te relativeren, te refereren aan machtsposities en pseudo-objectiviteit en te twijfelen aan normatieve criteria, de rationele uitkomst van het debat onmogelijk heeft gemaakt. Na *Charlie Hebdo* wordt Latours oproep nog dringender.

Bruno Latours analyse van de hedendaagse sociale wetenschappen gaat nog verder. Hij voert een dissectie uit op de verschillende logische stappen van het denkproces. Latour onderscheidt een *fact position* en een *fairy position* in de postmoderne houding van de meeste sociale wetenschappen. De *fairy position* (het sprookjesstandpunt) slaat op die sociale wetenschappers die kritiek exploreren als antifetisjisme: ze willen aantonen dat naïeve gelovigen alleen maar hun eigen onbewuste verlangens projecteren op een object dat in werkelijkheid niets voorstelt. Als voorbeelden van fetisjen noemt Latour godsdienst, helden in de sportwereld, mode-iconen en kunstenaars. De verering van vaderland, cultuur en natie valt evengoed onder een mogelijke fetisjistanalyse. De moedige criticus analyseert en herleidt het geliefde object waar de ander in gelooft tot de lege doos die het eigenlijk is. Argeloze mensen denken, bijvoorbeeld, dat mode iets te maken heeft met aantrekking, met luxe en met schoonheid. Maar dat is een illusie. Mode is alleen een object op de kapitalistische markt, die selecteert tussen de *haves* en *have-nots*. Niets meer of minder. In een tweede beweging wordt de gelovige zelf aangepakt, en dat is de *fact position*: het gedrag van de modeliefhebber wordt uitgelegd als het effect van machtsrelaties waaraan die modeliefhebber niet kan ontsnappen. Natuurlijk denkt die persoon wel vrij te kunnen kiezen, maar dat is opnieuw een illusie: afkomst, klasse, geslacht en *peer group* bepalen wat iemand denkt of wil, zonder dat die persoon het beseft.

Dit soort kritiek is erg aantrekkelijk, aldus Latour, omdat de criticus altijd gelijk krijgt. Latour noemt de weinig consequente houding van wie de kritische theorie zo toepast 'kritische barbaarsheid'. Die criticus combineert drie verschillende posities. Tegenover ideeën waar hij zelf niet in gelooft, stelt hij zich op als antifetisjist, als iemand die in staat is de diepere structuren achter de verschijnselen te zien. Maar als het over zijn eigen discipline gaat, bijvoorbeeld de evolutionaire psychologie of de semiotiek, is hij plots positivist, dan gelooft hij wel degelijk dat zijn discipline wetenschappelijke waarde heeft, en dat er waarheidsaanspraken zijn die reëel zijn.

Ten derde zou hij nooit zijn kritische theorie op zijn eigen favoriete interesses toepassen. Dan is hij plots realist. Als hij van impressionistische schilderkunst houdt, denkt hij er geen ogenblik aan om Monets schilderijen te interpreteren als een product van sociale relaties. De academische kritische analyse is dus vlijmscherp… tegenover anderen. Maar die postmoderne geest past zijn methode niet toe op de waarden waar hij zelf aan vasthoudt. Dat eenzelfde persoon tegelijkertijd antifetisjist, positivist en realist kan zijn, valt niet meteen op, omdat hij zijn methode nooit op de drie verschillende posities tegelijkertijd uittest. Een voorbeeld: een jonge post-marxist ontwaart achter elk politiek verschijnsel een 'neoliberaal' plan, maar gelooft wel in de objectiviteit van zijn eigen vakgebied, de sociologie, en dweept ondertussen met Daft Punk, een Frans house- en electroduo. Hoe die muziekgroep zelf het product is van een 'neoliberale samenleving', en hijzelf tot de sociologische doelgroep behoort, analyseert hij niet. Een ander voorbeeld: een progressieve politieke filosoof analyseert hoe elke uiting van Europees nationalisme gebaseerd zou zijn op racisme en discriminatie, maar dweept met zijn thuisland, Libanon of Albanië, en beschouwt zijn denken als inherent bestand tegen machtsdenken: hij verdedigt alleen de positie van de zwakkere. Ook in het debat over *Charlie Hebdo* komen deze inconsistenties terug.

Qui est Charlie? – symptoom van het debat

Enkele maanden na de aanslagen op de redactie van *Charlie Hebdo* publiceert historicus en geograaf Emmanuel Todd het boek *Qui est Charlie?*[64] Todd is al jaren een belangrijke stem in het publieke debat in Frankrijk. In 2012 steunt hij aanvankelijk de socialistische presidentskandidaat François Hollande, omdat hij hoopt dat Hollande het liberale tij in Europa zal keren. Todd heeft het dan over het revolutionair Hollandisme. Maar de socialistische president stelt zijn supporter algauw teleur.

Todd is een buitenbeentje, hij combineert intelligente intuïties met cassante polemische oordelen. Hij heeft enkele opmerkelijke werken op zijn naam staan. In 1976 voorspelt hij de ineenstorting van de Sovjet-Unie.[65] Over het einde van het Amerikaanse imperialisme en de multipolaire internationale politiek publiceert hij in 2002 *Après L'Empire*.

Het uitgangspunt van *Qui est Charlie?* is de massamanifestatie op 11 januari 2015, waarbij miljoenen burgers de straat op gingen.

Zo'n opmerkelijke optocht is een kolfje naar de hand van sociologen. Maar de interpretatie van Todd is wel erg bijzonder. Ze leidt meteen tot een intense polemiek, waarin zelfs de eerste minister Valls zich mengt, al is het om Todds analyse tegen te spreken.[66] Volgens Todd is de unanimiteit van de betoging niet alleen onzin omdat bepaalde groepen thuisblijven; na de laffe moord op journalisten, is de hele betoging ook al geen uitdrukking van republikeinse of humanistische waarden. In werkelijkheid etaleert de betoging een haat tegen de islam, tegen de godsdienst van de zwakkeren.[67]

Todd bestudeert een kaart van alle betogingen in Frankrijk, en haalt zijn eigen vroegere onderzoek erbij.[68] Hij beweert dat mensen vooral op straat komen in steden en regio's die tijdens de Tweede Wereldoorlog met het Vichy-regime sympathiseerden, met de antirepublikeinse, extreem rechtse maarschalk Pétain, die met de bezetter collaboreerde. Op diezelfde plaatsen waren mensen vroeger 'anti-Dreyfussards', rechts, conservatief en streng katholiek. Aan het begin van de twintigste eeuw verdeelt de zaak-Dreyfus Frankrijk in een links en een rechts kamp. In 1895 wordt Alfred Dreyfus, een Franse officier van Joodse origine, valselijk beschuldigd van spionage, en veroordeeld en verbannen naar Duivelseiland.[69] Tijdens die affaire publiceert Émile Zola de welbekende aanklacht 'J'accuse' in de krant *L'Aurore*: de schrijver provoceert doelbewust de Franse overheid om de zaak tegen Dreyfus te heropenen en de waarheid aan het licht te brengen.

Volgens Todd zijn de krachten die toen aan de zijde stonden van leger, kerk en staat nu dus opnieuw op straat gekomen. De schijnbaar heftige verdedigers van de vrijheid vormen in feite een potentieel erg gevaarlijke groep, die vandaag 'nieuwe zondebokken' zoekt. Todd noemt die traditionele, conservatieve, fundamenteel antirepublikeins gezinde groep 'zombie-katholieken'. Zij belijden hun geloof niet meer, maar hebben er wel een diepgaande conservatieve reflex aan overgehouden. De voorvaders van die zombie-katholieken droegen een grote verantwoordelijkheid voor het antisemitisme van de jaren '30. Hun antisemitisme speelde reeds mee in hun antipathie voor Dreyfus.

Verder betrekt Todd ook de steun voor de Europese Unie in zijn analyse. Zijn redenering verloopt als volgt: eigenlijk is de mars geen mars voor de republiek, maar 'une imposture', een bedrog.[70] Elke republikeinse gedachte veronderstelt namelijk een streven naar gelijkheid. En dat streven was volledig afwezig, het ging in deze betoging alleen over de vrijheid voor de meerderheid om te spuwen (Todds woord) op de zwakkeren. Dezelfde groep betogers maakt dezelfde schijnbeweging over de Europese politiek: het Europese project lijkt universalistisch en egalitair. Maar dat klopt in werkelijkheid niet. Het Europese project is een neoliberaal verhaal dat de kloof tussen arm en rijk alleen vergroot. Tussen 1992, het Verdrag van Maastricht, en januari 2015 evolueert de Franse middenklasse van een pro-Europees naar een neorepublikeins, islamofoob standpunt.[71] Beide posities zijn pseudorepublikeins, telkens bedoeld om de zwakkeren uit te sluiten. Het doel van de betoging is dan ook om de sociale positie van de blanke middenklasse te verstevigen.

Tot zover een weergave van Todds ideeën, die hevig onder vuur liggen van andere sociologen.[72] Zijn boek lijkt me vooral een symptoom binnen het huidige debat. Meerdere elementen uit de postmoderne theorie komen in zijn visie terug: de Tweede Wereldoorlog als zwarte wolk over elke politieke gebeurtenis; denken in termen van een meerderheid tegenover een minderheid, waarbij de meerderheid de morele fout begaat terwijl de minderheid de echte slachtoffers vormt. Wat personen doen, welke misdaden ze al dan niet plegen, is van ondergeschikt belang. Alleen hun lidmaatschap van een groep is bepalend. Een kritische godsdienstanalyse (in dit geval van de islam) ontbreekt. De historicus vermengt feiten met morele oordelen, en is blind voor de subjectiviteit van zijn eigen positie, zoals Latour suggereert over de postmoderne denker, terwijl hij het onbewuste van de anderen uitpluist.

Het valt op dat Todd de slachtoffers van de aanslag niet neutraal benoemt, hoewel ze wel persoonlijk, als specifieke journalisten werden getroffen, in tegenstelling tot de slachtoffers van terreuraanslagen in Madrid (2004) of in Londen (2005). Bij de eerste vermelding van de *Charlie Hebdo*-journalisten noemt hij hen meteen *islamophobes blasphémateurs*, godslasterlijke islamofoben. Dat het project van *Charlie Hebdo* wat anders inhield, overweegt de historicus niet. Hij hecht schijnbaar een groot belang aan gelijkheid, maar vermeldt nergens hoezeer de *Charlie Hebdo*-redactie begaan was met gelijkheid. De redactieleden waren geëngageerd links.

Dit is volgens Todd dan ook inzet van de betoging: 'J'ai le droit et même le devoir de blasphémer.' (Ik heb het recht en zelfs de plicht om blasfemie te beoefenen.) De mogelijkheid dat betogers tegen geweld protesteren, tegen een angstklimaat, tegen koelbloedig neerschieten van ongewapende burgers, weegt hij niet eens af. Hij interpreteert de betoging evenmin als een steun voor de pijlers van de democratie: dat geschillen en conflicten niet met geweren worden opgelost, maar door middel van debat en discussie. Omdat hij zulke motieven niet erkent, poneert hij, vanaf de eerste zin, dat Frankrijk hysterisch reageert.

Todd hanteert psychologiserend of moraliserend taalgebruik over de ene groep: hij noemt de betogers, en dus de Franse middenklasse, achtereenvolgens hysterisch, lijdend aan een islampsychose, autistisch, egoïstisch, repressief ingesteld, hypocriet en aan een pathologische behoefte lijdend om iemand of iets te haten.[73] Over atheïsten schrijft hij dat ze lijden aan een mentaal onevenwicht (omdat ze godsdienst verlaten hebben), en dat ze een zondebok zoeken vanuit hun angsten. Waaruit Todd dat kan afleiden is volstrekt onduidelijk, tenzij vanuit zijn eigen hypothese dat heel Frankrijk onder een zware pathologie gebukt gaat.

Todd put zijn termen uit het register van het ressentiment en de vernedering; hij veronderstelt de intentionele kleinering van de ander: de ene groep 'spuwt' op de andere, ze 'diaboliseert'. Nochtans kan Todd geen enkel incident tijdens die betoging zelf vermelden. Hij noemt niemand die anti-islamslogans zou hebben geroepen, citeert niemand die tot geweld zou hebben aangezet, en geeft geen voorbeeld van betogers die zich gewelddadig hebben gedragen. In realiteit was het een vreedzame betoging. Daarbij botst Todds interpretatie met de werkelijkheid: indien de journalisten van *Charlie Hebdo* islamofoob waren, en alleen zwakkeren wilden beledigen, terwijl miljoenen Fransen dat evengoed zijn, waarom was het satirische tijdschrift dan noodlijdend? Het antwoord ligt voor de hand: omdat *Charlie Hebdo* niemand wilde vernederen, en de Franse betogers niet islamofoob waren.

Latours bedenkingen over de logica van de postmoderne denker kunnen eenvoudig op Todds ideeën worden toegepast. Individuen worden door sociale structuren en door machtsrelaties bepaald. Ze beleven bewust motieven die niet overeenkomen met de werkelijke, onbewuste oorzaken voor hun gedrag, aldus Todd. Hier speelt een freudiaans-marxistische inspiratie, die typisch is voor de postmoderne 'denkers van het wantrouwen'.[74] Bij Todd wordt dat concreet in de naam 'zombie-katholieken' voor de demonstranten tegen de aanslagen. Die term betekent dat de betrokkenen zich niet bewust zijn van hun katholieke erfenis. Ze kunnen alleen patronen uit het verleden herhalen. Hun eigen, redelijke verhaal is in wezen niet redelijk, elke vermeende rationaliteit is waardeloos. De opzet van zijn boek, zegt Todd, is om mensen te doen inzien welke latente waarden hen eigenlijk drijven. Dat zijn niet noodzakelijk de waarden die ze zelf denken te verdedigen.

De analyse in termen van machtsstructuren gaat nog verder. Todd duidt schuldigen aan. Behoor je tot de dominante klasse (de zombie-katholieke middenklasse), dan maak je je schuldig aan gewelddadige bedreigende verlangens. Je wordt in zo'n analyse een dader, zelfs al heb je niets anders gedaan dan vreedzaam betogen en veroordeel je elke vorm van geweld. Het maakt niets uit, de dominante groep heeft onbewust slechts onzuivere motieven. En ze is verantwoordelijk voor al het kwaad. Todd geeft toe dat het toenemende antisemitisme in de *banlieues* een onderschat probleem is. Maar hij legt de oorzaak ervan evengoed bij de Franse middenklasse.[75]

Wat dan met de daders van de aanslag, de broers Kouachi? De scheiding tussen bewust en onbewust laat toe hen te verontschuldigen voor hun gewelddadige gedrag. Sociale ellende heeft hen tot actie gedreven. Zoals betogers uit de meerderheidsgroep verdachter zijn dan ze lijken, zo zijn de daders minder gevaarlijk dan ze worden neergezet. Todd plaatst de broers Kouachi op hetzelfde morele niveau als de verkozen politieke klasse, al neemt hun morele tekort pathologischere vorm aan! Tja, wat kunnen burgers doen, wanneer zulke politici hen leiden? Todd meent dat president Hollande van de daders een psychiatrisch profiel had moeten geven, in plaats van hen een politieke ideologie toe te schrijven. Toch bewijzen Syrië, Irak en Libië elke dag dat islamisme een politieke realiteit is, die zich niet tot psychiatrie laat herleiden. Maar belangrijker is het onevenwicht in Todds analyse: zelfs Fransen die geen godsdienst belijden zijn zombie-katholieken (die vanuit hun zombie-geloof verlangen naar hiërarchie en gehoorzaamheid), terwijl extremisten die beweren in naam van een godsdienst te handelen (ze riepen islamitische leuzen vlak na de aanslag), niets met godsdienst te maken hebben.[76] Todd vermijdt zo de noodzaak om een kritische analyse van de islam te maken, al beleeft Frankrijk een religieuze crisis, volgens de historicus.

Maar dat gebrek aan onderzoek weerhoudt Todd er niet van om in de islam een verlangen naar gelijkheid te bespeuren. Dat blijkt uit het vroegere kiesgedrag van moslims in Frankrijk: de meeste stemmen op linkse partijen, sommige vroeger zelfs op de communistische partij. In de islam ziet Todd een kans voor Frankrijk om opnieuw aansluiting te vinden bij het republikeinse project van de Franse Revolutie, op voorwaarde dat moslims de achterstelling van vrouwen kunnen oplossen.[77] Hier verschijnt een merkwaardige paradox: die evolutie veronderstelt een capaciteit bij moslims om afstand te nemen van het eigen geloof en de eigen traditie waartoe Todd de zombie-katholieken, zelfs na vele generaties, absoluut niet in staat acht. Op de zombie-katholiekengroep past hij dus een strikt historisch determinisme toe, terwijl hij de anderen wel als vrij beschouwt. Hij oordeelt bovendien moreel over de historisch gedetermineerde groep, wat ook opmerkelijk is: determinisme ontzegt aan individuen de keuzevrijheid, die essentieel is om over een morele handeling te kunnen spreken. Over de andere groep, de moslims, denkt Todd dan weer sterk vanuit een maakbaarheidsideaal, dat tot economische gelijkheid zou leiden. Maar dat geen enkel islamitisch land een vrije of enigszins gelijke republiek is zoals de Verlichtingsdenkers in gedachten hadden, doet dan weer geen belletje rinkelen bij pro-republikein Todd.

Latours opmerking dat sociale wetenschappers blind zijn voor hun eigen perspectief gaat evengoed op voor Todd. Deze laatste onderzoekt de onbewuste processen die verscholen liggen achter schijnbaar rationele motieven van anderen. Maar hijzelf beoefent wel een wetenschap, en is blijkbaar niet door zijn opvoeding of zijn sociaaleconomische positie bepaald. In de tekst neemt de auteur elke gelegenheid te baat om zijn wetenschappelijke ernst te onderstrepen. 'Het nut dat een onderzoeker kan bijdragen aan het publieke debat (...) is een objectieve interpretatie van feiten, die ontsnapt zijn aan de betrokkenen zelf, meegesleept als ze zijn door gevoelens, ontroerd door vaak obscure of zelfs ronduit onbewuste voorkeuren.'[78] Hijzelf is ook ideologisch onafhankelijk: 'De antropologie ontsnapt per definitie aan ideologische onzin. Ze bespeurt de echte nationale of regionale waarden, die verborgen zijn in de weldenkende, lyrische uitweidingen van politici.'[79] Een betere illustratie van Latours nuchtere kritiek op de valse pretentie van de hedendaagse sociale wetenschapper is moeilijk te vinden.

Toch geeft Todd zijn ideologische voorkeur prijs. Hij bekent tussen 1967 en 1969 lid te zijn geweest van de communistische partij. Na de val van de Berlijnse Muur, stort ook de communistische partij (PCF) in mekaar. Die feiten inspireren hem tot een commentaar over de oorzaken van de huidige malaise. De Franse ideologen tussen 1990-2010 zijn vergeten wat hun land allemaal verloren heeft met het communisme, schrijft Todd: 'Een immense, culturele machine, die invloed had op het laïcistische tweederde deel van Frankrijk. Die machine bracht in het volkse milieu een geloof in de vooruitgang, in het onderwijs, dus in het beste van de burgerlijke cultuur, zonder dat ze het vertrouwen in het universele en de afwijzing van xenofobie vergat. De Franse communistische partij (PCF) was stalinistisch in haar administratieve praktijk, maar liberaal in haar waarden, en ze was moreel verheven.'[80] Meer nog, Todd verklaart de neergang van de Franse middenklasse en haar pessimisme uit de teloorgang van de communistische partij. Een auteur die zo'n stelling poneert, is positief vooringenomen tegenover de communistische ideologie. In elk geval voelt Todd voldoende sympathie om te vergeten dat die PCF zich bijvoorbeeld virulent tegen homorechten, abortus en feminisme verzette.

Maar los van partijpolitieke vragen, getuigt Todds ontleding van een enge visie op het republikeinse denken, dat hij definieert als een streven naar gelijkheid. De essentie van het republikeinse denken is echter dat de macht alleen legitiem uitgeoefend wordt door en voor de bevolking. Het doel van de politiek is het algemeen belang en het respect voor burgerlijke vrijheden. Op zich is republikanisme links noch rechts, de essentie is dat de soevereiniteit bij het volk ligt. Republikeins zijn impliceert dat de inwoners van een land de democratisch gestemde wet als enige legitieme grond van het recht aanvaarden. Ze nemen dus niet de woorden van een profeet als basis voor de wet. Met deze definitie van volkssoevereiniteit wordt optimisme over de islam als nieuwe kans voor de Franse republiek minder vanzelfsprekend. Todds pleidooi voor gelijkheid als republikeins regime bevestigt dat niet vrijheid of politiek pluralisme, maar sociaaleconomische gelijkheid voor hem het doel is van de politiek.

Het spook van het verleden waart door Todds denken, hoewel de link tussen de aanhangers van Vichy en betogers nu alleen op geografische correlaties berust.[81] Impliciet refereert Todd aan zijn eigen angst voor het totalitaire verleden als een argument om zijn stellingen te aanvaarden. 'Het is onmogelijk om definitief op deze vraag te antwoorden: houdt Charlie al dan niet verband met de meest zwarte jaren van de recente Franse geschiedenis? Maar we worden in Frankrijk in 2015 door de opkomst van islamofobe en antisemitische gevoelens geleid, en we kunnen ons niet veroorloven om af te wachten tot we "zeker" zijn dat het neorepublikanisme niet een neovichysme is om de validiteit van deze stelling te verkondigen (...). Het zou waarschijnlijk te laat zijn.'[82] De situatie is zo dringend dat er niet gewacht kan worden op een ernstig bewijs voor zijn stellingen. Dat klinkt behoorlijk urgent – Todd heeft zijn tegenstanders voor minder hysterisch uitgemaakt – terwijl hijzelf intense emotionaliteit en irrationaliteit aan anderen toeschrijft om hun politieke respons te discrediteren.[83]

Maar goed, Todd vermoedt onvoldoende redelijkheid bij anderen om hen geloofwaardig te vinden: elk spreken wordt altijd bepaald door contexten die buiten het subject liggen. Hij gewaagt daarbij van *puissance de continuïtés* van een historisch traject, waaraan het individu niet kan ontsnappen. Die continuïteit laat toe om kaarten uit 1791, vlak na de Franse Revolutie, met die van 1914, 1941 en 2015 te vergelijken. Ze laat zelfs toe om aan mensen dezelfde politieke ideeën toe te dichten als aan voorgaande generaties (die mogelijk zelfs niet uit dezelfde streek komen). Maar wie de moraliserende, emotionele woordkeuze leest, merkt dat de continuïteit waar de auteur op doelt, slaat op een langdurige schuld. De zombie-katholieken kozen vroeger de verkeerde kant – tegen de Franse Revolutie in 1791, tegen Dreyfus in 1905, voor Vichy in 1941. En nu schuift de historicus diezelfde groep een gelijkaardige moreel laakbare, antidemocratische keuze in de schoenen: ze zijn islamofoob, op zoek naar zondebokken, oorzaak van antisemitisme, bron van antirepublikeins geweld. Hoewel die mensen, zelfs in Todds beschrijving, alleen rustig en vreedzaam hun afkeer voor een lynchpartij hebben gedemonstreerd. Maar hoe die groep juist handelt, doet er niet toe. Wie een erfzonde draagt, is schuldig zonder dat hij een kwalijke daad stelt. Dat is de essentie van erfschuld. En zo'n schuld draagt een deel van de Europese bevolking. Todds morele toon doet vermoeden dat wie zijn analyse weigert, opnieuw die fundamentele schuld miskent.

Het is dus zoals Latour voorspelt: de postmoderne, kritische denker krijgt altijd gelijk.

Vanuit Nietzsches filosofie bekeken, dondert Todd als een moderne priester, die het onbehagen verklaart vanuit een diepe schuld, anderen met een kwaad geweten opzadelt, het ressentiment van de ongelukkigen versterkt en de reactieve krachten aanwakkert.

DEEL II

DE INSPIRATOR — MARTIN HEIDEGGER

5

IN DE ACADEMISCHE WERELD

Toen ik nog een jonge academica was, sprak een oudere collega me toe: 'Als je Heidegger niet gelezen hebt, dan weet je niet wat er in de wereld gebeurt.' De man keek me daarbij indringend aan, alsof hij me zopas een geheim had verklapt. En hij had gelijk, in elk geval wat de academische wereld betreft. De invloed van zijn werk *Sein und Zeit* is immens. Meer nog, Heideggers methode geldt voor latere filosofen als inspiratie voor het postmoderne denken, in het bijzonder om de zekerheden van de moderne wetenschappen te ontmaskeren. Dat de mens niet alleen techniek gebruikt, maar dat techniek ook het leven van mensen verandert, had Heidegger al heel vroeg begrepen.

Heidegger is dus een referentiepunt voor veel andere denkers. Hij wijst op de machteloosheid van de moderne mens. Wat wil de mens? Het onmogelijke. Wat weet de mens? Veel minder dan hij denkt. Zelfs de idee dat de mens zijn kennis zou kunnen sturen, klopt niet. Wat kan de mens? Minder dan hij wil. Zelfs een authentiek bestaan kan hij niet plannen: de stemming van de 'Eigenlijkheid' verschijnt op onverwachte momenten. Wie is de mens? Niet wie hij denkt te zijn, het 'subject' kan zich juist niet bepalen. De mens draagt zelfs de verleiding tot inauthenticiteit in zich. Wat zoekt de mens? Een thuis dat in de moderne samenleving nog maar moeilijk te vinden is. En de filosofie heeft als taak om de moderne mens, die wel denkt autonoom te kunnen handelen, op zijn overmoed aan te spreken.

Zowel de stijl als de inhoud van Heideggers denken sprak me niet aan. Toch nam ik *Sein und Zeit* ter hand. Want het klopt wel degelijk: zonder Heidegger blijft een deel van de westerse hedendaagse filosofie onbegrijpelijk. Maar begrijp je met Heidegger de wereld beter? Of wordt alleen de terugtrekking uit de wereld een optie? Heideggers begrippenapparaat is filosofisch, met termen als 'Zijn', 'zijnde' en 'metafysica'. Toch heeft zijn denken een specifieke culturele achtergrond: de filosoof blijft schatplichtig aan een christelijk denkkader, met begrippen als schuld, zonde en last.

De mens – door Heidegger consequent 'erzijn' ('Dasein') genoemd – draagt een verlies in zich, een drama, een verscheurdheid waartoe hij geen toegang heeft tenzij in de stemming als de angst, de verveling of bij de roep van het geweten. Heideggers analyse is verwant aan de christelijke theologie: de mens wordt gekenmerkt door onmacht, door een negativiteit, een passiviteit.

Gilles Deleuze noteert dat Heideggers filosofie de 'herinvoering van de transcendentie in de immanentie' is. Er is een innerlijke verscheurdheid van de mens, een tekort, een drama dat hij nooit echt kan overwinnen.[1] Zijn denken wordt dan ook een posttheologie genoemd. Het heideggeriaanse project is een oorsprongs-denken: Heidegger gelooft dat de mens een openheid naar het Zijn, die wel in de premoderne cultuur aanwezig was, verloren heeft. Dat verlies, die val klinkt als een seculiere variant van Adams val uit het Paradijs. Door de angst, het geweten en de zorg kan de mens echter uit de 'Zijnsvergetenheid' raken. Zijn opvatting van de geschiedenis lijkt erg op de met de erfzonde-beladen mens en de 'wereld als tranendal' in het verhaal van Augustinus. In die geschiedenis wordt de mens door de opkomst van de techniek voor een bijzonder opdracht gesteld, hij raakt nog verder verwijderd van een authentiek bestaan. Heideggers christelijke analyse over een oorspronkelijk verlies, een onherstelbaar tekort na de zondeval van de mens, bepaalt ook zijn wereldvisie: de Duitse filosoof verlangt nostalgisch naar een premoderne wereld die onherroepelijk verloren is gegaan.

Om Heidegger te begrijpen is de tijdgeest van belang, en zelfs zijn twijfelachtige politieke voorkeur, die veel sterker doorweegt dan jarenlang werd gedacht.[2] De omvang van Heideggers problematische verhouding tot het nazisme staat nu onmiskenbaar vast: in 2014 verschijnen *Zwarte schriften*, geheime filosofische notities. Daarin blijkt Heideggers filosofische antisemitisme: een filosofische interpretatie van de geschiedenis, die zijn visie op het nazistische geweld bepaalt. Heidegger blijkt in complotten te geloven en beschouwt de oorlog als een onvermijdelijke maar rechtvaardige strijd. Hij bewoont een wereld waarin hij vecht tegen demonen, die na de Tweede Wereldoorlog in de vorm van de liberale democratie overwinnen. Hier verschijnen enkele vormen van onmacht die relevant en boeiend blijven om hedendaagse fenomenen te beschrijven zoals samenzweringsdenken – het geloof in duistere, verborgen krachten die de wereld regeren – en antisemitisme.

Dankzij deze recente onthullingen wordt ook Heideggers naoorlogse stilte over de Holocaust inzichtelijk. Jarenlang hoorden welwillende heideggerianen in die stilte toch een protest tegen de onmenselijkheid, om een gruwel die te pijnlijk was voor woorden.

Die recente bevindingen hebben een dramatische weerslag op het intellectuele, academische werk van de voorbije decennia. Zovele onderzoekers hebben jaren besteed aan de langzame, moeizame decodering van Heideggers werk. Maar terwijl hij anderen inspireert, blijkt hij zelf een *seinsgeschichtlich* antisemitisme aan te hangen. Dat is een paradox: dé inspirator van veelal linkse, kritische denkers, die een progressief denkkader uittekenden – Foucault, Derrida, Latour –, was zelf filosofisch reactionnair. In een interview dat verscheen in 1984, vlak na zijn dood, bekent Michel Foucault dat Heidegger voor hem 'altijd de essentiële filosoof was'.[3] In de wetenschapsfilosofie beïnvloedt Heidegger de bedenker van de invloedrijke *actor-network*-theorie, Bruno Latour.

Heideggers werk wordt vaak gelezen als een waarschuwing tegen de ontsporingen van de techniek. Zo wordt de latere Heidegger geciteerd als denker die de beperkingen van het menselijke juist in de verf zet, en zo humaniserend werkt. Zijn denken fungeert als een waarschuwing tegen een absoluut geloof in eenheid, rationaliteit, helderheid. De mens is niet een wezen dat zichzelf en zijn wereld maakt, maar de mens heeft een plaats in een groter geheel. De mens is niet de maker, maar de hoeder en bewaker van het Zijn. De wereld is niet de eigendom van de mens, de wereld valt de mens toe, als een geschenk. Omdat de wereld niet de eigendom van de mens is, moet hij juist dankbaarheid ervaren.[4]

Vooruitziende blik

In zijn korte essay 'Überwindung der Metaphysik' beschouwt Heidegger de techniek als een gevolg van de wetenschappelijke ontwikkelingen sinds de zeventiende eeuw. De techniek maakt dat de mens zijn eigen lot, en dat van zijn geschiedenis niet meer kan controleren. Door de wereld als een instrument te zien, verliest de mens uiteindelijk zijn eigen opdracht uit het oog. De mens denkt de techniek te beheersen, maar uiteindelijk beheerst de techniek de mens.[5]

Veel van Heideggers kritische vragen betreffen de toestand die nu onder de noemer 'neoliberalisme' valt: hoe de mens de rest van de wereld – en daarbij andere mensen – als een instrument beschouwt dat hij naar goeddunken kan aanwenden. De mens exploiteert andere mensen en de natuur om financiële winst te genereren. Hij plundert de aarde en verliest daarbij elk perspectief op de inherente waarde van dingen. Steeds meer wordt elk stukje natuur, elk voorwerp bekeken vanuit zijn nutsfunctie, die op haar beurt vanuit de werking van de vrije markt wordt gezien. Moderne goudzoekers hoeven niet meer naar echt goud te zoeken: de hele natuur, het water, de lucht, het licht, de wind is voor hen een potentiële goudader. Alles is berekenbaar en meetbaar. Aan elke menselijke prestatie, aan elk talent, aan alle creativiteit, hangt een objectief, abstract prijskaartje. De medemens is een middel geworden, een pion of een schakel in een proces met een eigen doelmatigheid.

Deze evolutie voorspelde Heidegger al in de jaren '20. Daarbij is de invloed van zijn denken op de filosofie, de literatuur, de architectuur en de psychologie buitengewoon sterk geweest. Al vanaf het begin van zijn academische loopbaan wekte hij fascinatie op, en tal van jonge, beloftevolle filosofen volgden zijn colleges aan de universiteit van Marburg en Freiburg en wilden bij hem promoveren: Hannah Arendt, Karl Löwith, Leo Strauss, Günther Anders, Herbert Marcuse, Hans Jonas en Hans-Georg Gadamer. Heideggers meningsverschillen met zijn oudere collega Karl Jaspers en het ophefmakende debat met Ernst Cassirer in Davos zetten de toon van de filosofische actualiteit. Hannah Arendt noemde Martin Heidegger de 'geheime koning van het denken'.

Pathos van een tijdperk

Heideggers *Sein und Zeit* is geschreven met een felheid en een pathos die alleen te begrijpen zijn in de context van het Duitsland na de Eerste Wereldoorlog. Duitsland ligt dan in sociaal, economisch en moreel opzicht in puin. Een diepe cultuurcrisis overheerst. Heideggers werk en zijn taalgebruik baden in die dramatische, zelfs apocalyptische sfeer.[6]

Heideggers werk laat niemand onverschillig: grootse bewondering of ergernis vallen hem ten deel. Heidegger verwijst vaak naar de oorsprong en evolutie van woorden en hun betekenis om zijn filosofisch onderzoek te funderen. Hij is een buitengewoon taalvirtuoos. Vaak dient die etymologie als argumentatie, en leidt de etymologische uitleg naar de diepere analyse. Heel wat wetenschapsfilosofen en logici vinden die vergezochte verbanden leeg, nietszeggend en nutteloos. Heideggers werk is volgens hen tautologische onzin, nietszeggende, pseudomystieke retoriek.

De etymologische aanpak strookt met een fundamentele vooronderstelling van Heidegger: de taal bevat, in haar oorspronkelijke lagen, een diepzinnige, existentiële getuigenis van de lotsbestemming van de mens. Omdat de mens die betekenissen is vergeten, veranderde zijn lotsbestemming. Een eigenlijke, authentieke relatie tot de taal en de wereld is verloren gegaan. De denker kan die oorspronkelijke betekenissen opnieuw blootleggen, en zo nieuwe mogelijkheden creëren voor de hedendaagse mens. Daar ligt, naar zijn oordeel, de taak van de filosoof. De gewoonlijke lectuur van geschiedenis van de filosofie kan de hedendaagse mens, die een diepe crisis beleeft, niet helpen. Want de filosofen zijn vanaf de oudheid die oorspronkelijke betekenis van taal vergeten.

Sein und Zeit is dan ook een revolutionair werk, dat taal centraal stelt en de Duitse taal een nieuw elan wil geven. Heideggers revolutie is niet sociaal of politiek.[7] Heidegger is in die vroege jaren niet politiek geëngageerd. Zijn revolutie is metafysisch, filosofisch. Daarom is ze niet minder ingrijpend, voor hem biedt de filosofie de sleutel om de toestand van een samenleving te begrijpen. Elke filosofie geeft aan hoe de realiteit op een bepaald moment werkt. De inzet is dan ook groot: Heidegger gelooft in de uitzonderlijke positie van de Duitse cultuur, die samen met de cultuur van de Griekse oudheid, het westerse denken vormgeeft, bepaalt, illustreert. Heidegger meent dat Duitsland een specifiek lot, een *Schickung*, een roeping, heeft om de diepste menselijke ervaringen te doorgronden. En hij beschouwt het als zijn opdracht die Duitse bijzonderheid te redden. De Duitse denker ziet zichzelf als de geschikte geestelijke leider om een nieuwe nationale filosofie uit te dragen. Precies die visie op zijn uitzonderlijke opdracht brengt hem vanaf 1933 in de problemen.

6

SEIN UND ZEIT

In die context verschijnt het eerste deel van Heideggers grote project *Sein und Zeit*. Het belangrijkste woord in de titel is *und*: zijn én tijd. Het zijn is tijdelijk, in de tijd. De mens is geworteld in de tijd, leeft de tijd. Die tijd is begrensd: hij is zich bewust van de eigen dood. De mens is het enige wezen dat zijn bestaan als een probleem ervaart. Hij denkt na over zijn plaats in de wereld. Aan Heidegger zijn naturalistische beschouwingen over de graduele verschillen tussen mens en de andere diersoorten niet besteed. Met *Sein und Zeit* wil hij een analyse maken van het zijnde, van de mens. Heidegger wil een ontologie die een meer oorspronkelijker begrip van het existentiële geeft. Zijn project beoogt een bevrijding van het 'erzijn', van de mens zoals Heidegger die definieert, zodat de mogelijkheid van het Zijn verschijnt. De relatie van de mens tot het Zijn, noemt Heidegger *Seinsverständnis*. Heideggers punt is dat de moderne mens die zijnsrelatie helemaal fout begrijpt, waardoor die zichzelf in gevaar brengt, en zijn fundamentele opdracht verzaakt.

Volgens Heidegger zit de filosofische traditie al lang op het verkeerde spoor. Ze heeft de echte zijnsvraag verwaarloosd. De theologie trachtte het bestaan van de mens en van God te doorgronden door het hoogste zijnde, God, te bestuderen. Filosofen zoeken in de ontologie naar de wezenskenmerken van de mens. Maar filosofen en theologen vergeten daarbij de grond van het hoogste zijnde: het Zijn zelf. Dit Zijn is echter geen eenvoudig object van studie. Het kan niet gemeten en gedefinieerd worden. Heidegger heeft dus een nieuw vocabularium nodig om de vergissing van zijn voorgangers te vermijden. Zo schrijft hij nergens over een individu of een mens, maar hij verwijst naar een mens als een 'erzijn' (*Dasein*). De term 'de mens' is onbruikbaar, omdat die te veel een bepaling, een definitie veronderstelt. 'De mens' bestaat niet, er kan geen op voorhand vastgelegde essentie van de mens zijn. Het 'erzijn' drukt uit dat de mens steeds vragen stelt.[8] Zoals de mens, het 'erzijn' geen bepaling heeft, heeft ook zijn opdracht geen essentie. De essentie van het 'erzijn' ligt in zijn existentie, in zijn *Zu-sein*.

Om de mens aan te duiden, vermijdt Heidegger ook de term 'subject'. Want dat woord tekent het begin van een ernstige dwaling: dat de wereld bestaat als een object voor het menselijke subject, de menselijke waarnemer. De foute wending legt Heidegger bij de Franse filosoof Descartes, die hij verantwoordelijk houdt voor de grondslagen van het moderne, wetenschappelijke, rationele denken. Sinds Descartes denkt de westerse filosofie, aldus Heidegger, dat het zelfbewustzijn de werkelijkheid creëert. Sinds het rationale denken wordt waarheid bepaald door zekerheid, die een plaats heeft in het '*ego*'. Maar de mens is niet de beoordelaar van het bestaan. Zijn privilege, zijn uitzonderlijke positie ten aanzien van de (andere) dieren is dat hij kan luisteren naar de stem van het Zijn. Zijn relatie tot het bestaan, tot de wereld staat niet in het teken van exploitatie, van nutsdenken, van het pragmatische beheersen. De mens heeft hiermee een bijzondere verantwoordelijkheid, aldus Heidegger. Het is dus niet '*cogito ergo sum*', '*Je pense donc je suis*', zoals Descartes schreef, maar '*sum ergo cogito*': 'zijn' gaat vooraf aan het denken. Weten is een soort zijn, het behoeft geen sprong van een subject tegenover een object dat los zou staan van hemzelf.[9] Heidegger bekritiseert hiermee niet alleen Descartes' denken, maar ziet hem als illustratie van de hele moderniteit. Ook het humanisme, het liberale denken en het logisch-wetenschappelijke denken volgen het dwaalspoor van de rationaliteit: waarheid betekent voor hen dan verkeerdelijk overeenstemming met objecten.

De media – het 'men'

De mens heeft geen vaste eigenschappen, maar de filosoof onderscheidt wel 'existentialen', zijnswijzen. De mens is open, onbepaald. Dan bekritiseert Heidegger de cultuur van zijn tijd, die een aantal illusies over de mens voedt. Het 'ik' begrijpt zichzelf vanuit wat het doet: 'ik *ben* wat ik doe'.[10] De alledaagse ervaring is dat we samenvallen met de bepaling die we van onszelf geven. Maar dat is een soort zinsbegoocheling: de mens gaat zo op in zijn beslommeringen, dat hij een eenzijdig beeld krijgt van wat mens-zijn betekent. Hij verspeelt zijn mogelijkheden, opgeslorpt door de banaliteit van elke dag: opstaan, naar het werk gaan, met familie omgaan. Elk mens herkent zich in die identiteiten die de buitenwereld hem weerspiegelt. Natuurlijk zijn die sociale rollen onvermijdelijk, maar elk mens moet altijd de mogelijkheid behouden om buiten de aangereikte definities van zijn bestaan te treden.[11]

In de alledaagsheid schuilt dus ook een gevaar. Aangezien elk mens een taak heeft waarop hij geen pasklaar antwoord krijgt, zoekt hij elders een oplossing: in de activiteit waaraan hij zich overgeeft. Een journalist, bijvoorbeeld, vergaart nieuws, jaagt scoops na en neemt interviews af. Journalist zijn levert hem houvast, een pad, een opdracht. Het bedrieglijke is dat mensen – ondergedompeld in wat Heidegger het 'men' noemt – denken dat die definitie een essentie weergeeft.

Daarbij reageert elke mens op zijn omgeving, en kijkt hij naar anderen. In tijden van democratisering en techniek speelt dat des te erger: in trein en tram reist iedereen samen en leest dezelfde kranten, luistert naar dezelfde radioprogramma's. 'In het gebruik van het openbaar vervoer of van de media (krant) is ieder ander gelijk aan ieder ander. Door dit met-elkaar-zijn versmelt het eigen "erzijn" volledig met de zijnsaard van "de anderen", en wel zodanig dat die anderen in hun onderscheidenheid en particulariteit nog meer verdwijnen. Op die manier, onopvallend en onzichtbaar, ontplooit het men zijn eigenlijke dictatuur.' De existentialen van het 'men' zijn 'gepraat, nieuwsgierigheid en de ambiguïteit'.[12] Door de techniek krijgen steeds meer mensen toegang tot bepaalde producten. Maar dat leidt eerder tot een dictatuur van de meerderheid dan tot een verrijking. Heidegger meent dus dat de moderne technologie het mensen bemoeilijkt om authentiek te zijn. Democratisering creëert mogelijkheden om voor het 'zijn van het erzijn' te vluchten.

Over bredere vormen van vermaak of cultuur is de filosoof dan ook zeer kritisch: 'We genieten en amuseren ons zoals *men* geniet; we lezen, zien en oordelen over literatuur en kunst zoals *men* oordeelt; maar we trekken ons ook terug uit de "grote massa" zoals *men* zich terugtrekt; we vinden "aanstootgevend" wat *men* aanstootgevend vindt.'[13]

De grote toegankelijkheid van die moderne media leidt niet tot heilzame, diepere inzichten. Daarin speelt de pers geen positieve rol. Heideggers visie op dialoog komt niet bepaald overeen met die van een satirisch blad als *Charlie Hebdo*. Vrijheid van mening heeft voor Heidegger vooral een meerwaarde indien die een doordachte omgang met de taal bevordert. Dat hij cartoons, satire en spot als bevrijdend zou hebben beschouwd, is onwaarschijnlijk. Heidegger gruwelt juist van het mediaproces dat hij beschrijft: het is nivellering van alle zijnsmogelijkheden. Juist omdat de publieke opinie immuun is voor 'alle verschillen in niveau en echtheid', verduistert ze. Ze laat het 'aldus toegedekte vervolgens doorgaan voor het bekende en voor iedereen toegankelijke'. Daarin schuilt haar vernietigende werking. Op die manier ontneemt het men aan de mens zijn verantwoordelijkheid. Het gevolg is dat 'iedereen de ander (is) en niemand zichzelf'.[14] Dat is dan ook de waarschuwing van Heidegger bij de beschrijving van '*das Man*' (het 'men'): een mens heeft de neiging om precies niet te zijn wat hij te zijn heeft, maar om te vluchten, om – zonder het te beseffen – de weg van de minste weerstand te kiezen.[15]

In een massacultuur wordt elke verhevenheid de kop ingedrukt. Divertissement, lichtvoetigheid en middelmatigheid staan mensen toe weg te vluchten in de eigen banaliteit van hun bestaan. Voor Heidegger druist authenticiteit in tegen wat de democratische samenleving te bieden heeft, en is de idee van gelijkheid verstorend. In die zin getuigt zijn mediakritiek van een fundamenteel antidemocratische houding. In werkelijkheid is journalistiek een randvoorwaarde voor democratie. Want in de pers verschijnen niet uitsluitend ongefundeerde meningen, maar ook analyses van processen, beschrijvingen van rampen, getuigenissen over leefomstandigheden van mensen die anders geen toegang hebben tot het vrije woord. Persvrijheid betekende bijvoorbeeld een belangrijke stap voor vrouwenemancipatie. Voor Heidegger schikt de democratie zich echter naar de wereld van de techniek. Ze kan geen weerstand bieden tegen de uitwassen van de moderne wereld. Dit is een van de redenen waarom Heidegger een autoritair regime noodzakelijk achtte. Maar daarover later meer.

Heidegger merkt op dat we de media toch aangenaam vinden. We lezen graag de krant, we wisselen met plezier roddels en nieuwtjes uit. Volgens Heidegger komt dit omdat elke mens op een paradoxale manier gebruikmaakt van afleiding om zich van de last van het zijn te ontdoen. Dankzij het 'men' kan elk mens een beetje laf zijn. Daartegenover staat Heideggers heroïsche visie op de filosoof, die niet tevreden is met de gemakkelijke, vanzelfsprekende alledaagsheid van het leven in het 'men'. De filosoof wenst niet tot de kudde te behoren, hij kiest voor de vrijheid, ook al betekent dat onbegrip en langdurige eenzaamheid.

Voor Heidegger werkt het 'men' dus versluierend. Maar toch zou het onmogelijk zijn om een leven te leiden zonder 'men'. Ook de oneigenlijkheid behoort tot het bestaan.[16] Als de mens vlucht voor de last van zijn bestaan, komt dat door een dwaalspoor, een verleiding, die in het bestaan van elke mens is geworteld. Omdat de verleiding deel uitmaakt van wie de mens zelf is, is de innerlijke spanning onvermijdelijk.[17]

De dood en de geschiedenis

Elke mens beseft dat zijn leven eindig is. Of zoals Heidegger het zegt: 'erzijn' is ingebed in de tijd. En dit besef verstoort het vergeten van het Zijn waarin de mens doorgaans leeft. Dan wordt het 'men' even doorbroken. In de angst voor de dood opent zich plots een afgrond. De angst heeft een speciale functie in Heideggers verhaal: dankzij de angst ervaren we het verschil tussen het 'ontische', het niveau van de zijnden in hun alledaagsheid, en het ontologische, het 'Zijn'. De angst leert ons ook dat we ons op een oneigenlijke manier tot de tijd verhouden. De voortschrijdende tijd zelf boezemt ons angst in.[18]

Heideggers angst lijkt niet op wat we doorgaans onder angst begrijpen: een beklemmende, lichamelijke ervaring die gepaard gaat met een verhoogde hartslag en een toegenomen alertheid. Angst is veeleer een stemming waarin de mens ervaart dat de wereld niets meer te bieden heeft, hij voelt zich niet meer op de wereld betrokken.[19] Angst lijkt in die zin op verveling. Angst verschilt dus van vrees, dat wel een duidelijk object heeft, zoals vrees voor spinnen. Heidegger ontdoet de 'angst' van de negativiteit waarmee ze als ervaring wordt geassocieerd. De angst voor de dood is geen verlammend of beperkend besef, maar een angst voor de mogelijkheden, voor de vrijheid. In de angst kristalliseert zich de moeilijke opgave voor de mens. Het is dus niet de bedoeling om angst uit het bestaan te weren. Integendeel, zoals de angst bij Augustinus, Paulus, of de existentiële angst bij Kierkegaard opent de angst mogelijkheden tot een dieper, authentieker bestaan.

Voor Heidegger is het de dood – *Sein zum Tode* – die de mens op zichzelf terugwerpt. Maar in eerste instantie betreft het niet onze eigen dood; we vernemen eerst iets over de dood na het overlijden van anderen. Wie oneigenlijk leeft, tracht het bij deze ervaring te houden, en doet alsof de dood er slechts voor anderen is. Zo loopt hij weg van de eigen sterfelijkheid en eindigheid. Dit betekent niet dat de dood van anderen hem onverschillig laat, maar wel dat ze niet uitgerekend die individuele ervaring is die elke mens zelf te beleven heeft. Niemand anders kan jouw dood sterven, en jij kan niet de dood van iemand anders sterven. De confrontatie met de dood, en met de mogelijkheid van de eigen dood, zijn een last die niemand anders kan overnemen. Zowel de ontkenning van sterfelijkheid als de wens om de dood van de ander over te nemen, is oneigenlijk. Daarin schuilt de eenzaamheid van de mens in Heideggers denken: alleen, teruggetrokken in zichzelf, kan en moet de mens de uitdaging van het bestaan tegemoet treden.[20]

Toch verhoudt het individuele bestaan zich tot de geschiedenis, die zelfs de belichaming van de tijdelijkheid is. In *Sein und Zeit* wijdt de filosoof een stuk aan de relatie tussen de mens en de geschiedenis, aan het leven in gemeenschap. Deze passages over geschiedenis zijn bijzonder interessant, omdat ze toelichten welke samenleving Heidegger voor ogen had. Tijdgenoten zoals Herbert Marcuse, Theodor Adorno en Georg Lukács lazen in deze passages een duistere, onheilspellende visie op de geschiedenis en de samenleving.

De mens, het 'erzijn', staat voor Heidegger nooit los van zijn gemeenschap.[21] De gemeenschap is dus meer dan de optelsom van individuen.[22] Het lotsbestel is het gebeuren van de gemeenschap van het volk. Als een mens op een eigenlijke, authentieke manier wil leven, moet hij niet alleen een individuele opdracht vervullen, maar ook de erfenis van het volk waarvan hij deel uitmaakt, aanvaarden.[23] De lotsbeschikking van een mens hangt dus samen met het volk waartoe hij behoort.

Heidegger beantwoordt in *Sein und Zeit* lang niet alle vragen die hij opwerpt. De betekenis van Zijn door de horizon van de tijd legt Heidegger niet grondiger uit. De verhouding tussen de mens en de tijd, en tussen de mens en de geschiedenis blijft dan ook onduidelijk. Heidegger beschouwde *Sein und Zeit* als een mislukt project: ondanks zijn pogingen om de westerse metafysica achter zich te laten, zit hij zelf nog verstrikt in het metafysische denkkader. De noodzaak van een nieuwe opvatting over taal en waarheid laat zich pijnlijk voelen. Nadien wendt Heidegger zich meer en meer tot de poëzie. Vanaf het begin van de jaren '30 formuleert hij een duidelijkere visie op de geschiedenis, wanneer hij nieuwe pogingen onderneemt om uit de metafysica te treden: om dat project te voltooien is een radicale analyse van de oorsprong van het denken noodzakelijk. Dit verhaal over het begin en het einde van het denken ontwikkelt Heidegger als een *Seinsgeschichte*: het is de geschiedenis van de relatie tot het Zijn doorheen de tijd. In diezelfde periode pakken donkere wolken zich samen boven de Duitse samenleving. En Heidegger slaat een duistere weg in, hij wil de moderne mens wakker schudden uit een zijnsvergetenheid, die door de klassieke metafysica in de hand werd gewerkt.

De zijnsvergetenheid wordt door het geweten, in de angst, in de zorg opgeheven. Dan vallen we plots buiten het gewoonlijke kader en opent zich een andere dimensie van het bestaan. Maar deze kan niet door een sprong in het geloof worden opgelost. Fenomenen, stemmingen, gevoelens of bevindingen bieden een kans op een vorm van transcendentie. Ze geven toegang tot iets wat een bepaalde orde overstijgt, er onafhankelijk van is en er niet door verklaard kan worden.[24]

Niet toevallig heeft Heidegger ook een theologische opleiding genoten. In een brief aan Karl Löwith uit 1921 ziet hij zichzelf nog als een christelijk theoloog. Maar langzamerhand heeft hij het strenge katholicisme van zijn jeugd losgelaten. In *Sein und Zeit* houdt Heidegger vol dat hij een filosoof is, en dat zijn ideeën over het 'Zijn' niets verduidelijken over het al dan niet bestaan van God. Heideggers filosofie is 'a-theïstisch': Heidegger pleit voor een strikte scheiding tussen filosofie en theologie. Hij is sterk beïnvloed door Kierkegaard, maar hij benadrukt dat zijn ontologie zuiver immanent is: Zijn is 'zijn-in-de-wereld'. Een mens kan alleen in dit leven, op deze aarde een authentieke relatie tot het Zijn verwezenlijken. Toch meen ik dat Heideggers ontologie enkele vooronderstellingen maakt die zonder zijn christelijke achtergrond niet inzichtelijk zijn. Heideggers ontologie vertrekt van de mens, weliswaar van een tragische visie op de mens, waarvan de funderingen niet in de ontologie zelf te vinden zijn. Heidegger beschrijft een innerlijke verscheurdheid: de mens moet zijn opdracht opnemen, maar is tegelijk reeds aangetast door een inherente onmogelijkheid. Hoe 'a-theïstisch' ook, de grondtoon van deze analyse van de *condition humaine* is duidelijk christelijk.

Uit het Paradijs

Heidegger hanteert een specifieke methode: dankzij een bijzondere etymologie van het Grieks en het Duits, gaat hij op zoek naar een oorspronkelijke taal van het denken. Hij probeert niet om de oertaal van het Paradijs op te sporen, zoals renaissance-humanisten en filologen uit de zeventiende eeuw deden; Heidegger verwijst naar Herakleitos, en niet naar de Bijbel. Hij verwerpt dus de theologische insteek.

Dat de filosofie 'Grieks spreekt', heeft nog een andere betekenis. Het is in eerste instantie de *taal* die spreekt, niet de mens. Het is niet de mens die de taal heeft, en deze vrij kan gebruiken. Het is de taal die de mens bepaalt, die betekenis geeft aan zijn identiteit, cultuur, geschiedenis. De *philosophia* wordt dan de grondslag en de vormende kracht van de westerse geschiedenis.

Met de filosofie ging het, volgens Heidegger, fout met Socrates en Plato. Anaximander, Parmenides, Herakleitos: de presocratische filosofen begrepen een waarheid, die ontoegankelijk is geworden. Het denken dat de wetenschap en techniek sinds Aristoteles en Descartes grondvest, maakte de kloof met de oorsprong nog groter. Een oorspronkelijke zuiverheid, een authentiek moment is verloren geraakt. Maar net zoals de nakomelingen van Adam en Eva het bestaan van het Paradijs niet helemaal vergeten zijn, is de moderne mens volgens Heidegger 'voorontologisch vertrouwd met het zijn': hij draagt de verscheurdheid diep in zich, ook al probeert hij die zorgvuldig te verbergen of zelfs te ontlopen.

De angst, het geweten, een innerlijk gesprek, de schuld en de zorg hebben een christelijke, religieuze ondertoon. In Heideggers verhaal licht het 'Zijn' vooral op als er iets misloopt, bijvoorbeeld in de confrontatie met de dood. De stemmingen die de grondtonen van het bestaan aangeven, zijn onaangename stemmingen. De opgeruimde stemming, bijvoorbeeld, beschouwt Heidegger als een vlucht van het lastkarakter van het Zijn: dan aanvaardt de mens niet de mogelijkheden van het Zijn.[25] Vreemd toch dat het Zijn alleen maar lijkt te verschijnen bij een negatieve ervaring. Het Zijn toont zich als last.[26] De mens moet met het lastkarakter van het bestaan omgaan. Die ervaringen ontstaan niet door de buitenwereld. Angst is juist geen vrees voor onheil, echte verveling is iets anders dan de mengeling van ergernis en leegheid bij het ellenlange wachten op de trein. Neen, angst en verveling zijn onlosmakelijk verbonden met de mens zelf. De mens kan er niet aan ontsnappen, hij kan niet anders dan de boodschap over zijn 'Zijn' horen. In de verveling kan hij geen afleiding meer vinden: er doet zich niets voor dat als verstrooiing, als 'divertissement', zou kunnen dienen. Plots wordt hij geconfronteerd met de mogelijkheden die nog niet zijn verkend. Dat is de functie van de angst.[27]

Tegelijkertijd heeft een mens geen greep op de ervaring zelf. Dat is de essentie van Heideggers kritiek op denkers die de menselijke autonomie onderstrepen: in de verveling ervaart de mens niet alleen mogelijkheden, maar ook dat hij niet de enige meester is, of zelfs maar de oorsprong van zijn mogelijkheden. De moderne mens dwaalt echter omdat hij het tegendeel denkt: hij leeft in de illusie dat hij zijn mogelijkheden rationeel kan onderzoeken en uitwerken. Maar bij Heidegger wordt de mens actief en passief tegelijk: de mens is altijd al geworpen. De 'geworpenheid' is een wezenlijke structuur van de mens. Dat is ook een christelijke gedachte, de mens is bepaald door wat er aan de mens voorafgaat. Maar tegelijkertijd behoudt elk mens de vrijheid om zich tot de erfzonde en het Kwade te verhouden. In Heideggers woorden klinkt het dat de mens tegenover de 'geworpenheid' de mogelijkheid van een eigenlijk kunnen-zijn moet toegeven. Dat is de opdracht. En toch staat de mens niet aan het roer.

Ook de stille stem van het geweten roept de mens uit zijn alledaagse geborgenheid.[28] Maar deze roep is héél stil. Het 'men' hoort alleen het luidruchtige gepraat, en is doof voor het geweten. Uit deze stomheid van het geweten wordt dan – verkeerdelijk – besloten dat het geweten als zodanig niet zou roepen. De mogelijkheden echter om zich actief tot de zwijgzaamheid te verhouden zijn erg gering, de roep van het geweten is geen keuze van de mens. Integendeel, het geweten roept en kiest de mens. Die moet zich bereid tonen tot het ontvangen van de roep.[29]

De roep uit de geborgenheid van het dagelijkse bestaan gebeurt door het schuldig-zijn van de mens. De schuld slaat niet op een concrete gebeurtenis of handeling; zoals we de angst en de verveling in het dagelijkse leven trachten te ontlopen, hebben we in het 'men' ook juist de illusie niet schuldig te zijn. Dit is echter een vorm van oneigenlijkheid. Volgens Heidegger komt het geweten niet uit het 'men', maar uit het authentieke zelf.[30] De schuld komt van binnenuit, van de structuur van de mens zelf. Ze is verinnerlijkt, in de zin dat de radicale kloof tussen zijn en Zijnden ook doorheen de menselijke ervaring loopt, waarvan de mens zich niet kan losmaken. Niet in de buitenwereld, maar in de ervaring van elke levensverhaal, ligt er een onoverbrugbare kloof. Daarom is volwaardig leven zonder 'zorg' of 'angst' niet mogelijk. Zorg, angst en schuld zijn constitutief: ze maken de mens juist tot mens. Ze dwingen de mens tot een keuze, hij kan zijn 'Zijn' opnemen of niet.[31] De schuld slaat op de erkenning dat de mens nooit de oorsprong is van zijn eigen Zijn. Dat wie bestaat ook niet had kunnen leven, creëert een onoverbrugbare stap, een onoplosbare verschuldiging waarmee elke mens moet omgaan.

Het is belangrijk dat de schuld waarop Heidegger doelt geen inhoud heeft.[32] Heidegger ontologiseert en interioriseert de schuld: 'Het erzijn is als zodanig schuldig.'[33] Het spreekt voor zich dat een dergelijke filosofische invulling van de menselijke schuld meer dan één raakpunt gemeen heeft met de christelijke erfzonde. De zonde veronderstelt dat een goddelijke of morele regel werd overtreden. Maar de erfzonde verschilt van een eenvoudige overtreding, omdat de mens ermee belast is, nog voor hij zelf morele daden kan stellen. Ze geeft aan het menselijke bestaan een tragisch karakter: het falen wordt inherent aan de menselijke natuur. Wat de mens tot mens maakt, is onherroepelijk aangetast. Tegelijkertijd kan de mens alleen een gevallen mens zijn, het zondigen maakt evenzeer deel uit van zijn rol als de opdracht in het reine te komen met zijn lot. Heideggers formulering komt overeen met een filosofische, ontologische fundering van de christelijke levenservaring.[34]

Een van de meest opvallende affiniteiten met de theologie geeft Heidegger naar aanleiding van de angst. De angst is niet alleen geen negatieve ervaring, de angst is zelfs een reden tot vreugde.[35] Dat herinnert de christelijke lezer onvermijdelijk aan de brieven van Paulus[36] voor wie beproevingen niet haaks staan op de vreugde, omdat ze de mogelijkheid tot heil aankondigen.[37] Maar Heidegger geeft zelf geen verdere fundering van deze idee, omdat zijn interpretatie een filosofische grens heeft bereikt.[38] Tegelijkertijd voert de filosoof weinig argumenten aan voor zijn interpretatie. De voor de hand liggende tegenwerping dat sommige mensen een dergelijke angst nooit ondervinden, pareert hij wat gemakkelijk door te stellen dat de omzetting van de angst in een vrees (dit wil zeggen in een te vrezen object in de toekomst) een wezenlijk kenmerk van de oneigenlijkheid is.

Om authentiek zichzelf te zijn, moet de mens een openheid naar het Zijn behouden. Ook hier zijn overeenkomsten met de paulinische theologie duidelijk, de openheid gaat gepaard met een afwachtende houding, waarin een onverwacht teken kan komen dat de Heer op komst is.[39] Elke poging tot beheersing van de tijd kan alleen mislukken: elke poging tot objectivering ontneemt het moment, *kairos*, zijn uitzonderlijke karakter.

Toch kan Heideggers ontologie niet tot een 'oerchristelijke antropologie' worden herleid.[40] Daarvoor is zijn denken te complex. Hoewel hij de term niet gebruikt, lijkt het fundamentele probleem van de mens hoogmoed te zijn, waarvan de techniek het meest prangende, moderne aspect is. Maar voor Heidegger is de mens nooit overwinnaar, hij is bij voorbaat verloren door de regels van het spel. De zondeval wordt geïnterioriseerd: elk mens heeft de verleiding in zich. Heidegger neemt de taak op zich om de moderne mens tegen de gevaarlijke neiging tot hoogmoed te wapenen.[41] Van het slagen van deze heroïsche opdracht hangt niet minder af dan het lot van de westerse mens, die moet zich ontdoen van het valse machtsgevoel van de technische rede, en zijn eigen beperkingen aanvaarden.[42]

7

POLITIEKE IMPLICATIES VAN *SEIN UND ZEIT*

Hoe ziet Heideggers ideale *polis* eruit? Zijn *agora* lijkt op het kerkplein van een landelijk dorp, waar landbouwers met hun gezin samenleven en de grond bewerken zoals hun vaders en voorvaderen dat deden. 'Bos', 'weg' en 'brandweg' zijn veelvoorkomende metaforen in Heideggers werk. Gedurende zijn leven heeft de filosoof zijn geboorteplaats Messkirch amper verlaten. De sfeer van Heideggers dorp wordt prachtig weergegeven in Edgar Reitz' kroniek *Heimat*. De eerste delen schetsen een nauwkeurig beeld van Duitsland vlak na de Eerste Wereldoorlog. Een klein dorp, een kerk, een paar notabelen en wat landbouwers met hun kroostrijk gezin leven op het ritme van de seizoenen. Elke dorpeling vervult trouw zijn zondagsplicht. Maar langzaamaan rukt de moderniteit op. Eeuwenoude tradities en rollenpatronen vervagen of worden vervangen: de motorfiets vervangt de fiets, de auto vervangt paard-en-wagen, en de radio doet dromen van verre steden. Op dat moment ligt Duitsland in puin, en de opkomst van het nationaalsocialisme wordt ervaren als een hoopvol teken voor de toekomst. Alleen enkele oude bewoners bekijken de crisis, het sterker wordend materialisme en het militaristische gedweep met argwaan.

Heideggers werk ademt een agrarische nostalgie. Het is grondig anti-modern, anti-handel, anti-stad, anti-kosmopolitisch en anti-liberaal. Duitsland en de Duitse taal overheersen Heideggers denken. Ze zijn voorbestemd om bijzondere hoogtepunten te bereiken in de westerse cultuur. Het nationalistische thema is duidelijk aanwezig in zijn filosofisch werk.

Heidegger wil iets ongekends onthullen aan de moderne mens. De boodschap is in feite de verheldering van wat zeer oud is, maar wat verloren is gegaan. Maar Heidegger moet daarbij toegeven dat de taal – ook de zijne – de oorspronkelijkheid verloren heeft die nodig is om het eerder gezegde opnieuw te kunnen zeggen. Heideggers project is paradoxaal: hij beschouwt de moderniteit als een illusie van soevereiniteit – de moderne mens denkt dat hij zichzelf autonoom kan ontwerpen – en tegelijkertijd wil hij iets terugroepen, waarvan hij beweert dat de moderne mens het niet meer kent. Hij stelt de moderniteit gelijk aan 'ontworteldheid'. De charmes van de *heimat*, van het eenvoudige leven, het verlangen om terug te keren naar de wortels, in combinatie met de aantrekkingskracht van moderniteit en het elan dat uitging van het nationaalsocialisme: daar moesten de inwoners van het kleine dorpje mee omgaan. Ook Heidegger stond voor die opdracht.

Het nationaalsocialisme

In april 1933 wordt Heidegger benoemd tot rector van de Universiteit van Freiburg. Hij wordt dan ook lid van Hitlers nationaalsocialistische partij. Hitler zelf is nog niet aan de macht; hij neemt pas in augustus 1934 de macht van rijkspresident Hindenburg over. Als rector weigert Heidegger het ontslag van twee antinazistische decanen te ondertekenen, en in 1934 legt hij zijn functie als rector neer. Vanaf dat moment mengt hij zich niet meer in partijpolitiek. De meest bezwarende officiële documenten in die periode zijn enkele toespraken, zoals de rectoraatsrede over de 'zelfbestemming van de Duitse universiteit' en zijn steun aan Hitlers referendum om uit de Volkenbond (voorloper van de Verenigde Naties, gericht op vrede na de Eerste Wereldoorlog) te stappen. Heidegger bejubelt de breuk met het 'valse broederschap van de Volkenbond'.

Dit engagement blijkt pas echt problematisch qua filosofisch taalgebruik, dat is verweven met het officiële jargon van de nationaalsocialistische partij. Het klinkt alsof Hitlers politiek perfect aansluit bij de filosofische uitdaging van zijn tijd, zoals de uitspraak het volk 'uitleiden uit de corruptie van een ontworteld en onmachtig denken'. Ook meent Heidegger dat de academische gemeenschap het hoge voorrecht heeft 'de nationale wil' te dienen. Hij verbindt zijn authenticiteitsideaal met het beleid van Hitler en zijn 'wereldhistorische beweging'. Volgens George Steiner toont een nauwgezette taalanalyse een verwantschap tussen het laatste deel van *Sein und Zeit* en pro-nazistische teksten: Hitler verdient een stem voor de toekomst, een toekomst die 'waar' is omdat ze de lang verwachte erfenis, het verleden (*Erbe* en *Gewesenheit*) van het Duitse volk is.[43] Volgens Heidegger is de Führer zelf de belichaming van de Duitse wet en de Duitse werkelijkheid.[44]

Heidegger was dus wel degelijk onder de indruk van het nationaalsocialisme, al wijkt zijn visie er ook van af. Uiteindelijk was nabijheid met het regime van korte duur. Na de oorlog was zijn stilte over de Holocaust bezwarend. Telkens als hij daarover werd aangesproken, gaf hij ontwijkende antwoorden, zoals tijdens zijn enige interview met *Der Spiegel* dat na zijn dood verscheen.[45]

Hoewel er jarenlang berichten over Heideggers vermeende antisemitisme circuleerden, bleven de bewijzen beperkt. Karl Jaspers beschreef in zijn *Philosophische Autobiographie* een pijnlijk gesprek met Heidegger. Jaspers had het over de 'kwaadaardige onzin van de *Protocollen van de Wijzen van Zion*', het vervalste document waarin de Jodenvervolging werd gelegitimeerd, en dat door de nazipropagandadiensten werd verspreid. Maar Heidegger was het niet met Jaspers' kwalificatie eens, hij meende dat er wel degelijk 'een gevaarlijk internationaal verbond van Joden' bestond. Jarenlang werd deze anekdote door Heidegger-commentatoren geciteerd. Maar zonder verdere elementen bleef de betekenis ervan onduidelijk.

Hoewel Heidegger niet meteen het nationaalsocialistische antisemitisme van Alfred Rosenberg aanhangt, houdt hij er vreemde ideeën op na over de rol van Joden in de geschiedenis van het denken: hij begrijpt de rol van de Joden vanuit een 'zijnsgeschiedenis'.[46]

Heideggers denken is niet in eerste instantie politiek. Hij maakt geen politieke, sociale of economische analyse van een land aan de rand van de afgrond. En daarmee lijkt de zaak gesloten: de filosoof wendt zich gewoon af van de politiek en onderzoekt de relatie tot de waarheid.

Alleen klopt dat niet. Heideggers *Sein und Zeit* suggereert een naderend onheil voor de mens die zijn opdracht afwijst. En zoals aangegeven, speelt de filosoof daarin een heroïsche rol, omdat die een apocalyps helpt afwenden. De mens moet zich in een authentieke relatie tot zijn gemeenschap, tot zijn verleden, en tot de waarheid verhouden. Over politiek in de enge betekenis van het woord lijkt Heidegger het niet te hebben. Maar die omissie is juist veelzeggend. Daarin schuilt een sterk antidemocratische vooronderstelling: een politiek systeem kan wel veranderen, terwijl de gemeenschapsverbondenheid zoals Heidegger die opvat onveranderlijk is. De rol die het volk te spelen heeft in de geschiedenis ligt voor de filosoof wel vast. En juist op dit punt blijkt zijn denken dan een bijzondere vorm van antisemitisme te bevatten. Want waarvan moest Duitsland dan gered worden? Recente onthullingen brengen duidelijkheid over Heideggers interpretatie van de geschiedenis.

Zwarte schriften – nieuwe informatie

Onlangs verschenen nieuwe delen van Heideggers verzameld werk. De *Schwarze Hefte* zijn tussen 1931 en 1946 geschreven filosofische dagboeken, waarin hij zijn meest intieme gedachten noteerde. De vierendertig boekjes, drie delen in de nieuwe editie, bevatten ideeën die de filosoof niet in de openbaarheid kon of wilde brengen. Heidegger had aangegeven dat ze pas na zijn dood, en na de *Gesamtausgabe* gepubliceerd mochten worden.

De teksten bestaan uit gedachten die hoofdzakelijk rond drie thema's draaien: de taak van de filosofie, Heideggers opdracht als rector aan de universiteit (1933), en commentaren op de actualiteit. Heidegger nummerde ze, en schreef aan meerdere schriften tegelijk. Vooral tussen 1938 en 1941 vermeldt Heidegger 'de Joden'. Deze passages zijn relevant om de politieke implicaties van Heideggers filosofie te kunnen begrijpen. Het gaat dus niet zozeer over onvriendelijke uitlatingen over zijn Joodse vrienden en collega's, maar over een filosofische visie op de rol van het 'Jodendom' voor de westerse filosofie. Recent bracht Peter Trawny deze nooit eerder gepubliceerde passages uit.[47]

Volgens Trawny getuigt Heideggers werk van een *seinsgeschichtlichen Antisemitismus*: een filosofisch antisemitisme dat samenhangt met zijn interpretatie van de 'zijnsgeschiedenis'. Als antisemitisch geldt wat vanuit geruchten, vooroordelen of pseudowetenschappelijke bronnen tegen Joden is gericht om ze a) te belasteren; b) als vijanden voor te stellen; c) te isoleren door middel van een beroepsverbod, of door ze in een getto of een kamp bijeen te zetten; d) te verdrijven, door middel van dwang tot emigratie; of e) te vermoorden of te vernietigen, zoals in pogroms, massa-executies en vernietigingskampen. Tegenwoordig voegt men daar ook nog aan toe: Joden te willen karakteriseren.[48]

Niet elke vorm van antisemitisme leidt naar Auschwitz. Een gedachte neerschrijven is niet hetzelfde als 'een administratieve massamoord organiseren', zoals Arendt de Holocaust noemde. Heidegger heeft zelf niet aangezet tot de Holocaust, en is niet schuldig aan oorlogsmisdaden.[49]

De geschiedenis is diep in Heideggers denken verankerd. De mens leeft in de tijd, en is in de geschiedenis opgenomen. Maar de geschiedenis is geen proces van vooruitgang. Integendeel, Heidegger staat hier lijnrecht tegenover Hegels denken, dat het marxisme sterk beïnvloedde: de wereldgeschiedenis ontplooit zich als een proces, waarbij elke fase een vooruitgang is ten opzichte van de vorige. Elke fase verruimt het zelfbewustzijn van de mens, tot de mens de vrijheid aanvaardt. Bij Heidegger is de geschiedenis een verhaal van verval en verlies. Sinds het vroege Griekse denken neemt de zijnsvergetenheid juist toe, waardoor de mogelijkheden voor de mens om authentiek te leven, afnemen. Uiteindelijk leidt de vernauwing van het denken zelfs tot het 'berekenende' denken, dat haaks staat op het 'eigenlijke' denken. Heidegger hecht, net als Hegel, veel belang aan zijn eigen denken. Hegel meent dat in zijn denken de vrijheid van de geest wordt verwezenlijkt.

De geschiedenis toont een evolutie van verval en verlies. En dat verklaart waarom het zeer slecht met Duitsland gesteld was. Een filosoof, aldus Heidegger, moet ook zijn tijd schetsen. Hij verbindt zijn eigen filosofische bevindingen in *Sein und Zeit* aan de belevenis van zijn tijdgenoten, alsof zijn denkmogelijkheden de wereldgeschiedenis kunnen beïnvloeden.

'Wereldjodendom': een bedreiging voor Duitsland

Vanuit deze opzet beoordeelt Heidegger verschillende ideologieën: het nazisme, het communisme en het liberalisme (*Amerikanismus*). Hierin speelt de idee van een *Weltjudentum*, een wereldjodendom een rol. In het begin was Heidegger duidelijk gecharmeerd door het nationaalsocialisme: hij meende dat die beweging een einde kon maken aan het maakbaarheidsideaal. Dat ideaal is een metafysische dwaling, een fundamentele vergissing over de plaats van de mens in de wereld. Maar vrij snel begreep Heidegger dat het nazisme, als totalitaire ideologie, juist een uitdrukking was van dat maakbaarheidsideaal: nazi's wilden een nieuwe mens creëren. Toch geloofde hij dat het nazisme een rol te vervullen had, als een noodzakelijk kwaad, als onvermijdelijk moment in de overwinning van de metafysica. En het is op dit punt dat Heideggers kwalijk filosofisch antisemitisme vorm krijgt.

In de nazistische propaganda spelen de *Protocollen van de Wijzen van Zion* een cruciale rol. Zoals gezegd bericht Karl Jaspers reeds dat Heidegger – tot Jaspers' verbazing – toch enige waarheidsgrond aan dit document toekent. Iedereen die de krant leest en de actualiteit volgt, kende de inhoud van het document. De kernideeën ervan zijn in de redevoeringen van Hitler en in de politieke propaganda van die tijd aanwezig.[50] De *Protocollen* zijn een fictief, vals en vervalst document, dat een stappenplan in de verovering van de wereldheerschappij bevat. Het zouden de notulen zijn van een vergadering van Joodse leiders uit 1897. Het document is doorspekt met antisemitische clichés: een geheime organisatie verovert sleutelposities door leugens en bedrog, haar leden infiltreren in de bankenwereld, de pers, in de cultuursector en de politieke wereld om de samenleving te domineren. Uiteindelijk willen de Joodse leiders, volgens de notulen, een einde maken aan de beschaving. Het document verschijnt eerst in Rusland in 1903, en werd snel verspreid. In 1921 publiceert Philipp Graves de reeks artikelen 'A literary Forgery' in *The Times*, waarin hij aantoont dat de zogenaamde notulen vals zijn. Desondanks speelt het document tot op de dag van vandaag een buitengewone rol in het antisemitisme.

In Duitsland was het werk buitengewoon populair. Voor de nazi's vormt het document het perfecte alibi om een antisemitische politiek te voeren: om de Joodse wereldheerschappij af te wenden, wordt een oorlog noodzakelijk. Het verhaal van een complotterend wereldjodendom legt de oorsprong van de agressie bij het Joodse volk. Zo wordt een aanval op alles wat Joods was, legitieme zelfverdediging van Duitsland. In Heideggers werk weerklinkt diezelfde oorlogslogica: 'Het wereldjodendom, aangespoord door de uit Duitsland buitengelaten migranten, is overal ongrijpbaar, en hoeft voor de machtsontplooiing geen oorlogsdaden te stellen, waardoor wij slechts het beste bloed van het beste van het eigen volk kunnen offeren.'[51] De retoriek en woordkeuze is voor de hedendaagse lezer merkwaardig, bijna onbegrijpelijk. Deze formuleringen zijn wat Viktor Klemperer de 'Lingua Tertii Imperii' noemt: de taal, of de *newspeak* van het Derde Rijk. *Newspeak* is volgens George Orwell de manier waarop een totalitair regime de geest bezoedelt, door schijnbaar alledaagse woorden een dubbelzinnige, soms tegenstrijdige betekenis te verlenen. *Newspeak* verbergt de gruwel van het systeem, terwijl het een beperkende logica oplegt.

Heidegger beschouwt oorlog als een strijd tussen twee kampen. Hij suggereert in het fragment dat de dreiging van de Joodse kant komt: het 'wereldjodendom' wil zijn macht ontplooien.

Maar de Joden hebben op dat ogenblik geen eigen staat, en al evenmin een eigen leger: de onafhankelijke staat Israël wordt pas in 1948 opgericht. Voor Heidegger slaagt het 'wereldjodendom' erin legers op de been te brengen, zonder zelf aan de strijd te hoeven deelnemen. Het aangehaalde citaat betekent dus dat het 'wereldjodendom' oorlogen kan ontketenen zonder dat er Joodse slachtoffers vallen. Ondertussen bloedt het Duitse volk. Heidegger herhaalt de retoriek van het bloed, en van de vaderlandsloze vijand: wat gaat schuil achter de suggestie dat Joodse vluchtelingen vanuit andere landen, zoals de Verenigde Staten, Duitsland bestrijden?

Heideggers idee van het 'wereldjodendom' houdt verband met de zijnsgeschiedenis. Die zijnsgeschiedenis wordt beheerst door een opgang van rationaliteit, techniek en berekening. En dat moderne denken is de oorzaak van een ontworteling. Heidegger houdt onder meer René Descartes daarvoor verantwoordelijk, Descartes wou de rationaliteit in de filosofie invoeren. Maar natuurlijk is Descartes geen Joods denker. Joden hebben de maakbaarheid niet uitgevonden. De moderniteit is geen Joods fenomeen, maar het Joodse denken is wel, naar het woord van Heidegger, 'berekenend'. In die typering speelt het clichébeeld van de Jood als financier mee.[52]

Heidegger gebruikt de term '*Rasseprinzip*'. Zijn begrip van de mens, het 'erzijn' (*Dasein*) lijkt niet meteen met racisme verenigbaar – tenslotte valt er geen bepaling van de mens te geven. Maar hij legt de oorsprong van het begrip 'ras' bij de Joden, die het langst volgens het 'rassenprincipe' zouden hebben geleefd. Vanuit hun 'berekenend denken' hebben ze als eerste het denken van het ras ontdekt. Daarom verzetten ze zich tegen de onbeperkte toepassing ervan.[53]

De culturele, politieke en maatschappelijke verantwoordelijkheid voor het begrip 'ras' legt Heidegger dus bij het Joodse volk. Dat schrijft hij op het moment dat de Joden vervolgd worden in nazi-Duitsland. Tegelijkertijd suggereert Heidegger dat de Joden zelf het universalisme – gelijkheid voor allen – hebben uitgevonden, om aan invloed te winnen. Het Jodendom staat, voor hem, gelijk aan het 'berekenende denken', aan 'een volgehouden listigheid om te verhandelen, te verwarren, te overwinnen'. Deze wending geeft de ontwortelde mens de mogelijkheid om te zegevieren dankzij een hernieuwde metafysica: het betekent, in Heideggers termen, de heerschappij van het 'zijnde' over het 'zijn'. Hij wil de zijnsvergetelheid juist ongedaan maken om het Zijn weer centraal te stellen. De idee van 'ontworteling' is hierbij belangrijk. Stellen dat Joden kosmopolitische, reizende burgers zijn, die niet dezelfde band hebben met een land als anderen, is niet antisemitisch. Maar Heidegger spreekt van een gevaar, van een dreiging. En de voorkeur voor het rekenen verbergt de oudste vorm van *das Riesige*: een toestand van de overheersing van de techniek waarin de rationaliteit omslaat in haar tegendeel. Die overheersing is alomtegenwoordig. Mensen kunnen de techniek niet meer begrijpen, ze hebben er geen vat meer op. Dat *Riesige* heeft zich dus na eeuwen ontpopt, en drukt zich uit in een *Weltlosigkeit*, een algehele ontworteling, een vaderlandsloosheid, een gebrek aan verbondenheid met aarde, land, volk, gemeenschap.

Dit is dus de antisemitische boodschap die bij Heidegger een plaats krijgt in de zijnsgeschiedenis: het Joodse volk, het volk van de handel, van de leugen en de berekening, het volk zonder land, heeft zich het gebruik van de term 'ras' toegeëigend. Vanuit allerlei naties zweren Joden samen tegen het lot van andere naties, in eerste instantie Duitsland, dat zich moet opofferen om zichzelf te redden. 'De Jood' wordt voorgesteld als de vijand, die vernietigd moet worden in de mate waarin hij de integriteit van Duitsland bedreigt.

In 1945 verliest nazi-Duitsland de Tweede Wereldoorlog. Nadien winnen de geallieerden, en dus het '*Amerikanismus*', het liberalisme en de moderniteit aan invloed. Voor Heidegger is dit slecht nieuws: het betekent dat de maakbaarheidsidee wint. Ook hier klinkt een gelijkschakeling tussen kapitalisme en 'wereldjodendom' door. Zowel het liberale Amerika als de communistische Sovjet-Unie getuigt van een '*Weltlosigkeit*' die Duitsland in de greep krijgt. Heideggers woordkeuze en retoriek zijn niet onschuldig: hij gebruikt voortdurend strijdtermen en oorlogsmetaforen, ook wanneer hij zijn eigen filosofisch project schetst. Hij wil het Duitse volk bevrijden van het gevaar van de 'zijnsvergetenheid' die overal opdoemt. Al had Heidegger dus inderdaad vrij vroeg afstand genomen van het nazisme, hij bleef een vijandbeeld aanhangen, in het kader van de 'zijnsgeschiedenis', dat vastzat in de nationaalsocialistische retoriek. Dit is wat het pas verschenen werk van Heidegger blootlegt.[54]

Is er in *Sein und Zeit* al een spoor te vinden van Heideggers connectie met de nazistische ideologie?[55] Volgens George Steiner wel degelijk, maar het vraagt om een buitengewone taalgevoeligheid om die op te merken: de nazistische *newspeak* bevat woorden die neutraal klinken, maar een specifieke boodschap maskeren. Steiner noemt een paar voorbeelden, zoals de verheerlijking van de existentieel onschuldige werkman die zijn gereedschap hanteert.

Fundamenteler is het beeld van de authentieke mens, die diep geworteld is in zijn eigen geschiedenis en zijn omgeving. De herinnering aan bloed en geboortegrond is bij Heidegger een voorwaarde voor een authentiek bestaan. Volgens Steiner sluit deze retoriek en de metafoor van het 'thuis-zijn' aan bij de nazicultus van 'bloed en bodem'. 'Tegelijkertijd stemt de veroordeling van Hitler van "ontwortelde wereldburgers", het stedelijke geboefte en de dakloze intelligentsia die parasiteren op de modieuze oppervlakte van de samenleving, goed overeen met Heideggers kritiek op het "men", op technologische moderniteit, op de drukke rusteloosheid van de inauthentieke mens.'[56] Ook Heideggers begrip *Entschlossenheit* (vastberadenheid) refereert aan de heroïek van toewijding en zelfopoffering die past in Hitlers project, waarin een nationale en etnische roeping centraal staan. George Steiner bespeurt een motief van dehumanisering dat zowel bij Heidegger als bij het nationaalsocialisme aanwezig is: niet de mens spreekt, maar de taal door de mens heen. Niet het oordeel of het denken van het rationele individu bepaalt de geschiedenis, maar duistere, bovenaardse krachten. Precies deze antihumanistische kant verblindt de denker voor menselijk lijden: elk mens is onderworpen aan een lotsbeschikking die de mens overstijgt.

Welke erfenis?

In dit deel geef ik slechts een summiere schets van Heideggers denken, en van de thema's waartoe de nieuwe onthullingen aanzetten. De Duitser verbindt de moderniteit als denken van de techniek, van de instrumentalisering met het denken van de Verlichting en de democratie. Voor het mensbeeld dat Heidegger voorstelt – al stelt hij in zijn ontologie dat de mens niet kan bepaald worden, ook dat is een bepaling – beroept hij zich op een christelijke levenservaring, die geen fundament krijgt, maar die sterk doorwerkt in het postmoderne denken: dat de mens ingebed is in een context die hem overstijgt, een tekort ervaart dat hij nooit kan opvullen, en dat hij deel uitmaakt van een niet-rationeel te bevatten spel dat hij niet beheerst. Kortom, dat de mens innerlijk verdeeld is, en een verleiding tot kwaad in zich draagt.

De recente onthullingen over Heideggers expliciete antisemitisme zijn opmerkelijk, maar niet geheel verrassend te noemen. Frappant is wel dat Heidegger een specifiek filosofisch antisemitisme uitdenkt. De nieuwe teksten maken de enorme spanning tussen de opzet van het postmoderne denken en Heideggers impliciete denken erg groot. Ze zetten bovendien de relatie van de hedendaagse filosofie tot de actualiteit op scherp: uitgerekend het antisemitisme en de bijhorende complottheorie duiken vandaag de dag opnieuw op. De plaats van antisemitisme in Heideggers 'zijnsgeschiedenis', heeft – direct of indirect – een oorsprong in de *Protocollen van de Wijzen van Zion*. Volgens die tekst worden niet alleen de media, de bankwereld en de politiek ingezet om de Joodse macht te doen zegevieren, ook de Franse Revolutie en de werken van de meest invloedrijke denkers van de negentiende eeuw – Darwin, Marx en Nietzsche – worden beschouwd als een deel van de imperialistische strategie. De *Protocollen* verbinden dus een antisemitische boodschap met anti-Verlichting en een antidemocratische opstelling. Zulke ideeën hebben verregaande gevolgen voor de democratie en de politieke macht van burgers, omdat Verlichtingsdenkers (in ruime zin) de basisvoorwaarden voor democratie, gelijkheid en vrijheid hebben uitgetekend. Heidegger, als grondlegger van het postmodernisme, hangt ronduit antidemocratische ideeën aan, die niet gewoon een politieke dwaling waren van de geniale filosoof, maar intrinsiek deel uitmaakten van het begrippenkader van zijn denken.

DEEL III

DOLLARTEKENS IN DE HEMEL

8

POLITIEKE OVERGAVE AAN DE ECONOMIE

De hedendaagse relatie tussen politiek en economie wordt herleid tot economische of financiële kwesties. Zelfs bij politieke debatten over ecologie, onderwijs, gezondheidszorg of buitenlands beleid leveren de financiële effecten van ideeën of beslissingen het doorslaggevende argument. Meng woorden als productiviteit, werk en competitiviteit met uitdrukkingen zoals 'we zullen ervoor zorgen dat...', en je kan de speech zelf geven, zowel bij linkse als rechtse politici, schertst de Franse filosoof Régis Debray.[1] Politici wensen op hun economisch beleid afgerekend te worden: op het overheidstekort, de werkloosheidscijfers, de belastingdruk. De Franse president noemt een dalende werkloosheid het criterium om zich eventueel opnieuw kandidaat te stellen voor de volgende verkiezingen.

Maar niet alleen politici drukken zich economisch uit. De afgelopen jaren weerklinkt een apart geluid in het publieke debat: dat van de econoom. Elke krant heeft er een aantal in dienst als opiniemaker. Schijnbaar staat deze wetenschapper boven partijen en ideologieën, en kan hij een objectieve blik werpen op staatsuitgaven, burgerinitiatieven en politieke beslissingen. Economische termen infiltreren het dagelijks taalgebruik: we *investeren* in relaties, bespreken de *stakeholders* voor een project, of zoeken het *beste rendement* voor onze tijdsbesteding. We hernemen uit de economie dat alles nuttig en meetbaar moet zijn. Deze tendens heet met een neologisme 'economisme', en het beheerst het politieke en sociale denken.

Charlie Hebdo tegen liberalisme

Kritische stemmen op deze 'economistische' tendens kwamen van de redactie van *Charlie Hebdo*. Niet alleen godsdienst, kapitalisme, macht en uitbuiting waren courante thema's van het tijdschrift; in het boek *Houellebecq économiste*, schetst redactielid Bernard Maris hoe Michel Houellebecq als een moderne Balzac de beleving van deze economische realiteit perfect weergeeft. Maris is uitdrukkelijk een linkse econoom, en neemt de romans van Houellebecq als leidraad voor economische analyses. Vraagstukken zoals armoede, uitbuiting, hebzucht of arbeid doorkruisen die werken. Tegenwoordig beleven we de heerschappij van de rationele individuen, of beter, mensen van wie het gedrag rationaliseerbaar moet zijn: het kan in statistieken worden gegoten en berekend in termen van winst of verlies. Deze alomtegenwoordige bedrijfsgeest creëert eenzame, onverzadigbare consumenten die geen historisch perspectief meer zien. Wie zich door economisme laat beïnvloeden, leidt een ellendig leven. De mens is oneindig veel complexer dan enige berekening kan omvatten. Voor Maris heeft Houellebecq beter dan wie dan ook begrepen waartoe de essentie van kapitalisme aanzet voor wie geen geslaagde ondernemer is: onzekerheid en angst. Het liberalisme kan geen zin verlenen aan het individu, geen weg om zich met anderen te verzoenen en een menselijke samenleving te creëren. De sociaaldemocratie ontgoochelt: ze herverdeelt vooral om de dynamiek tussen consumenten en producenten gaande te houden. Economisme maakt van economie de nieuwe en zelfs ergste overtuiging: de gerationaliseerde godsdienst. In zo'n wereld hoeft het niet te verbazen dat de verloren mens naar geloof snakt, schrijft Maris.[2] Die behoefte aan transcendentie stelt volgens mij een enorm probleem, als ze niet kritisch wordt bekeken. Het is tenslotte niet omdat iemand naar zingeving door een geloofservaring verlangt, dat het geloof enige waarachtigheid bevat. In zijn meest recente roman *Onderworpen* herneemt Houellebecq zijn afkeer voor een wereld van individualisten die in een strijd van allen tegen allen verwikkeld zijn.[3] In dat werk reserveert Houellebecq de belangrijkste religieuze plaats voor de islam, die er uiteindelijk in slaagt om vele Franse harten te veroveren. Hoe Maris Houellebecqs laatste roman zou interpreteren, weten we niet: als redactielid van *Charlie Hebdo* was hij een van de slachtoffers van de moordaanslag op 7 januari.

Onderworpen

In de week van de aanslag zette *Charlie Hebdo* Michel Houellebecq op de cover, afgebeeld als een weinig aantrekkelijke Nostradamus. De aanleiding was de publicatie van het zojuist vermelde *Onderworpen*, dat zich afspeelt in 2022. In het boek beleeft François, een uitgebluste academicus, de eerste verkiezingsoverwinning van een moslimpresident, Mohammed Ben Abbes. Deze moslimbroeder komt aan de macht dankzij een coalitie met linkse partijen, die willen voorkomen dat Marine Le Pen (FN) president wordt. Het land staat aan de rand van een burgeroorlog: burgers protesteren massaal, en er heerst een enorme chaos. Bij gewelddadige overvallen sterven onschuldige mensen. Geweld is zo gewoon geworden, dat de media er nog nauwelijks over berichten.[4]

Mohammed Ben Abbes – ongeveer de enige moslim die in het boek voorkomt – is een gematigde gelovige, een belezen man en een getalenteerd politicus. Hij wordt zelfs met de gewiekste kardinaal de Richelieu vergeleken, omdat hij erin slaagt een Franstalig, anti-Angelsaksisch machtsblok uit te bouwen binnen de Europese Unie. Houellebecq spot met Franse politici, zoals met de huidige premier Valls, en met de *crétin* (idioot) François Bayrou, ze zijn niet alleen onbekwaam, maar ook niet te vertrouwen. Ben Abbes wint de verkiezingen, omdat de Franse elite alleen aan haar eigen belang denkt, en daarom al te gretig het nieuwe regime steunt.

Houellebecq somt de voordelen van Ben Abbes' beleid op. Deze moslim incarneert een oerdegelijk conservatisme. Zijn gematigde islam zorgt voor stabielere familierelaties, rust in de *banlieues* en minder werkloosheid (aangezien vrouwen thuis blijven). Orde heeft ontreddering vervangen. Aan falende romantische relaties komt een einde. Godsdienst beantwoordt zelfs de raadsels van het universum. En er zijn aanzienlijke financiële voordelen: met geld uit Saoedi-Arabië ontvangen professoren een mooie loonsverhoging. Vrouwelijke concurrenten hebben ze niet meer. In een patriarchale samenleving hervinden mannen het respect dat ze generaties geleden genoten. Tenslotte had de antiautoritaire retoriek van mei '68 het aanzien van professoren behoorlijk aangetast.

Houllebecqs bijtende kritiek treft dus niet de islam, maar Frankrijk: het land heeft zo ijverig een deel van zijn eigen traditie afgeschaft, dat het katholicisme noch de trotse republikeinse moraal nog een alternatief biedt. Wie conservatief is, kan niet meer terecht bij de katholieke traditie; wie progressief is, loopt helemaal verloren, in een sfeer van waarderelativisme en politiek opportunisme: de beide kandidaten van de tweede ronde zijn eigenlijk rechts. De linkse partijen hebben hun strijd voor een vrije republiek opgegeven. Wat overblijft, zijn politiek rechtse variaties bij een cynische zoektocht naar macht.

De onbezielde consument

Een gelijkaardige maatschappijkritische visie vinden we terug bij de Amerikaanse filosofe Susan Neiman, die zegt dat een politieke visie zich niet mag beperken tot een leven als consument. Neiman heeft haar sporen als activiste verdiend door campagne te voeren voor Obama in 2008. In *Morele Helderheid*, een boek over 'Goed en Kwaad in de 21ste eeuw' herneemt ze het belang van idealen voor burgers. Mensen willen niet alleen een iPhone en een auto, ze willen dromen, en voor zichzelf een plaats in een groter verhaal. Wie zich beperkt tot de sociaaleconomische verklaring voor gedrag, herleidt mensen tot materialistische wezens. Daarmee blijft de aantrekkingskracht van politieke betrokkenheid uit beeld: mensen hebben idealen nodig, ze willen deelnemen aan een heroïsch verhaal. Maar wie zijn nog helden vandaag de dag? Die vraag wil niemand nog beantwoorden. Erger nog, meent Neiman, mensen durven de vraag bijna niet meer te stellen. De grandeur van helden past niet meer bij deze tijd. Odysseus is zo'n held, eenzaam, verscheurd en verbannen. Listig en voorzichtig vecht hij tegen vijand en noodlot. Niet om zijn eigen heil, maar voor dat van anderen. Met rustige zelfbeheersing trotseert hij de woede van zijn tegenstander. Hij torst zijn lot zonder een zweem van slachtofferschap. Zo'n mythische held wekt de indruk dat er tegenwoordig geen inspirerende helden meer zijn. Dat klopt niet. Je moet rustig rondkijken, weet Neiman. Laat je niet misleiden: 'Echte' mensen zijn onvolmaakt, maken soms vreemde keuzes, en hebben irritante trekjes. Maar er zijn wel degelijk helden. Neiman noemt David Shulman als voorbeeld. Deze Israëlische vredesactivist en auteur van het boek *Dark Hope* bekommert zich om het lot van Palestijnen in bezette gebieden.[5] Schulman laat zich inspireren door Gandhi's burgerlijke ongehoorzaamheid.

Een andere held, volgens Neiman, is Daniel Ellsberg, een voormalig hooggeplaatste militair analist, die in de jaren '70 de *Pentagon Papers* vrijgaf. Deze geheime militaire documenten bewezen hoe cynisch en dodelijk de Amerikaanse oorlog in Vietnam eigenlijk was. Ellsberg verloor zijn baan en riskeerde vervolging wegens hoogverraad.[6] Vandaag de dag wordt de jonge Edward Snowden met Ellsberg vergeleken: beiden begonnen voor de overheid te werken als trouwe patriotten, tot ze hun geweten niet meer in overeenstemming konden brengen met de cynische machtspolitiek die ze waarnamen. Uit moreel principe werden ze klokkenluider.

Voor Neiman mag het idealistische perspectief niet omslaan in lege heroïek. Ze is dan ook scherp op dwalingen van het fundamentalisme. Sterk beïnvloed door Kant en Rousseau, zoekt ze een heldendom waarin rechtvaardigheid centraal staat, en dat zich evengoed toont in kleine beslissingen of welwillende, waarachtige oordelen.

Wanneer helden lijken te ontbreken, toont een cultuur hoe schraal ze is. De hype rond de 'Syriëstrijders' toont de donkere keerzijde van een wereld zonder hoopgevende voorbeelden. De westerse leegte lijkt zo groot dat sommige jongeren die strijders zelfs om hun idealen benijden. 'Die jihadi's hebben nog iets om voor te sterven,' zeiden jongeren in de krant. Wat een rampzalige vaststelling, want jihadi's kiezen niet voor het leven, maar voor de dood. Ze zoeken geen creativiteit, maar vernielen het goede dat de mensheid heeft voortgebracht. Ze zijn bereid om gruwelijk geweld te plegen, ook tegen onschuldige mannen, vrouwen en kinderen.

De linkse filosoof en ex-activist Régis Debray beschouwt het fundamentalisme als de logische tegenhanger van het westerse consumentisme.[7] Debray vocht in Latijns-Amerika aan de zijde van linkse guerrilla, adviseerde de Chileense president Salvador Allende, en was een persoonlijke raadgever van de Franse president François Mitterrand. Volgens Debray maken linkse partijen de fout om alleen een economisch discours te verspreiden. Ze denken dat een grondige economische hervorming de politieke impasse zal oplossen. Westerse politieke partijen, zowel links als rechts, vernauwen de zoektocht naar geluk tot het geluk van het individu. Ze negeren dat die burger niet alleen materiële belangen heeft en dat een democratische staat geen bedrijf is. Economische termen zijn zelfs doorgedrongen in het dagelijks taalgebruik: 'win-win', 'investeren in relaties', 'je vrije tijd beheren'... Maar dat er geen horizon meer voorbij de berekening is, drijft heel wat burgers tot wanhoop. Mensen willen een rol spelen in een verhaal dat de banaliteit van hun leven overstijgt. Die dimensie is afwezig in het politieke landschap van vandaag.

9

ARMOEDE ALS VERKLARING VOOR GEWELD

De idee dat elk politiek onderwerp uiteindelijk met economie te maken heeft, leidt ertoe dat politieke gedragingen als een reactie op sociaaleconomische omstandigheden worden geïnterpreteerd. Zo wijzen (vooral linkse) politici naar sociaaleconomische oorzaken om moslimradicalisering van westerse jongeren te verklaren. Werkloosheid, kansarmoede, schooluitval zijn dan de redenen waarom jongeren geen toekomst zien in deze samenleving, en zich ervan afkeren. Discriminatie vanaf de schooltijd en op de werkvloer zijn dan niet alleen de voedingsbodem voor fundamentalisme, ze zijn er de directe oorzaak van. Bij de aanslagen op de redactieleden van *Charlie Hebdo* was het niet anders.[8]

Deze analyse veronderstelt dat de keuze voor een radicaal religieus wereldbeeld in werkelijkheid niet-religieuze motieven verbergt. Al beseft de betrokkene dat zelf niet: hij of zij meent zijn heil in het geloof te vinden, maar wil eigenlijk gewoon een baan, een iPhone, een huis, een mooie auto. Kortom, iedere persoon die in het Westen woont, verlangt wat andere westerlingen willen, en dan is het de taak van de overheid om alle inwoners de kans te geven die droom te realiseren. Als de overheid tekortschiet, mag het niet verbazen dat wie uit de boot valt, vijandig tegenover de samenleving staat.

Maar deze sociaaleconomische verklaringen dekken de lading helemaal niet. Enerzijds zijn er heel wat armen die niet radicaliseren. Anderzijds zijn er heel wat radicalen die uit de middenklasse komen.

Dat vele armen niet radicaliseren is juist de basis voor sociale vooruitgang geweest. Minder gegoede burgers hebben in het verleden democratische middelen gebruikt om hun levensomstandigheden te verbeteren, om meer rechten en betere voorzieningen te eisen. Politieke partijen en bewegingen hebben geijverd voor verplicht basisonderwijs en een betere doorstroming naar hoger onderwijs. Niemand twijfelt aan het recht op verzet, maar waarom zou verzet leiden tot fundamentalisme? De democratie is – historisch bekeken – bij uitstek het politieke bestel dat tot een meer rechtvaardige verdeling van middelen en van kansen heeft geleid. Zo valt er geen enkel historisch voorbeeld te geven van een geslaagde theocratische staat, dit op het vlak van geluk, welvaart of opleidingsniveau van de meerderheid van de bevolking. Er speelt dus nog iets anders in de keuze voor fundamentalisme dan de hoop op meer materiële welvaart.

Wat ook tegen het sociaaleconomische argument als enige oorzaak van fundamentalisme pleit, is dat aanhangers van sectaire groepen vaak sociaal goed geïntegreerd zijn. De idee dat sectair geloof samengaat met een zwak ontwikkeld sociaal leven en een mislukt onderwijstraject klopt gewoon niet. Terroristische groepen als de Baader-Meinhof-Groep of de Rode Brigades hebben juist hogeropgeleide leden met een goed sociaal netwerk, zij kregen juist wel kansen in de samenleving. Hetzelfde geldt volgens heel wat onderzoekers voor islamfundamentalisme. Scott Atran toont dat aan in zijn boek *Talking to the Enemy*. Marc Sageman bestudeert Al Qaida-terroristen en ontdekt dat de meerderheid niet uit achtergestelde of kansarme groepen afkomstig is.[9] Farhad Khosrokhavar wijst erop dat het geradicaliseerde middenklassers zijn die een voortrekkersrol vervullen om 'volgers van Allah' als één volk te verenigen.[10] Bruno Etienne trekt in *Les combattants suicidaires* een vergelijkbare conclusie. Ook Alan Krueger weerlegt de mythe van de arme, ongeletterde terrorist in *What makes a Terrorist*, waarvoor hij zich op statistische informatie baseert.

Waarom dient sociaaleconomische achterstelling dan toch vaak als causale verklaring terwijl ze duidelijk tekortschiet om de hedendaagse, radicaal gewelddadige keuze te begrijpen? Waarom verbreedt het debat niet?[11] Even leek het erop dat een open discussie was losgebarsten door de aanslag op *Charlie Hebdo*. Maar het argument van de sociaaleconomische achterstelling slaat het debat opnieuw dood. Volgens Gauchet hebben westerse intellectuelen de voeling met de religieuze motivering zodanig verloren, dat ze zich niet meer kunnen voorstellen dat individuen vanuit een geloof handelen. Daarom stellen ze dat de aanslagen op *Charlie Hebdo* niets met de islam of zelfs met godsdienst te maken hebben. Politieke thema's als economie, onderwijs en werkgelegenheid begrijpen ze wel. In die domeinen wordt ook heel wat wetenschappelijk onderzoek gedaan. De nadruk op het sociaaleconomische geeft de commentatoren het gevoel dat ze vanuit de bestaande wetenschappelijke modellen de hedendaagse problemen kunnen begrijpen. Het biedt de geruststellende gedachte dat ze dankzij de democratische instellingen de spanningen zelfs kunnen oplossen.

In *Le désenchantement du monde* beschrijft Marcel Gauchet de langzame onttovering van de wereld: het geloof structureert de samenleving niet meer, in het Westen zijn burgers 'metafysisch democratisch' geworden: ze veronderstellen dat alle mensen gelijk zijn. In een democratie gaat de politieke strijd niet meer over wie de goddelijke waarheid in pacht heeft. De plaats van de macht is leeg, zoals Claude Lefort stelt.[12] Machthebbers bezetten de plaats van de macht slechts tijdelijk. Verkiezingen kunnen de politieke relaties omgooien. Burgers hebben uiteenlopende opvattingen over het algemeen belang, en over het goede leven. Het religieuze geloof is steeds meer teruggevoerd tot het domein van de persoonlijke opvattingen. Natuurlijk kunnen burgers of politici nog vanuit een religieuze inspiratie aan politiek doen. Maar zelfs dan geven ze seculiere argumenten voor hun politieke voorkeuren, zoals een rechtvaardige herverdeling van de welvaart of de noodzaak om zwakkeren te beschermen.

Gauchet legt uit hoe religie in het Westen vooral nog een individuele geloofsakte is, die nauw verwant is met een specifieke emotie en het verlangen om te verhelderen wat het zichtbare overstijgt. Rituelen en collectieve religieuze praktijken worden steeds minder belangrijk. Dit is een erg recente ontwikkeling. Vroeger gaf religie vorm en structuur aan elk aspect van het gemeenschappelijke leven.

In die allesomvattende rol van godsdienst, onderwerpt de gelovige zich aan een bovennatuurlijk gefundeerde orde. De traditionele religieuze structuur organiseert de samenleving door de tijd heen: een stichtingsverhaal over de cultuur wordt van de ene generatie aan de volgende doorgegeven. De leden van de groep ervaren een wezenlijk verbond met vorige generaties. Ze tonen een respect voor ouders en voorouders dat losstaat van het gedrag of persoonlijke verdienste van die (voor) ouders. Godsdienst geeft een verklaring voor de hiërarchie die heerst tussen alles wat bestaat: tussen God en de schepselen op aarde, tussen politieke heersers en hun onderdanen, tussen mannen en vrouwen, tussen ouders en kinderen, tussen mens en dier. De essentie van de religieuze boodschap is juist dat er een hiërarchie bestaat, en geen gelijkheid. Daarover kan geen enkel individu beslissen, want individuen zijn ondergeschikt aan de structuur van de gemeenschap. Elk lid heeft een taak, een plaats in het geheel dat hem overstijgt. Deze gedachte formuleert Heidegger trouwens herhaaldelijk, met zijn eigen filosofisch taalgebruik (en met een zeker nostalgisch verlangen naar vroeger). Volgens Gauchet kennen we deze visie op de wereld heel goed vanuit onze eigen geschiedenis. Maar vanaf de renaissance heeft Europa deze visie op hiërarchie, die door bovennatuurlijke orde wordt gefundeerd, verlaten. De Verlichtingsfilosofen trekken die bovennatuurlijke orde radicaal in twijfel. De mens wordt de bron, het doel en het middel van de politiek. Mensen kijken niet meer naar het verleden, maar naar de toekomst. Dominantie van heersers wordt vervangen door politieke vertegenwoordiging. Met de kritiek op hiërarchie ontstaat ruimte voor individuele rechten en voor het belang van persoonlijke belevingen.

Metafysische gelijkheid

Uit die *sortie de la religion* volgen allerlei nieuwe disciplines. Maar dat is een langzame beweging, al zijn er wel belangrijke momenten. Zo geldt de zeventiende-eeuwse filosoof Spinoza (1632-1677) als een mooi voorbeeld van de overgang tussen de premoderne en moderne tijd. Tijdens zijn leven verlaat hij de strikt joods-gelovige gemeenschap om zich als vrije burger in Amsterdam (en later in Leiden) te vestigen. In zijn *Theologisch-politiek traktaat* (1670) introduceert hij de scheiding van theologie en filosofie. Filosofie krijgt een zelfstandige legitimiteit, en hoeft niet meer de dienstmeid van de theologie te spelen. De Heilige Schrift is geen bron meer voor waarheidsaanspraken over de wereld. Meer nog, Spinoza ontwikkelt een kritische methode om die Schrift te behandelen zoals elk ander wetenschappelijk object. Elke mens krijgt zo het recht om vrij onderzoek te voeren. Het afscheid van de theologie als theoretisch kader heeft een enorm effect voor de nieuwe wetenschappelijke disciplines die in daaropvolgende eeuwen ontstaan, zoals de economie, psychologie, sociologie, en de pedagogie. Uitgerekend die disciplines dienen tegenwoordig om fundamentalistisch gedrag te verklaren: economische achterstelling, sociale ongelijkheid, traumatische jeugdervaringen of falende onderwijskansen.

Ondanks zijn radicaal nieuwe visie op wetenschap en maatschappij behoudt Spinoza nog voeling met een wereld waarin een visie op God elk denken over mens en samenleving bepaalt. Zelfs een meer seculiere visie op de politiek veronderstelt nog een visie op God. Wanneer Spinoza in zijn politieke werken voor democratie pleit, begint hij zijn werk met een uiteenzetting over de God/Natuur, *Deus sive Natura*. In dit opzicht bestaat neutraliteit over godsdienst niet, elke politieke voorkeur veronderstelt een idee over de plaats van de mens in de wereld. Spinoza maakt een onderscheid tussen de functie van religie voor de ongeletterde massa, en filosofische discussies over God. De eerste groep gebruikt de verbeelding om haar ideeën over God te presenteren, alsof God een rechter, generaal, koning of vaderfiguur is. Dan levert het geloof een moraal, een gedragscode. De filosofische benadering van God tracht wetenschappelijke, waarachtige inzichten over de wereld voort te brengen.

Hoe prominent het geloof als allesomvattende visie voor iemand vandaag nog kan zijn, blijkt uit een gesprek tussen een geradicaliseerde jongere en een imam in het televisieprogramma van VRT-journalist Rudi Vranckx over deradicalisering. Een jongen staat op het punt om naar Syrië te vertrekken. Hij klaagt dat hij niet met zijn moeder over de islam kan praten, omdat zijn moeder zijn strikte visie op het geloof niet deelt. De imam antwoordt dat Mohammed niet van hem vraagt om met zijn moeder over God te discussiëren, maar om een goede zoon te zijn. Hij moet dus voor zijn moeder zorgen. De jongen krijgt een antwoord vanuit Gods opdracht voor hem als moslim, en keert naar zijn moeder terug. Uit het gesprek blijkt dat de relatie tot de ander verloopt via het geloof: het antwoord op zijn radicalisering komt van de profeet, die de hiërarchie tussen de mensen aangeeft, waaraan de gelovige moet gehoorzamen.

Met Spinoza valt zo'n dubbel discours beter in te schatten: mensen begrijpen zichzelf vanuit hun visie op God. De hedendaagse aanpak van radicalisering vertrekt echter vaak vanuit een volledig seculier denkkader. Er is geen aandacht voor de belevingswereld van de betrokkene. Het klinkt dan dat zo'n jongen het sociaaleconomisch moeilijk heeft. Dat kan best, maar dat is niet de taal waarmee de jongen zichzelf en zijn wereld interpreteert. Sociaaleconomische verklaringen klinken alleen overtuigend voor wie de heteronomie van het traditionele perspectief al heeft verlaten. Ze overtuigen wie de mens al in hoge mate als een autonoom wezen beschouwt.

Gauchet suggereert dat die *sortie de la religion* in het Westen vergevorderd is, maar dat recente nieuwkomers vaak nog vanuit een bovennatuurlijke hiërarchie naar de wereld kijken. Volgens Gauchet zou het best kunnen dat het opkomende moslimfundamentalisme, van onder meer IS, gedeeltelijk een reactie is op deze evolutie.[13] Wie radicaliseert, probeert de oorspronkelijke hiërarchie te herstellen, of nog te overtreffen. De jihadi wil een geordende wereld, met een duidelijk onderscheid tussen man en vrouw, tussen ouder en kind, tussen wie macht heeft en wie onderdaan is. Daarbij is elk individu ondergeschikt aan de gemeenschap. Vaak willen die jihadi's helemaal geen seksuele vrijheid, zeker niet voor vrouwen. Sommige vrouwen gaan daar gewillig in mee. Ze interesseren zich helemaal niet voor gelijkheid, ze streven juist naar een duidelijk rollenpatroon, naar vaste identiteiten, naar zekerheden. Naar een orde die generaties overschrijdt, en die niet door feilbare mensen is gemaakt. Ze zoeken een wereld die opzettelijk discrimineert, en ongelovigen onmenselijk wreed behandelt. Of hun idealen ook in het kalifaat overeind blijven, is een andere zaak...

Een rationele politieke discussie over die onderwerpen duldt de geradicaliseerde niet: die orde is Gods werk. Aangezien de orde niet door de mens is geschapen, kan ze evenmin door de mens worden afgeschaft. Die visie staat haaks op de idee dat de autonomie van de rede het recht heeft om alles te onderzoeken, en katapulteert de moderne jongere naar een denkkader uit het premoderne tijdperk.

Voor Gauchet is de *sortie* van de religie niet het einde van religie, maar wel de transformatie van haar opdracht. Maar die transformatie blijft niet tot het Westen beperkt, door globalisering dringt de onttovering ook in andere landen door. Vooral de winstlogica van het kapitalisme vernietigt de traditionele relaties. Gauchet meent dat het nieuwe fundamentalisme zelfs een reactie kan zijn op de langzame aantasting van tradities door globalisering.

Sociaaleconomische factoren als sluitende verklaring voor opkomend radicalisme volstaan niet om het fenomeen van radicalisering te begrijpen. Het debat zou veel rijker en veelzijdiger zijn indien theologische begrippen, of visies op hiërarchie en heteronomie erbij werden betrokken. Helaas wordt het thema godsdienst liever vermeden: kritisch denken over de islam wordt nog altijd als islamofobie beschouwd. Maar wie de hedendaagse wereld wil begrijpen, moet niet minder, maar juist meer onderzoek verrichten naar de evolutie van godsdienstige beleving.

Het typeert een verkeerd begrepen marxisme dat de economische status het enige zou zijn wat voor iemand telt. Zelfs al geloof je dat politieke en sociale relaties een economische onderbouw hebben, dan betekent dat niet dat elke mens zich alleen door zijn economische status bekijkt. In die zin blijven filosofische en religieuze ideeën – de manier waarop mensen zichzelf binnen een traditie zien – fundamenteel om de hedendaagse samenleving te begrijpen. Anders gezegd, zou het juist getuigen van een reactie tegen het heersende economisme, om de mens te beschouwen als een wezen dat niet alleen in materiële goederen of in consumptie geïnteresseerd is. De politieke vraag luidt of de beschouwing van democratie niet per definitie – minstens impliciet – een blik voorbij de horizon veronderstelt.[14] Of we dus niet altijd een fundering geven aan een politiek bestel vanuit een opvatting over God en de wereld. Zelfs al is die God geen transcendente God. Gauchets metafysische gelijkheid bevat altijd nog een visie op metafysica, op mens, natuur, God, zelfs al schaffen we in die visie elke vorm van hiërarchie af.

10

POSTMODERNISME EN NEOLIBERALISME

Een reden waarom de sociaaleconomische verklaring zo populair is, houdt verband met het postmodernisme: deconstructie heeft zo vakkundig alle idealen afgevoerd, dat we ons niet meer kunnen voorstellen dat mensen bereid zijn om hun leven voor idealen op te offeren. Metafysica, religie en zelfs wetenschap delen met elkaar een zin voor ideale waarheden, voor begrippen die niet tastbaar of zichtbaar zijn, maar die wel een horizon geven, een richting voor het bestaan.

Postmodernisme gaat dan ook perfect samen met wat 'neoliberalisme' wordt genoemd. Neoliberalisme slaat op de politiek-economische omwentelingen vanaf de jaren '70, waarbij de overheid slechts een beperkte rol opneemt. Denk aan de bescherming van de staat (justitie), van privé-eigendom, en een visie op buitenlandse politiek. Hierbij past het rationele individu dat erin slaagt zichzelf dankzij een vrijgemaakte markt te verwezenlijken. Neoliberalisme is de kentering van een overheid die tijdens de jaren '80 volledige tewerkstelling nastreeft (traditioneel een links ideaal) naar een overheid die vooral inflatie wil bestrijden (rechtse doelstelling). Margaret Thatcher en Ronald Reagan halen hiervoor de mosterd bij Milton Friedman. Ze zetten de krijtlijnen van een neoliberaal beleid uit: ze bevorderen de werking van de vrije markt en vrije handel door deregulering en privatisering. Ze vatten vrijheid op als de mogelijkheid van elk individu om vrij te ondernemen. En hiermee gaat het ideaal van de meritocratie gepaard: wie hard genoeg zijn best doet, kan succes bereiken. Maar die economische omslag blijft niet voorbehouden aan rechtse partijen. Tijdens de jaren '90 worden 'neoliberale' maatregelen zoals deregulering ook door de minder rechtse regeringsleiders genomen, zoals Bill Clinton in de Verenigde Staten.[15] Een andere belangrijke invloed is Larry Summers, die jaren 'director of the National Economic Council' was voor de Amerikaanse president Obama. Summers was ook rector van Harvard University, en werkte daarvoor onder Clinton.[16] Na de dood van vrijemarkt-ideoloog Milton Friedman publiceert Summers een artikel in *The New York Times* met de veelzeggende titel 'The Great Liberator', waarin hij stelt dat 'any honest Democrat will admit we are now all Friedmanites '.[17] Volgens Friedman is de klassieke welvaartsstaat een gevaar voor vrijheid en voor voorspoed.[18]

In het Verenigd Koninkrijk kwam New Labour van Tony Blair in 1997 (tot 2007) aan de macht, in Duitsland de sociaal-democratische SPD van Gerhard Schröder van 1998 (tot 2005). In die periode leiden kunstmatig laag gehouden rentevoeten van de Amerikaanse centrale bank tot ongeziene speculaties, onder meer in nieuwe financiële producten en vastgoed. Dit beleid creëert een financiële zeepbel die in 2008 uiteenspat en meerdere landen aan de rand van de afgrond brengt.

In de westerse wereld bestaan ondertussen allerlei variaties op dit neoliberale thema, dat in essentie telkens een breuk is met het pact van de welvaartsstaat zoals die tussen de Tweede Wereldoorlog en de jaren '70 werd ontwikkeld. De staat wordt daarbij als een probleem gezien, al vraagt het heel wat staatsinterventie om een neoliberale samenleving te organiseren. De verschillende versies van een neoliberaal bestuur springen in het oog: in Amerika omvat Obama's besparingsbeleid niet hetzelfde als de strategie die Reagan vanaf 1980 heeft uitgezet. De Europese landen varen elk een eigen koers. Wat sinds het Verdrag van Maastricht (1992), de invoering van de euro (2002) en het Verdrag van Lissabon (2007) in de Europese Unie is gebeurd, verdient een aparte beschrijving, maar dat is niet het onderwerp van dit boek.

Opmerkelijk is wel dat geen enkele politicus de term 'neoliberalisme' claimt. Geen enkele partij trekt ermee naar de verkiezingen. Maar als deel van de economische realiteit bestaat ze wel degelijk. Ze drukt winstmaximalisatie als maat voor elke investering uit. Daarbij gaat het niet gewoon om winst maken – meer inkomsten krijgen dan uitgaven – maar om de logica waarbij elk proces ondergeschikt wordt aan zoveel mogelijk winst maken. Volgens het neoliberalisme valt aan elk object geld te verdienen: water, zuivere lucht, rust, stilte...[19] Alles valt te meten in termen van opbrengst, ook menselijke creativiteit.

Linkse (sociaaldemocratische) partijen beweren dat ze het neoliberalisme bestrijden, maar ze hebben net als rechts de vrije markt omarmd.[20] Wie alleen het ideaal van de gelukkige consument overhoudt – de koopkracht moet stijgen! – kiest voor het neoliberale denken.

Europese sociaaldemocraten verdedigen nog wel de posities van sociaaleconomische zwakkeren, maar ze bekritiseren of analyseren de krachten die de machtsrelaties bepalen veel minder. Ze geloven in het *trickle-down*-principe, wanneer de economie groeit, profiteert vooral de rijkere klasse hiervan. Maar dat is geen probleem, omdat die rijkdom langzaam naar de middenklasse, en zelfs naar de armere groepen druppelt. Tegenwoordig verzetten heel wat economen, onder wie Stiglitz en Piketty, zich tegen deze notie van een impliciete, automatische herverdeling: de ongelijkheid tussen arm en rijk neemt toe.[21]

Aan de rechterzijde lijkt elke partij een variatie op het neoliberale thema te brengen. De term 'conservatief' is nog wel in gebruik. Toch kan geen succesvolle rechtse Europese partij tegenwoordig beweren consequent tradities en leven in gemeenschap te steunen. Ook daar beheerst de economische agenda steeds meer het politieke. Strikt gezien staat die evolutie haaks op het klassieke conservatieve denken. Maar huidige conservatieven als David Cameron zetten de koers van Margaret Thatcher in Groot-Brittannië en Ronald Reagan in de Verenigde Staten voort.[22] Conservatieve politici moeten dan ook niet klagen over de teloorgang van gemeenschap en traditie, hun eigen politiek zet de bakens voor economische globalisering.

Een conservatief meent dat vrijheid en gelijkheid slechts mogelijk zijn in een gemeenschap. Ze worden niet door of vanuit een individu bepaald. Je bent wie je bent door de overdracht van tradities en gewoontes. Waarden en deugden zijn daarbij belangrijker dan winstbejag, geluk verkrijg je niet uitsluitend door materieel bezit. Wie alleen maar zijn eigenbelang nastreeft, vernietigt het sociale weefsel. Economisch succes is dus slechts één van vele waarden en normen, maar niet de belangrijkste. Conservatieven uiten dan ook kritiek op consumentisme en het gebrek aan individuele verantwoordelijkheid. Zo meent Dalrymple dat de verzorgingsstaat – een uitvinding van linkse partijen – mensen ontslaat van hun individuele verantwoordelijkheid. Jonge meisjes aan de onderkant van de samenleving, om een van zijn voorbeelden te noemen, beleven een vrije seksuele moraal, zonder stabiele, vaste relaties, maar als ze (ongewenst) zwanger worden, rekenen ze op uitkeringen van de overheid. Ze doen dus waar ze zin in hebben, maar laten de gemeenschap opdraaien voor de kosten van hun individuele keuzes. Die gerichtheid op het eigen 'ik' is tekenend, aldus Dalrymple, voor de teloorgang van waarden en normen in de gemeenschap.[23]

Dalrympe negeert echter dat deze ik-gerichtheid, dit kortzichtige eigenbelang, evengoed door de rijkere klassen wordt nagejaagd. Zo permitteren bedrijven zich risico's waarvoor ze de kosten afwentelen op de gemeenschap, zoals de recente bankencrisis heeft aangetoond. Hetzelfde geldt voor de kernindustrie, indien energiebedrijven zich voor het volle risico van een kernramp zouden moeten verzekeren, aldus de econoom Stiglitz, dan bleef geen enkele kerncentrale open. Als de crisis van 2008 een les heeft geleerd, dan is het dat kapitalisme de winsten privatiseert, maar de kosten voor risico's doorschuift naar de belastingbetaler.

De opkomst van de hebzuchtige elite in de jaren '80 werd door Jonathan Coe beschreven in zijn briljante satirische roman *What a Carve up!*[24] Coe gebruikt één familie, de Winshaws, om het politieke beleid te verbeelden dat de belangen dient van een kleine, machtige groep. Langzaam trekt die groep de controle over de financiële wereld, de media, de landbouw, de gezondheidsdiensten en de kunsten naar zich toe.

De onderklasse krijgt het goede, deugdzame voorbeeld dus niet bij een elite te zien. Zo zijn de conservatieve waarden bij de speculanten in het financiële centrum van de Londense City ver te zoeken. Toch verdedigen conservatieve politici als Boris Johnson en David Cameron die sector met hand en tand. De financiele wereld kampt echter nog altijd met risicoproblemen, ondanks de wereldwijde crisis van 2008. Wie succes wil hebben, moet risico's nemen waarvoor hij niet verantwoordelijk wordt gesteld wanneer ze verkeerd aflopen. In de pers valt evenmin een poging tot waardebesef te bespeuren. In de roddelbladen al helemaal niet. Die brengen pikante verhalen over drugs, seks, geld en geweld, die juist door de onderklasse worden verslonden. De roddelpers krijgt die verhalen aangereikt door persmagnaten als Murdoch, die zijn imperium uitbouwt in de jaren '80 met steun van de conservatieve Margaret Thatcher. Het schandaal rond Murdochs *News of the World* in 2012 illustreert hoezeer waarden als integriteit en nederigheid voor dit soort rioolpers niet bestaan: journalisten hackten persoonlijke berichten op mobiele telefoons van misdaadslachtoffers, Britse militairen, beroemdheden, politici, zelfs van leden van de koninklijke familie. Met die boodschappen wilden ze smeuïge verhalen in de pers brengen. Privéberichten van machtige personen werden dan weer gebruikt om hen te chanteren. Deze praktijken hebben het vertrouwen dat mensen in de pers, in de politiek en in de democratie stelden, systematisch onderuitgehaald. De cynische commentaren, de achterklap en de bagger die politici, van links en van rechts, te verduren kregen, hebben zeker niet geleid tot een sterkere democratie.

Los van de vraag of een conservatief beleid de problemen van deze samenleving zou kunnen oplossen, bestaat conservatisme niet meer als politiek alternatief (tenzij bij kleinere partijen, met beperkte politieke invloed). Een kapitalistisch economisch model beperkt politieke keuzes tot reacties op een economisch thema, waarvan het model vastligt. Dat is geen nationaal, maar een Europees en zelfs internationaal fenomeen.

Op economisch vlak staat neoliberalisme voor winstmaximalisatie als enige graadmeter voor succes. Die winstmaximalisatie gaat ten koste van de levenskwaliteit van werknemers en de leefbaarheid van de planeet op lange termijn. Ze hypothekeert de toekomst voor volgende generaties. Maar als begrip heeft 'neoliberalisme' nadelen: het is een containerbegrip geworden voor zowat alles wat misloopt in de samenleving. De alomtegenwoordigheid van het markteconomische denken is een gemeenplaats geworden.[25]

Zelfs al geldt neoliberalisme als een factor bij bijvoorbeeld problemen in psychiatrische en medische praktijken, dan nog moeten oorzaak en gevolg worden onderkend. Is het de druk van de vrije markt die tot nieuwe ziektebeelden leidt? Of spelen individualisme, nieuwe managementstijlen, de teloorgang van autoriteit of andere fenomenen ook een rol? Zelfs culturele, religieuze of andere factoren kunnen aan de hedendaagse vormen van onbehagen bijdragen. En capteert neoliberalisme, zelfs economisch gedefinieerd, wel alle economische activiteiten? Maken overheidsuitgaven niet nog altijd een heel groot deel van de economie uit, in landen als België en Frankrijk? Is er echt vrije markt in de bankwereld? Of zijn er juist sterke monopolies die nieuwe spelers verhinderen om deel te nemen? En als banken *too big to fail* zijn, kan de vrije markt dan volop draaien? Zijn enorme bonussen compatibel met de vrije markt? Of bewijzen ze dat een klein clubje managers zo'n bevoorrechte posities heeft, dat ze aan elkaar economisch onverantwoorde, buitensporige lonen kunnen toekennen?

Ik wil hedendaagse laakbare praktijken niet verdedigen, de permanente evaluaties van werknemers, het uitdijende anonieme bureaucratische systeem met regeltjes en wetten waarvoor niemand verantwoordelijk lijkt, en die schijnbaar door niemand werden uitgevonden, maar het gaat me om de intellectuele leegte, waarin de anti-neoliberale kritiek snel verzandt, omdat ze te weinig specifiek is. Vaak komen critici niet verder dan de onheilspellende naam voor de grote kwaal uit te roepen. Juist het gebrekkige kritische potentieel van de term leidt dan tot verwarring, waarop 'echte' economen en cultuurcritici wijzen. Om wat duidelijkheid te scheppen, refereer ik hierna aan enkele marxistisch geïnspireerde analyses: ze onderscheiden de economische definitie scherp van een filosofische en culturele kritiek.

In *A Brief History of Neoliberalism* noemt marxist David Harvey het postmodernisme de perfecte ideologische tegenhanger van de neoliberale politiek. Postmodernisme biedt dus geen alternatief voor neoliberalisme. Integendeel, de postmoderne politieke agenda verhindert een anti-neoliberaal economisch beleid. Postmoderne filosofen kaarten op politiek vlak identiteitskwesties aan: ze pleiten voor de rechten van minderheden om hun seksuele, culturele of religieuze identiteit vrij te beleven. Machtsstructuren moeten worden gesloopt om nieuwe praktijken mogelijk te maken. Het dominante discours moet worden ontmaskerd, om de gedomineerden te bevrijden. Terwijl linkse activisten daarvoor ijveren, vinden cruciale economische omwentelingen plaats: de vrije markt wordt gedereguleerd, de overheid wordt ingesnoerd en nieuwe (voor buitenstaanders onbegrijpelijke) financiele producten komen op de markt.

Postmodernisme en neoliberalisme vallen niet alleen samen in de tijd. Volgens Harvey past het postmoderne project inherent bij de consumptiemaatschappij. Zo gingen tijdens de jaren '90 investeringen van grote banken samen met een project voor New York op maat van de postmoderne, artistieke levensstijl, van een narcistische exploratie van het zelf, van de consument die zich een nieuwe identiteit wil aanmeten door allerlei producten aan te schaffen. In Frankrijk was deze beweging al beschreven door Gilles Lipovetsky in *L'Ère du vide* (1983).[26] Een prominente overheid moet wijken en ruimte laten aan het individu. Cultuur is er in de eerste plaats om een open, vrije en leuke samenleving te bevorderen. Een samenleving die tolerant is, genot centraal stelt, seksuele vrijheid mogelijk maakt en het onderwijs dereguleert. De vrije beleving van seksualiteit, cultuur, consumentisme en de opkomst van vrije investeringen gaan dus goed samen. Postmoderne denkers hadden geen oog voor het gevaar van die evolutie. Ze hebben het nagelaten om een waardevol alternatief links verhaal te schrijven. Die passiviteit is volgens Harvey het gevolg van verkeerde politieke keuzes van politieke partijen en bewegingen. De oorzaak is een combinatie van '*self-inflicted wounds within the labour movement, within the movements that have broadly embraced identity politics, and within all those intellectual currents that accord, without knowing it, with the White House line that truth is both socially constructed and a mere effect of discourse. (...).*'[27] Hiermee vat Harvey verschillende aspecten van de postmoderne theorie, die in vorige delen uitgewerkt zijn. Wie de waarheid slechts voorstelt als een sociale constructie, als het gevolg van een meerderheids- of machtsdiscours, geeft een vrijkaart voor een economisch neoliberaal beleid. Postmoderne denkers zijn ervan overtuigd dat hun denkmethode efficiënt is om machtsstructuren te ontmantelen. Maar in werkelijkheid versterkt hun intellectueel werk de demonen die ze beweren te bestrijden: het maakt de kapitaalkrachtigen nog sterker, het ondermijnt elk efficiënt verzet. De ironie is dat de postmoderne denkers de werkelijkheid wel analyseren in termen van een discours, waarvan ze denken dat het door machtsrelaties is bepaald, maar ze stellen geen criteria op om die macht normatief te veranderen. Postmodernisme heeft de waarheid afgeschaft en de Grote Verhalen gedeconstrueerd. Maar die verhalen zijn nu vervangen door het meest sensationele verhaaltje dat op de platste, commerciële manier wordt gebracht. Lyotards postmoderne conditie, noteert Harvey, kent geen verschil tussen waarheid, autoriteit en retorische verleiding. En met dit resultaat: '*He who has the smoothest tongue or the raciest story has the power.*'[28]

De postmoderne relativering van de waarheid staat ook haaks op het klassieke marxisme, dat wel degelijk vasthoudt aan de mogelijkheid van objectieve kennis. Dit is een van de manieren waarop postmodernisme rechtstreeks linkse bewegingen ondergraaft: welke legitimiteit heeft een sociale of politieke beweging wanneer elke positie wordt beschouwd als een machtspositie? De postmoderne analyse leidt eerder tot onbeslistheid dan tot daadkracht. 'De vraag of objectieve waarheid aan het menselijke denken mag worden toegeschreven, is geen theoretische, maar een *praktische* vraag. De mens moet de waarheid in de praktijk bewijzen, dit wil zeggen dat hij de relatie tussen werkelijkheid en macht, en hoe aards zijn denken is, moet aantonen. De discussie over de werkelijkheid of niet-werkelijkheid van het denken dat losstaat van de praktijk, is een zuiver scholastische vraag', noteert Marx in zijn *Stellingen over Feuerbach*.

Deze ambiguïteit tussen postmodernisme en neoliberalisme keert terug in het werk van Michel Foucault.[29] Eind jaren '70 beseft de Franse filosoof al wat de essentie van het neoliberalisme is: het organiseert concurrentie tussen alle individuen, waarbij de bedrijfslogica doorsijpelt in elk aspect van het private en het sociale leven. Die vaststelling verleidt Foucault niet tot een communistische visie, waarvan hij trouwens een afkeer had. Macht kan voor Foucault niet vanuit een strikt schema over de klassenstrijd tussen onderdrukte arbeiders en kapitalisten worden begrepen. Hij neemt geen strijd waar, maar nieuwe machtsrelaties die vrij gedwee worden aanvaard. Dat komt omdat macht niet alleen onderdrukkend werkt. Ze geeft ook vorm aan het leven, ze produceert kennis, structureert een discours, en wekt genot op.[30] Wanneer de vorige disciplineringsmethodes door de revoluties na mei '68 in crisis zijn, dan past de kapitalistische machtsvorm zich aan, en installeert dwang op een andere manier. Werknemers tolereren de vroegere dwang niet meer, zoals de disciplinering waaraan ze in de negentiende eeuw onderworpen werden. Dat discours combineert een strakke burgerlijke morele code met zwaar werk in erbarmelijke omstandigheden. Elke onderdrukking gaat gepaard met een nieuw disciplineringsdiscours. En het nieuwe, neoliberale discours creëert ook mogelijkheden. Bevrijd van de staatstructuren en de burgerlijke moraal, kan de 'homo economicus' zijn autonomie aanwenden om zichzelf te creëren, door zijn levensloop als een vrij bedrijf te regelen. Daarbij treedt elk individu met de anderen wel in concurrentie. Foucault wordt geen aanhanger van Milton Friedmans neoliberalisme, maar hij bespeurt wel kansen in de libertaire contestatie van de staat. In die nieuw gevonden vrijheid kunnen mensen met alternatieve levensstijlen experimenteren, op het vlak van de seksualiteit, druggebruik of werkweigering, denkt Foucault.[31]

Te koop: rebel

Zowat elk domein van de samenleving krijgt met de logica van de winst te maken, zelfs sectoren die er hun handelsmerk van hebben gemaakt kritisch naar de samenleving te kijken. Zo organiseren zeer succesvolle moderne kunstenaars een schaarste op de markt rond hun eigen kunstwerken om de prijs van hun werk op te drijven. Hun agenten controleren nauwgezet wie een werk mag aankopen. Een beperkt aantal werken wordt op een uitgekiende commerciële manier op de markt gebracht. Doorgedreven winstbejag heeft de rol van de kunsten hertekend. Toch blijft de kunst schijnbaar een verzet tegen de gevestigde orde. In de realiteit houdt het kapitalisme van transgressie: kunst die taboes overschrijdt of zich als rebels opstelt, verkoopt des te beter. Het werk van Damien Hirst, bijvoorbeeld, kan op veel belangstelling rekenen. Zijn kunstwerk *The Physical Impossibility of Death in the Mind of Someone Living* – een haai, in 1991 op formol gezet voor de rekening van Charles Saatchi – zou nu een slordige acht miljoen Britse pond waard zijn.

De hele dynamiek zorgt ervoor dat het onduidelijk is wat kritische kunst nog betekent. Vanaf de tweede helft van de negentiende eeuw begint artistiek synoniem te zijn voor antiburgerlijk.[32] Maar vandaag betekent antiburgerlijk zeker niet meteen ook antikapitalistisch. Sterker nog, sommige voormalige antiburgerlijke artiesten als Jeff Koons, leven vandaag de dag als 'nouveaux riches', en meten zich de somptueuze levensstijl van de geglobaliseerde elite aan. Dit fenomeen is niet gewoon de evolutie van kunstenaar als beeldenstormer naar een meer gevestigd lid van de bovenlaag, zoals voor Hemingway of Picasso het geval was, het gaat erom dat de kritische kunst zelf in een logica van winstmaximalisatie is opgenomen. Kunst is een financieel product geworden.

Volgens literair criticus Terry Eagleton gaat de postmoderne kunstopvatting – speelsheid, ironie, onvatbaarheid en een brutale esthetiek van schok en afschuw – perfect samen met dit neoliberaal consumentisme.[33] De Amerikaanse marxist Fredric Jameson beschouwt het postmodernisme eveneens als de culturele tegenhanger van het economische kapitalisme.[34] Beide – cultuur en economie – zijn zo nauw verweven, dat het geen zin heeft om kunstcreaties nog als een kritiek op het kapitalisme te zien. Postmodernisme incarneert dan ook helemaal geen revolte meer tegen het bestaande kapitalisme. De beledigende aspecten van kunst, zoals seksueel expliciet materiaal, choqueren niemand meer. Ze worden zelfs met grote zelfgenoegzaamheid ontvangen, en zijn zelf deel geworden van de instellingen die de westerse cultuur vertegenwoordigen.[35]

Op het vlak van de mode heeft het kapitalisme eveneens de bijzondere eigenschap elk verzet in zich op te nemen. Zelfs de gedachte aan verzet verkoopt goed: rebelsheid is al jaren een van de beste marketingtrucs, de jeugd krijgt er niet genoeg van. Merken gebruiken sterren – fotomodellen, acteurs, zangers – om spotgoedkope kledij een imago van succes te geven. Magazines promoten de sterren en bestaan bij gratie van de advertenties voor de merkproducten. Modehuizen als Chanel, Vuitton en Gucci produceren op twee sporen: voor rijken creëren ze exclusieve goederen; voor de minder bedeelde massa brengen ze goedkopere spullen, zoals zonnebrillen en sjaaltjes op de markt. Kwalitatief gezien rommel, al genieten de kopers even van het mooie, opwindende gevoel dat luxemerken opwekken. Het geniale is dat de industrie zelfs de rebelse contestatie heeft overgenomen. Zo staat jeans sinds de jaren '60 voor authenticiteit en rebellie. Merken als Nike, Adidas en Puma associëren hun producten met *empowerment* en zelfs heldhaftigheid. Hun modellen roeien schijnbaar tegen de stroom in. Topsporters, rappers: zij hebben het ver geschopt, ondanks het vijandige systeem. Maar die rebel is nu het uithangbord van een multinational. De mode-industrie weerspiegelt een trend: voor de grote meerderheid van de bevolking neemt de kloof tussen arm en rijk toe. De afstand tussen wie de kans heeft om carrière te maken, en wie niet, wordt groter. Af en toe slaagt een Michael Jordan, een Spike Lee, een Cristiano Ronaldo erin om wereldwijd succes te hebben. Maar dat is uitzonderlijk. Ondertussen legitimeert zo'n 'heerlijk onbeschofte rebel', zo'n authentieke vlegel die zich net als de postmoderne filosoof tegen de machthebbers afzet, en die het hele hypocriete discours doorprikt, de fundamentele onrechtvaardigheden in het kapitalistische systeem. De middenklasse koestert in de tussentijd de illusie dat ze nog tot de betere groep behoort, en betaalt te veel geld voor waardeloze kledij gemaakt door arme drommels. Deze beschouwing over de rebelsheid als modemerk, staat een esthetische waardering voor mode niet in de weg. Creativiteit kan niet worden herleid tot een sociaaleconomische of maatschappelijke analyse, er is de intrinsieke schoonheid van kledij, die niet wordt aangetast door marketingstrategieën van multinationals. Alleen komt dat steeds minder aan bod. Dat beperkt de creatieve vrijheid: in welke mate kunnen ontwerpers nog creëren, wanneer de enige vraag is hoeveel producten ze kunnen slijten?

Vrij verkeer van personen en goederen

De werelden van de kunsten en de cultuur zijn door geldlogica aangetast. Helaas geldt dat ook de migratieproblematiek. In eerste instantie zijn grote delen van de wereld moeilijk leefbaar voor lokale bevolkingen. Ten tweede propageert de neoliberale ideologie een vrij verkeer van personen. Ze steunt elke politiek waarbij mensen zich gemakkelijk kunnen verplaatsen in de geglobaliseerde wereld, en die geen gehechtheid kent aan een bepaalde cultuur, land of geschiedenis. Migratiestromen zijn in dit geval winstgevend, omdat bedrijven altijd op zoek zijn naar goedkopere arbeidskrachten. En niemand wil zo goedkoop werken als wie dankzij een baan toegang tot een land krijgt, dat betere welvaartsvoorzieningen heeft dan zijn land van herkomst. Dat leidt tot een opmerkelijke paradox: op politiek vlak pleiten vooral linkse partijen voor een soepelere migratiepolitiek, terwijl zij zich tegen de arbeidersonvriendelijke, kapitalistische logica van het neoliberalisme zouden moeten verzetten. Linkse denkers hebben op deze paradox gewezen. Volgens Harvey heeft migratie de kracht van linkse partijen vanaf de jaren '60 gebroken. Owen Jones beschrijft in *Chavs: The Demonization of the Working Class*, hoe grote bedrijven door de toename van de goedkope, buitenlandse arbeidskrachten de lonen heel laag kunnen houden.[36] De uiteindelijke meerkost, zoals werkloosheidsuitkeringen, is dan voor de maatschappij, of liever gezegd: voor de lokale belastingbetaler die niet de middelen heeft om een belastingvlucht naar een belastingparadijs te organiseren.

Harvey wijst met een beschuldigende vinger naar postmoderne denkers die meer aandacht besteedden aan identiteitspolitiek, racisme en gender-politiek dan aan de rampzalige gevolgen van een voortschrijdende liberalisering van de politiek en de economie. Wie discriminatie, 'genderpolitics' en racisme als belangrijkste politieke thema's beschouwt en ondertussen naar een versoepeling van internationale grenzen streeft, dient – paradoxaal genoeg – tweemaal de neoliberale politiek.

11

AYN RAND – DE ALMACHT VAN HET INDIVIDU

Eerder zagen we dat Susan Neiman zei dat de grandeur van helden niet meer van deze tijd is, dat mensen niet meer durven te geloven in een ideaal. Het neoliberalisme als economische stroming laat wél ruimte voor heroïsche figuren, zoals te zien is bij de Amerikaans-Russische schrijfster Ayn Rand (1905-1982), die in haar romans het toonbeeld schetst van de rebellerende, eigenzinnige kapitalist. In *De eeuwige bron* komt haar ideale mens naar voren, terwijl *De kracht van Atlantis* (*Atlas Shrugged*) haar blik op de samenleving illustreert. Tijdens de jaren '80 laten de Amerikaanse president Ronald Reagan en zijn medewerkers zich door Rands werk inspireren. Invloedrijke figuren, zoals Alan Greenspan, die van 1987 tot 2006 hoofd van de Federal Reserve Bank was, behoren zelfs tot Rands intieme kring. Het neoliberalisme wordt dan ook met Rands werk geassocieerd, haar romans beschrijven het mensbeeld dat perfect past bij de economische omwentelingen vanaf de jaren '80. Rand verspreidde al vanaf de jaren '50 haar ideologische visies uitgebreid in de Amerikaanse media. Ze noemt haar filosofie 'objectivisme', niet neoliberalisme. Ik bespreek vooral de mensvisie die uit haar werk spreekt.[37]

Wat opvalt, is dat Rands personages almacht uitstralen. Een groter contrast met de opvatting van Heidegger en van de postmodernen is moeilijk denkbaar. Voor Heidegger is elke greep op de wereld een illusie. De mens weet veel minder dan hij denkt, en kan zelfs zijn kennis niet sturen. Diepere inzichten in het Zijn overvallen de mens door stemmingen, niet door rationele analyses. Zelfs zijn zoektocht naar authenticiteit kan de mens niet plannen. Elke mens leeft in een bepaalde periode in de geschiedenis, maakt deel uit van een gemeenschap en heeft daarin een rol te spelen. Heidegger voelt zich allesbehalve thuis in de moderne wereld, die steeds meer door techniek wordt gestuurd. Die techniek is problematisch, omdat de mens niet de opdracht heeft om de wereld te beheersen of als een object te behandelen. Elke mens moet zijn relatie tot het Zijn aangaan. Hoewel de Duitser zijn filosofie strikt van theologie onderscheidt, blijft hij een postchristelijk denker: hij begrijpt de menselijke opdracht in termen van schuld, zorg, geweten en last.

Rands heldhaftige personen daarentegen, worden schepper van zichzelf en van de wereld rondom hen. Ze slagen erin om te worden wie ze idealiter willen zijn. Ze laten zich niet afschrikken door beperkingen, maar geloven rotsvast in hun eigen capaciteiten. Ze zijn rationeel, en beslissen vanuit die rationaliteit dat ze het meest redelijk zijn wanneer ze hun eigenbelang volgen. *Selfishness* is een morele waarde. Ze beleven hun vrijheid als absolute soevereiniteit en autonomie ten opzichte van anderen. Ze maken zich los van hun persoonlijke verleden, en van hun cultuur. Ze worden gedreven door een sterk individualistische pioniersgeest.

Rands hoofdpersonages zijn van niemand bang, en van niemand onder de indruk. Ze verdragen tegenslag met karakter en geduld, zonder zelfmedelijden en medelijden met anderen, en zonder verbittering. Dankzij de techniek slagen ze erin de wereld naar hun hand te zetten. Ze verwerven hun eigendom, dat een onschendbaar recht wordt, zonder hulp. Zo begint *De eeuwige bron*: 'Hij [Roark] keek naar het graniet. Dit te kunnen bewerken, dacht hij, en er muren van te maken. Hij keek naar een boom. Die te kunnen splijten en er planken van te schaven. Hij keek naar een roestkleurige streep op de stenen en dacht aan de ertsen die de grond verborgen hield. Deze te kunnen smelten en als ijzeren balken te laten oprijzen tegen de hemel... deze rotsen, dacht hij, zijn hier voor mij, wachtend op de boor, het dynamiet en mijn stem; wachten dom gespleten, opengereten, gebeukt en herboren te worden; wachtend op de vorm die mijn handen ze zullen geven.'[38]

Rand bewoont een volstrekt onttoverde wereld. De natuur is slechts een zielloze mecanodoos waarmee de mens naar hartenlust mag knutselen.

Ayn Rand genoot een seculiere opvoeding, maar haar ouders waren Joods. Ze omschreef zichzelf als een fervent atheïste. Natuurlijk deelt niet elke atheïst Rands ideeën over de mens, maar het is duidelijk dat schuld of zonde volstrekt afwezig zijn in haar denkkader. Zelfs aan een gemeenschap of traditie is een individu geen dankbaarheid verschuldigd. Dat is niet vanzelfsprekend. Zelfs wie geen heilige tekst erkent, kan zich openstellen voor culturele affiniteiten, voor de continuïteit van een menselijke wijsheid doorheen de tijd, van traditie als een rijke erfenis zonder testament waarmee mensen aan de slag kunnen. Voor Rand daarentegen, gelden alleen persoonlijke maatstaven, persoonlijke prestaties.

Ayn Rand staat bekend als filosofe, maar verspreidt haar ideeën vooral in fictiewerken. Ze schrijft novellen als *We the Living* (1936), en twee invloedrijke romans, *De eeuwige bron* (*The Fountainhead*) (1943) en *De kracht van Atlantis* (1957). Over haar objectivistische filosofie verschijnt een reeks essays getiteld *The Virtue of Selfishness* (1964). Haar boeken krijgen een buitengewoon grote weerklank bij het publiek, maar amper waardering in de academische wereld, noch in de literaire wereld. Literatuur waakt over de menselijke pluraliteit, zoekt de subtiliteit, vermijdt eenduidigheid. Dat is bij Rand niet het geval: haar romans vertellen haar weinig genuanceerde filosofische standpunten. Ze verdeelt de wereld in goede en slechte karakters, die daarbij nauwelijks evolueren. In werkelijkheid is zulke ondubbelzinnigheid onvindbaar. En in betere literatuur is de complexiteit van karakters een randvoorwaarde. Maar Rand vertelt evenmin vanuit een diepgaande mensenkennis als vanuit een strikt realisme. Ze schetst haar ideale mens, die elke kans grijpt om erop vooruit te gaan: van arme, hardwerkende stakker naar geslaagde ondernemer binnen enkele jaren tijd. Rand beschrijft de 'Amerikaanse droom', waarbij het er niet toe doet waar je vandaan komt. Alleen wat je waard bent, doet ertoe. In de Verenigde Staten worden vele miljoenen exemplaren van haar romans verkocht.

Recentelijk heeft Rands werk ook meer succes in Europa gekregen. Zo bracht Toneelgroep Amsterdam in het najaar van 2014 een bewerking van *The Fountainhead* (1943). De zalen waren uitverkocht, de recensenten laaiend enthousiast, en het stuk werd zelfs hernomen in 2015.

Het is altijd moeilijk om precies aan te geven waarom iemands werk aanslaat. Rands boodschap past perfect bij de tijdgeest, in het bijzonder bij een economisch model waar rationele individuen op een vrije markt zaken doen, zonder staatsinterventie, zonder beperkingen van landsgrenzen of zonder ingebed te zijn in een bepaalde cultuur.

Rand plaatst de vrijheid van het individu tegenover de tirannie van de massacultuur; genialiteit tegenover middelmatigheid; creativiteit tegenover repetitie. De zuiverheid van de ideale persoon staat tegenover de lafheid, de corruptie en de wreedheid van zijn tegenstander. Rands onverbloemde heroïsme trekt aan, voor wie zich niet herkent in het meer pessimistische, onmachtige mensbeeld dat de postmoderne filosofie kenmerkt.

In haar bekendste romans gebruikt Rand variaties op dezelfde formule. Een mannelijke protagonist – Howark Roark in *De eeuwige bron*, John Galt in *De kracht van Atlantis* – incarneert het creatieve genie. Hij wordt passioneel verliefd op de heldin, die trekjes vertoond van Ayn Rand zelf. In *De eeuwige bron* heet ze Dominique Francon, in *De kracht van Atlantis* Dagny Taggart. Een eenvoudige romance beleeft het koppel uiteraard niet, de geliefden worstelen met hun verlangen naar vrijheid, omdat die passionele verliefdheid hun onafhankelijkheid in de weg staat. Rand verkiest romances met pathetiek. De protagonisten kunnen niet zonder elkaar, willen elkaar het ene moment vernietigen, en het andere moment voor elkaar sterven. Materiaal voor Hollywoodfilms dus. *De eeuwige bron* wordt in 1949 dan ook succesvol verfilmd met Gary Cooper en Patricia Neal in de hoofdrollen.

Rands zwart-witredenaties worden begrijpelijker vanuit Rands persoonlijke geschiedenis. Ze wordt in 1905 in Rusland geboren als Alissa Rosenbaum, dochter van een welvarende apotheker. In 1917 wordt het comfortabele, burgerlijke leven van haar familie verstoord door de Russische Revolutie. Ondanks dat slaagt Rand erin om aan de universiteit van Petrograd (het huidige Sint-Petersburg) te gaan studeren. Daar leert ze het werk van Plato en Aristoteles kennen. De eerste beschouwt ze als haar grote tegenhanger, de tweede als een belangrijke inspiratiebron. Een derde filosoof die ze bewondert, is Nietzsche, in het bijzonder zijn idee van de 'Übermensch', een invloed die ook opduikt in haar werk. In 1926 verlaat Rand Rusland, en vestigt zich in de Verenigde Staten, waar ze haar verdere leven verblijft. In 1931 wordt ze Amerikaans staatsburger.

Aan haar jeugdjaren in communistisch Rusland houdt Rand een afkeer van collectivisme over. De spanning tussen massacultuur en individualisme structureert haar denken. De idealen van de Franse Revolutie – vrijheid, gelijkheid, broederlijkheid – doen haar gruwelen. Ze ziet in die idealen verdoken vormen van ressentiment: die gewelddadige opstand is de meedogenloze wraak van de luidruchtige, ongeletterde massa op de superioriteit van meesterbreinen. Rand beschouwt het politieke probleem bij uitstek dat de ongeletterde, middelmatige massa erin slaagt om de meer ontwikkelde middenklasse van de macht te verdrijven.

De enige achtergrondinformatie bij Rands positieve personages is dat ze van bescheiden komaf zijn, en dat ze zich op eigen kracht opwerken tot originele geesten.[39] Vaak zijn ze wees. En wanneer ze dat niet zijn, dan is hun familie veelal een last, zoals voor Hank Rearden of voor Dagny Taggart in *De kracht van Atlantis*. Hun families willen parasiteren op het fortuin en het talent van succesvolle verwanten, en menen dat ze daartoe ook een recht hebben, omdat ze meegaan in de solidariteitslogica van de welvaartsstaat. Rand erkent alleen individuen, geen staat of politiek, zelfs geen familie. Ze zet nog een radicalere stap dan Margaret Thatcher, die meent dat de samenleving niet bestaat en bijgevolg een politiek voert waarbij de rol van de overheid steeds kleiner wordt.[40] Maar Thatcher erkent wel het belang van familiebanden.

Rand beschrijft ook geen continuïteit tussen het heden en de toekomst, tussen generaties. In haar romans lopen geen kinderen rond. In de utopische samenleving in *De kracht van Atlantis* wonen wel enkele gezinnen met kinderen, maar hoe het gezinsleven wordt georganiseerd, blijft een raadsel. Niemand lijkt zich om de volgende generaties te bekommeren. Rands krasse schets onderstreept dat de wereld begint en eindigt bij het 'zelf'. Rands mens wordt *tabula rasa* geboren. Vanuit rationele methode denkt hij alleen op de wereld te zijn, en leert hij op het gepaste moment te vergeten wat anderen hem aanleerden.[41]

Realiteit en fictie van Rands ideeën

De kracht van Atlantis beschouwt Rand als haar belangrijkste roman, omdat ze er haar economische visie in heeft uitgewerkt. Dat werk fungeert zowat als de Bijbel van de Amerikaanse 'neoliberale' politiek vanaf de jaren '80. Maar in de werkelijkheid vindt de lezer slechts een gedeeltelijke beschrijving van het huidige economische model. Dit contrast tussen Rands utopie en de werkelijkheid is belangrijk. Er zijn overeenkomsten tussen de huidige realiteit en Rands werk: ze verbeeldt wel de doelstellingen dat bedrijven filialen kunnen oprichten over landsgrenzen heen. Zo slijten ze hun producten aan elke bevolking, waarvan de eigen culturele gebruiken langzaam verdwijnen. Chinese kinderen die 's ochtends geen thee meer drinken, maar Coca-Cola, dat is de droom van multinationals. Die globalisering heeft een sterk politiek effect, want zonder gemeenschap, traditie of cultuur heeft een bevolking weinig verweer tegen de economische overmacht van internationale bedrijven. In die zin geeft Rands werk – indirect – de perfecte dekmantel voor globalisering, want ze schetst de figuur die naadloos erbij past, in een wereld van rationele individuen die elkaar op een vrije markt ontmoeten. In haar werk worden die producenten van globalisering de echte strijders, de moedigen, de uitzonderlijke talenten. Zij luisteren juist niet naar die stemmen uit het verleden, met hun onzinnige raadgevingen en oubollige idealen.

Rands model verschilt echter op een aantal punten van wat vandaag onder 'neoliberalisme' valt. Neoliberalisme veronderstelt dat winstmaximalisatie bedrijven aandrijft. Exorbitante bonussen stimuleren managers om op korte termijn de beste resultaten te behalen, terwijl ze niet verantwoordelijk worden gehouden voor de schade van hun risico's op lange termijn. Ongeduld en gejaagdheid structureren het productieproces. Rands hoofdpersonages willen echter niet op korte termijn zoveel mogelijk geld verdienen. Rearden, bijvoorbeeld, een productieve industrieel in *De kracht van Atlantis*, werkt jarenlang in het geheim aan een verbetering van staal. Hij neemt hiermee een risico en doet een duurzame investering. Wat telt, is toewijding, geloof in eigen kunnen, het doorzetten van 'geniale' creativiteit die uiteindelijk de mensheid vooruithelpt. Rands model past niet in het hedendaagse handboek bedrijfskunde. Welke bedrijfsleider zou dergelijke jarenlange risicovolle investeringen op basis van intuïtieve creativiteit verantwoorden tegenover aandeelhouders? Voor zover 'neoliberalisme' prestatiedwang of administratieve druk inhoudt, klopt het evenmin. Vandaag lijden ontzettend veel werknemers onder het juk van de administratie. Leraren en verpleegkundigen, bijvoorbeeld, moeten zich eindeloos verantwoorden voor hun activiteiten. Bureaucratisering staat mijlenver van Rands ideaal: het creatieve genie zou juist tegenover niemand rekenschap hoeven afleggen, alleen tegenover zichzelf.

Rand beschrijft dus uitzonderlijke economische processen. Ze waardeert de economische meerwaarde die volgt uit arbeid, en niet uit rentenieren, investeren of beleggen. De protagonist in de ene roman is een architect (Howard Roark in *De eeuwige bron*), terwijl de andere superheld als ingenieur nieuwe motoren ontwerpt (John Galt in *De kracht van Atlantis*). Rands personages zijn niet creatief omdat ze nieuwe financiële producten bedenken, waarvan de opbrengst in speculatie ligt. Rand geeft geen blijk van bewondering voor inkomsten uit financiële artikelen. De hedendaagse creatie van (imaginair) geld en de obsessie met schuld is vreemd aan haar denken.[42] Dat is in het licht van de huidige economische realiteit wel relevant. Haar maakbaarheid gaat over de technische controle van de wereld door arbeid. Een buitengewoon strikte arbeidsethiek, creativiteit en doorzettingsvermogen leiden tot succes. Rands werk portretteert geen WallStreet-personage dat buitensporige risico's neemt terwijl hij sloten geld verdient, zoals Sherman McCoy in Tom Wolfes *The Bonfire of the Vanities* (1987), of Gordon Gekko in Oliver Stones film *Wall Street* (1987).

In *De eeuwige bron* is geld zelfs geen drijfveer. Howard Roark wil geen chique salonarchitect zijn, maar de originele, compromisloze schepper. Hij staat tegenover Peter Keating, een weinig getalenteerde oud-medestudent van Roark. Keating handelt uit hebzucht en eerzucht: hij wil grote contracten binnenhalen en prestigieuze prijzen in de wacht slepen. Die motieven maken dat hij geen enkele integriteit meer heeft. Keating volgt dus het marktdenken: hij is steeds bereid om aan de vraag van de klant te voldoen, zelfs wanneer die klant aan de smakeloze voorkeuren van de massa wil behagen.[43]

In *De kracht van Atlantis* wordt geld wel het enige middel om iets te regelen. In het utopische Atlantis is niets gratis. Vriendendiensten bestaan er niet, alles wordt door betaling geregeld, waardoor er een voortdurende concurrentie tussen de inwoners ontstaat. Zo lijkt die maatschappij niet alleen op een vrije markt, de vooronderstelling is ook dat alleen geld feilloos kan uitdrukken welke waarde een product of een dienst heeft. Dit laatste sluit aan bij de economistische tendens in de hedendaagse samenleving: rekensommen kunnen objectiveren wat zonder berekening alleen een subjectief waardeoordeel zou zijn.

Morele pose

In *De eeuwige bron* krijgen alle dilemma's, obstakels, handelingen van de personages een morele dimensie. Volgens de architect Roark heeft elk gebouw een integriteit, net als een mens. Ook de creaties van anderen liggen in het verlengstuk van hun morele niveau, wat in hun geval een corrupte natuur reveleert.[44] Zo zegt Gail Wynand, mediamagnaat en tegenstander van Roark: 'Sommige gebouwen zijn ordinaire opscheppers, een en al façade, en andere zijn lafaards, die zichzelf verontschuldigen met elke baksteen, en weer andere zijn de eeuwige onvolwaardigen, verknoeid, opgelapt, boosaardig en vals. Uw [Roarks – TB] gebouwen drukken in de eerste plaats vreugde uit. Geen kalme vreugde. Een moeilijk, veeleisend soort vreugde. Als je ernaar kijkt, denk je: als ik dat kan voelen, ben ik een beter mens.'[45]

Rands morele pleidooi levert het alibi voor een economisch model. Daarbij miskent ze de politieke pluraliteit: vanuit het enige, absoluut juiste werkethos tekent ze hoe de maatschappelijke, politieke realiteit moet veranderen. Er is dan ook geen politiek debat, maar slechts conflict tussen individuen.[46] Volgens Hans Achterhuis erkent Rand alleen de makende mens (*homo faber*), niet de publieke mens die politieke actie voert.[47] Haar personages zijn absolute soeverein als individu. Maar soevereiniteit in politieke zin veronderstelt de verbondenheid met een gemeenschap.

Rands werk is dan ook niet amoreel, maar doordrongen van een moraliteit, die geen enkele tegenspraak duldt. Dat moralisme voedt Rands idee over politiek. Ze rechtvaardigt het economische individualisme door elke gemeenschapszin vanuit een negatieve emotie te duiden: als vormen van ressentiment, als verlangen van de talentloze massa om de succesvolle ondernemer te kraken. Tegenover het eenzame, scheppende individu staat de manipulator van de massa.[48] Tegenover het voor haar immorele appèl van solidariteit plaatst Rand het morele appèl van egoïsme. Compromissen zijn geen optie: haar hoofdpersonen aarzelen niet om geweld te gebruiken. Al klinken ze in hun eigen woorden verheven, afstandelijk, grootmoedig, ze gedragen zich behoorlijk dogmatisch en fanatiek. Zo laat Roark 's nachts een nieuwbouwwijk met sociale woningen ontploffen, omdat de aannemers zijn oorspronkelijke bouwplannen hadden aangepast. In *De kracht van Atlantis* doen de samenspannende genieën een trein ontsporen, waarbij doden vallen. Rand beschrijft de scène zonder een greintje empathie voor de onschuldige slachtoffers. Deze paradoxale beschrijving komt in beide romans naar voren, zogezegd buitengewoon integere, rationele en superieure individualisten plannen verderf en vernietiging. Het thema van *De kracht van Atlantis* is inherent destructief: de genieën zijn het beu dat vakbonden en politici hen tegenwerken. In het geheim bouwen ze een alternatieve stad in een verborgen vallei. Van daaruit saboteren ze de rest van de samenleving om hun politieke agenda erdoor te drukken. De roman eindigt met een lange radiotoespraak van John Galt, waarin hij die plannen toelicht, een nieuwe wereld aankondigt, die niet alleen de oude hervormt, maar de samenleving wezenlijk verandert. De politieke pluraliteit, waarin burgers overleggen, moet plaats ruimen voor een economisch model, waarover niet meer wordt gediscussieerd. Het klinkt als een verre voorloper van TINA: 'There is no alternative'.[49]

Ayn Rand geeft de mens wel de centrale plaats die hij sinds de Verlichting heeft. Maar ze ontdoet haar filosofie van elk humanisme. Ze vertegenwoordigt een geloof in techniek en in beheersing die niet meer in functie staan van geluk of vrijheid in een samenleving. Ze heeft wel een visie op geluk of vrijheid, maar dat is geen gedeeld geluk of vrijheid. Ze schaft de democratische politiek als een gedeeld project dat pluraliteit toelaat zelfs af.

Rand realiseert een waardekader dat lezers overnemen om hun eigen leven te kunnen beoordelen. 'Wat zou Roark doen?', 'Wat zou John Galt doen?' zijn vragen die Rands publiek zichzelf regelmatig stelt.[50] 'Wie is John Galt?', een herhaalde vraag uit *De kracht van Atlantis*, kreeg in de Verenigde Staten een ware cultstatus. Sinds het succes van *De eeuwige bron* ontving Rand stapels fanmail met vragen om raad over het dagelijks leven. In Nederland verklaarde Ramsey Nasr, die in 2014 Roark speelde in de toneelopvoering van *De eeuwige bron*, dat hij het vaak met Rand oneens is. Maar sinds het stuk vraagt hij zich wel af: 'Wat zou Roark doen?' Want Roark is een referentie geworden, zowel voor zijn professionele als persoonlijke beslissingen.

12

AYN RAND IN DE VERBEELDING

Rands paradigma duikt nu ook in hedendaagse verhalen op. In de zeer succesvolle HBO-televisieserie *Mad Men*, bijvoorbeeld, lijkt protagonist Don Draper (gespeeld door Jon Hamm) het jongere broertje van Roark. Qua verschijning heeft de acteur trouwens trekjes van Gary Cooper, die in 1949 Howard Roark vertolkte in *De eeuwige bron*. Draper heeft een diepe stem, een groot, slank postuur, en draagt piekfijn verzorgde kostuums. Hij heeft charisma, straalt gezag uit en laat zich door niemand van zijn stuk brengen. Vrouwen verlangen naar hem, mannen willen zoals hem zijn. Draper is het creatieve genie, omringd door weinig inventieve geesten. Hij interesseert zich meer voor het scheppingsproces dan voor geld, al verdient hij behoorlijk.[51] Draper heeft zijn arme jeugd succesvol overstegen en vindt dat hij aan niemand iets verschuldigd is, niet aan familie, kennissen of de samenleving. Wanneer zijn arme broer bij hem aanklopt, biedt hij hem geld aan om opnieuw uit zijn leven te verdwijnen. Hij is er zelfs in geslaagd om de identiteit van een meer succesvolle man aan te nemen. Don Draper heet eigenlijk Dick Whitman. Terwijl hij als soldaat in Korea vecht, moet hij samen met een luitenant, Don Draper, een wachtpost verdedigen. Bij een aanval komt die man om het leven. Whitman maakt van de gelegenheid gebruik om diens identiteit te stelen. Hij wordt als Don Draper uit het leger ontslagen, en bouwt een nieuw, beter leven op, verlost van zijn arme en liefdeloze familie.

Draper heeft een onfeilbaar psychologisch inzicht in de verlangens van anderen. Zijn succes als reclameman is op die gave gebaseerd. Net als Roark, ziet hij hoe mensen elkaar nabootsen, hoe behaagziek ze zijn. Ze scheppen niet, ze willen pronken. 'Ze hebben zo'n behoefte aan iemand die hun vertelt wat ze moeten doen, dat ze naar om het even wie luisteren.' Don Draper is nog meer non-conformist dan de antikapitalistische hippie met wie hij een praatje maakt. Die hippie is slecht gekleed, rookt marihuana, schrijft alternatieve toneelstukken, waarin hij 'het systeem' aanvalt. Draper, netjes in maatpak met hoed, legt aan die hippie uit dat 'het systeem' helemaal niet bestaat, en dat het universum geheel onverschillig staat tegenover de lotgevallen van de mens. Deze gedachte past bij Rands atheïstische wereldbeeld.

In *Mad Men* wordt Ayn Rand even genoemd wanneer Bert Cooper, Drapers baas, hem een ruime bonus geeft en hem aanraadt *De kracht van Atlantis* te lezen: 'We lijken op elkaar, we zijn productieve, rationele mensen en uiteindelijk alleen in ons eigen belang geïnteresseerd. Dat is kracht. We zijn volstrekt onsentimenteel over de mensen die van ons harde werk afhangen'. De serie speelt zich af tijdens de jaren '50 en '60, wanneer Rands werk een cultstatus verwerft. Wanneer een andere medewerker het geheime, pijnlijke verleden van Don Draper aan Bert Cooper wil ontsluieren, weigert Cooper hem aan te horen. Want niet het verleden telt, maar wat iemand kan opleveren voor de firma. Al zijn er criminele of illegale feiten gepleegd, wat dan nog? vraagt Cooper. Werd Amerika niet opgebouwd door types die ergere vergrijpen hebben gepleegd, maar wel tot grootse prestaties in staat zijn? Cooper ziet in Draper de buitenstaander: de man die niet bang is voor eenzaamheid, die zich buiten de gemeenschap durft te stellen. De scenaristen van *Mad Men* vatten de hedendaagse fascinatie voor Rands ideeën door zo'n karakter te creëren: Don Draper is een cultfiguur geworden zoals John Galt of Howard Roark. In die betovering speelt mee dat Draper erin slaagt om zichzelf te zien als de auteur van zijn stuk, als maat voor zijn moraal, als uitvinder van zijn lot. Kortom, hij is de echte rebel.

Matthew Weiner, de schrijver van *Mad Men*, legt echter ook de keerzijde van die geïdealiseerde zelfcreatie bloot: Drapers verleden blijft hem achtervolgen. Hij tracht een nieuwe identiteit op te bouwen, maar dat verloopt niet zonder dramatische wendingen. De hopeloze zoektocht naar die identiteit is de rode draad door de afleveringen heen. In Rands werk daarentegen, hebben de mannelijke hoofdpersonages een onwankelbare identiteit – wat impliceert dat hun karakters niet evolueren.

Draper is vaak ongelukkig. Hij voelt wel degelijk wroeging over hoe hij zijn jongere broer behandelde, omdat die kort daarna zelfmoord pleegt. In tegenstelling tot wat Draper verwachtte, was die jongen niet in geld, maar in oprechte familieband geïnteresseerd. Draper heeft een heel complex en ongelukkig liefdesleven. Voor zijn succes was hij trouwens wel afhankelijk van de generositeit van anderen, zonder wie hij zich nooit had kunnen opwerken. In die zin wijkt *Mad Men* behoorlijk af van Ayn Rands fantasiewereld. Dat maakt de serie realistischer, en dus geloofwaardiger. *Mad Men* reveleert de ambivalenties en de obstakels die de non-conformist doormaakt. Zelfs indien de rationele voorwaarden voor zijn succes vervuld zijn, dan nog ervaart het personage een rusteloosheid, een gebrek aan tevredenheid.

Wat zou Steve Jobs doen?

Zeer weinig mensen beantwoorden aan Rands ideaal. Dat is paradoxaal. Miljoenen (vooral Amerikaanse) lezers dwepen met romans die het eenzame genie verheerlijken. Die hoger begaafde mens voert een eenzame strijd tegen de middelmatige meerderheid. Welke Rand-aanhangers komen overeen met haar type ondernemer? Bijna niemand. Toch zijn er af en toe figuren die aan Rands helden doen denken. Steve Jobs, bijvoorbeeld. De pionier van de computer en oprichter van Apple was niet gewoon een bedrijfsleider, maar een goeroe. Over de man en zijn werk verschenen tientallen biografieën, documentaires en films. In 2015 komt Aaron Sorkins verfilming van Walter Isaacsons biografie *Steve Jobs* in de cinemazalen. Dat een bedrijfsleider zo wordt verafgood in een tijd met weinig politieke of sociale helden, is sprekend. Het illustreert hoe economisme werkt: wie financieel succesvol is, verdient morele lof en wordt politiek invloedrijk. Sommige werken trachten het mysterie van Jobs' creativiteit en zijn leiderschap te kraken, opdat lezers zijn voorbeeld kunnen volgen. 'What would Steve Jobs do?' is de kenmerkende titel van Peter Sanders' boek.[52] Andere werken zijn dan weer zeer kritisch over Jobs' genadeloze temperament en grillige levenspad.[53] Ongetwijfeld ontsnapt Jobs' levensloop op talrijke punten aan een Randiaanse interpretatie, bijvoorbeeld wat zijn familieleven betreft. Maar de Steve Jobs die wordt vereerd, heeft wel degelijk trekjes van Rands figuren. Volgens zijn beste jeugdvriend en medeoprichter van Apple, Steve Wozniak, las Jobs *De kracht van Atlantis* in zijn jeugd, en werd het zijn gids in zijn streven naar succes.[54]

In 2005 geeft Steve Jobs aan Stanford University een *commencement speech*, de toespraak voor afgestuurde studenten. Op internet wordt het filmpje miljoenen keren bekeken. De speech draait rond Jobs' eigen waardesysteem, zijn eigenzinnigheid en zijn levensmotto. De ironie is dat Steve Jobs zelf nooit afstudeerde. De universiteit verveelt hem. Enkele maanden na zijn inschrijving begint hij een dwars curriculum samen te stellen op basis van zijn belangstellingen. Zoals Roark in *De eeuwige bron* selecteert hij eigengereid zijn leermeesters. Hij weigert de systematische overdracht van informatie die het klassieke schoolsysteem eist. Liever stelt hij lessen samen waardoor hij zijn persoonlijkheid kan ontwikkelen.

'Je moet uitzoeken waar je van houdt,' begint hij. Voor hem is dat met computers werken.

Het Appleverhaal begint in de garage van Jobs' weinig bemiddelde ouders. Door toewijding, precisie en focus kan de jonge Jobs spoedig een eigen bedrijf oprichten. Maar hij botst met de bedrijfscultuur en wordt door het management ontslagen. Die tegenvaller interpreteert hij achteraf als een enorme meevaller: in de eenzaamheid die erop volgt, hervindt hij zijn creativiteit, zijn passie, zijn gedrevenheid.

Ook Howard Roark ondervindt jarenlang afwijzingen. Hij komt nauwelijks aan de bak in een maatschappij die vastzit aan traditie en middelmatigheid. Maar Roark gelooft rotsvast in de kracht van het eigen 'ik', en in de passie voor zijn werk. Hij volgt trouw zijn eigen intuïtie en ploetert eenzaam voort. Isolement is heilzaam, omdat de onversaagde held *a being of self-made soul* is: hij stelt zijn eigen normen op, los van wat anderen denken. De massafiguur, daarentegen, blijft afhankelijk van hoe anderen hem waarderen.[55]

Jobs raadt de studenten aan om niet op korte termijn te denken, maar om hun passie langzaam te exploreren. De belangrijke punten van je leven kan je slechts op latere leeftijd met elkaar verbinden, vertelt hij. Zo volgde hij zelf uit interesse een klas kalligrafie, zonder duidelijk doel. Later bouwde hij op die kennis voort om lettertypes voor computers te ontwerpen. Apple heeft zo een esthetisch (en dus commercieel) voordeel tegenover andere computerbedrijven. 'Laat je nooit vastzetten in een systeem, maar *stay hungry, stay foolish*.'

De speech is prachtig, beklijvend, inspirerend. 'Sta 's ochtends op en vraag je af of je dit werk zou doen, indien dit de laatste dag van je leven was. Zeg je te veel dagen na elkaar "neen", dan is het tijd voor wat anders.' Dit is ongetwijfeld zeer goede raad. Maar ze kan niet voor iedereen gelden. Jobs' boodschap wordt hypocriet en zelfs wreed, als je bedenkt dat Chinese werknemers – ook jonge kinderen – op grote schaal worden ingezet om Apple-producten te maken die ze nooit kunnen kopen. Het financiele succes van Apple berust niet alleen op geniale creativiteit, maar ook op uitbuiting. Jobs spreekt een grote groep studenten toe, en indirect enkele miljoenen internetgebruikers. Maar zijn ideaal ligt per definitie niet in ieders mogelijkheden. Niet alleen is zijn talent uniek, zijn bedrijfsmodel is gebaseerd op een uitzonderingspositie voor de bedrijfsleider, wiens lot schril afsteekt tegenover dat van vele werknemers. De kloof met het erbarmelijke arbeidersleven is zelfs extreem. Maar voor de bewonderende volgelingen vermindert die eenvoudige vaststelling Jobs' aura nauwelijks. Ze leidt niet tot een fundamentele bevraging van Jobs' verhaal, omdat de speech elke toehoorder doet dromen. Sociale kritiek valt in dovemansoren omdat ze gemakkelijk als afgunst kan worden weggezet.

Dit is de paradox van Jobs: hij adviseert jonge studenten om de individuele vrijheid en de opportuniteiten in het leven te vieren. Tegelijkertijd vertrekt hij van een samenlevingsmodel waarin individuen in een competitie steeds voluit moeten rennen. Wie niet meekan, heeft het aan zichzelf te danken. Welke vrijheid hebben die studenten in hun latere leven dan echt?

Er zijn nog andere treffende gelijkenissen met Rands filosofie, buiten de speech. Jobs gelooft niet in sociale herverdeling via fiscaliteit. Zijn bedrijf ontduikt op grote schaal belasting, door internationale constructies waarbij Apple nevenfirma's opricht in de landen met de laagste belastingvoet. Rand zou geen bewaar aantekenen, want ze beschouwt belasting als diefstal. In *De kracht van Atlantis* berooft de excentrieke Ragnar Danneskjöld regeringsschepen om de buit vervolgens te schenken aan inventieve bedrijfsleiders. De overheid steelt hun belastinggeld, dus hebben ze recht op compensatie. Dat is Rands versie van Robin Hood.[56] Wanneer Jobs terugkeert naar Apple als bedrijfsleider, beëindigt hij zelfs Apples liefdadigheidsprogramma's. Ook dat zou genade vinden bij Rand: naastenliefde is geen morele opdracht. Liefdadigheid uitdelen is een hopeloze poging om van zichzelf te houden, terwijl eigen inzet onvervangbaar is, schrijft ze. Alleen competentie genereert zelfrespect. Wie zo'n zelfrespect voelt, veroorzaakt haat bij anderen, en mag dus tegenstand verwachten.[57] Niets van aantrekken luidt de boodschap: niemand kan je verplichten om iets van jezelf af te staan. Ondertussen blijkt dat Jobs en zijn vrouw anoniem wel miljoenen dollars aan allerlei organisaties wegschonken. Solidariteit is een privézaak.

Rand doorspekt *De kracht van Atlantis* met buitengewone technische verwezenlijkingen die eigen zijn aan de jaren '50: een geniale ingenieur vindt een superlicht, sterk metaal uit, een andere bedenkt een revolutionaire oplossing voor energieopwekking. Vanaf de jaren '80 wordt internettechnologie de meest innovatieve techniek. Wie die technologie beheerst, maakt een kwalitatieve sprong tegenover anderen, die achterblijven. Die kloof valt met 'hard werken' niet meer te dichten. De productie van kennissystemen is nu in handen van een heel kleine groep. Over hoe de bedrijfscultuur van zo'n internetbedrijf de vrijheid eerder kan bedreigen dan bevorderen, schreef Dave Eggers de dystopische sciencefictionroman *The Circle*. De moderne ontwikkeling van technologie, die ingrijpt in het private leven van burgers, hertekent een aantal thema's die bij Rand volstrekt afwezig zijn, maar wel relevant zijn om de hedendaagse samenleving te begrijpen.

Antihelden

Tegenover Rands helden staan de antihelden die Bernard Maris bespreekt aan de hand van Houellebecqs romans. Die antiheld beleeft de andere zijde van het kapitalisme: hij is onzeker, gefrustreerd en eenzaam. In Rands wereld is voor zo'n individu weinig plaats: wie niet origineel, maar middelmatig is, telt niet mee. Maris schetst een hedendaagse mens die bang is dat hij niet mee kan komen in een geglobaliseerde wereld, die vreest dat hij de wetten van de economie slechts kan ondergaan, en niets meer zelf kan beslissen. De overvloed op de markt beleeft hij als een mythe, permanente schaarste is zijn realiteit. Maar het kapitalistische discours raast door: kwantiteit moet toenemen; je moet steeds meer geld op je rekening hebben, harder werken, meer spullen kopen. Die toename gaat echter ten koste van de kwaliteit. Het rationele individu is in feite helemaal geen rationeel personage. Het altijd competitieve, verplicht productieve individu ervaart zijn werk niet als zinvol. En bovendien deint het economische paradigma uit naar alle aspecten van het leven. Maar het ware, zinvolle leven kan niet alleen door economische parameters worden gevat, aldus Maris.

Ayn Rand stelt een utopisch en apart mensbeeld voor: ze dicht de mens een autonomie en een rationaliteit toe, die haaks staan op het mensbeeld van de zeventiende- of achttiende-eeuwse Verlichtingsfilosofen. Ik onderstreep dit, omdat de instrumentele rede, de rationaliteit en de volstrekte autonomie van het individu vaak als idealen van de Verlichting worden gepresenteerd. Dat is een stereotiepe, eenzijdige voorstelling van de geschiedenis van de filosofie. Heel wat filosofen hebben er al op gewezen dat die aspecten niet bij oorspronkelijke Verlichtingsdenkers te vinden zijn.[58] Al te vaak wordt de Verlichting bekritiseerd vanuit misverstanden en vooroordelen over wat ze vertegenwoordigt.

Voor Verlichtingsfilosofen staat vooruitgang op technisch of wetenschappelijk vlak in functie van betere leefomstandigheden in de samenleving. Om over vooruitgang te kunnen spreken, moet er morele vooruitgang zijn. Rousseau is juist erg kritisch ten aanzien van de wetenschap. Diderot wijst dan weer op de deugdzaamheid, de wijsheid van de volkeren die ontsnappen aan de westerse wereld. Een betere wereld volgt niet vanzelfsprekend indien er meer economische groei zou zijn. Een stijgende materiele rijkdom voor enkele individuen is niet het referentiepunt voor een geslaagd politiek of economisch project. Evenmin wordt vrijheid herleid tot een vrije markt waarbij ongehinderd handel kan worden gedreven.

Een aantal tegenstellingen die aan de Verlichting worden toegeschreven zijn veeleer een erfenis van de negentiende-eeuwse debatten, dat de rede gelijkstaat aan een instrumentele, berekenende rede, die de emoties best overwint. Het is veel gemakkelijker Verlichtingsfilosofen te vinden die deze gedachte zouden weerleggen dan bevestigen. Tegenover de stoïcijnen, stellen Spinoza en Kant bijvoorbeeld dat niemand gevoelens moet onderdrukken. Tegenover het ideaal van de rationele mens, plaatst Kant juist de grenzen van de rede. Veel denkers uit die periode geven genuanceerde, diepmenselijke beschrijvingen van passies en emoties.[59]

Rands wereldbeeld toont de triomf van de techniek, die geen humanistisch ideaal meer respecteert. Rand breekt dus met de Verlichtingstraditie. Ze introduceert een nieuw ideaal. En Rands werk vult zo een leemte. Mensen stellen altijd idealen, richtlijnen en doelen op. Want in de woestijn van de postmoderne deconstructie kan niemand lang verblijven. Wat bij Rand opvalt, net als bij Heidegger overigens, is het antidemocratische karakter van het denken: gelijkheid leidt tot nivellering, tot de dictatuur van de meerderheid, tot rancune en ressentiment van de massa. En Rand voegt daaraan toe: tot economische ellende.

Met elk ideaal gaat een nieuwe moraal, en een nieuwe mogelijkheid tot een morele pose gepaard. Tegenstanders noemen het 'neoliberale' denken amoreel, maar Rand ontwerpt wel degelijk haar eigen coherente, gedisciplineerde visie op de moraal. Die laat de fundamentele principes van de joods-christelijke moraal achter zich: ze levert een nieuwsoortig 'voorbij goed en kwaad'. De klassieke moraal vertrekt nog van een verbondenheid tussen mensen door de tijd heen, waarbij solidariteit – in allerlei varianten – intrinsiek deel uitmaakt van het waardekader. Voor Rand zijn mensen niets aan elkaar verschuldigd, haar held heeft zijn eigen succes als referentiepunt. Hij hoeft met niets of niemand rekening te houden, hij moet alleen trouw blijven aan zichzelf. Met de radicaliteit van Rands denken slaat de samenleving een heel nieuwe, onvoorspelbare richting in.

DEEL IV

DE MACHT VAN HET COMPLOT

13

CRISIS VAN WAARACHTIGHEID IN HET WESTEN

In 2003 beleefde het Westen een van de belangrijkste waarheidscrises van de afgelopen twintig jaar: leugens over vermeende massavernietigingswapens leidden tot de inval in Irak. Tegenover de internationale gemeenschap beweerde de toenmalig Amerikaanse minister van Buitenlandse Zaken, Colin Powell, dat inlichtingendiensten bewijsmateriaal voor Saddam Housseins bedreigende wapenarsenaal bezaten. Later bleek dat helemaal niet te kloppen. Het regime van Saoedi-Arabië was veel nauwer betrokken bij de aanslagen van 11 september 2001 dan de leider van Irak. Desondanks werd Saoedi-Arabië als een trouwe bondgenoot beschouwd.[1] Tony Blair en zijn 'spindoctor', Alastair Campbell, waren bij die leugens betrokken. Nadien werden die politici herkozen: George W. Bush begon in 2004 aan een tweede ambtstermijn als president, en Tony Blair in 2005 aan een derde termijn als eerste minister.

De media beleefden evenmin hun beste, meest kritische momenten. Zelfs de befaamde *New York Times* publiceerde een reportage over het dreigende gevaar van Iraks massavernietigingswapens. Zo ondersteunde de krant de oorlogsretoriek van de Bush-administratie. Nadien bleken ook die gegevens fout.[2]

Belangrijke onthullingen over leugenachtige en manipulatieve overheidsinstanties kwamen van klokkenluiders, van wie

Edward Snowden een recent voorbeeld is. Deze jongeman is op vele vlakken de tegenhanger van zowel de machtspoliticus als de complotdenker: authentiek, moedig, effectief in de strijd, gedreven door een groot republikeins idealisme, zonder enige morele superioriteit en met een minutieuze methodiek. Hij past eerder in het lijstje met moderne helden dat Susan Neiman opstelde, en dat in het vorige deel aan bod kwam.

Volgens Edward Snowden bespioneert de Amerikaanse veiligheidsorganisatie NSA, met medewerking van andere landen zoals Groot-Brittannië, niet alleen terroristen. Ook het privéleven van onschuldige burgers wordt op grote schaal gecontroleerd. Wat ze schrijven, mailen, telefoneren (naar wie, van waaruit, hoelang) wordt opgeslagen. Niet alles wordt beluisterd of gelezen, daarvoor zou een parallel universum nodig zijn, maar de gegevens worden wel bijgehouden. Heel wat medewerkers van de inlichtingendiensten hebben inzage in die gegevens, indien ze dat willen. Zo kon Snowden zelfs de Amerikaanse president afluisteren. Niet alleen (democratisch) verkozen politici en bevriende buitenlandse staatshoofden worden afgeluisterd, zoals de Duitse bondskanselier Angela Merkel, economische spionage is ook schering en inslag: tal van bedrijven en organisaties worden in de gaten gehouden, al hebben die niets met terrorisme te maken.[3] De verborgen ambitie van de NSA is dan ook niet gering: meester worden van het internet. Het internet, het instrument dat tot vrijheid en democratie zou leiden.

Sinds zijn revelaties houdt Snowden zich in Rusland schuil, om aan vervolging te ontkomen. In zijn boek *The Snowden Files: The Inside Story of the World's Most Wanted Man* beschrijft Luke Harding de jonge Snowden als een integere, briljante jongeman, die voor de staat werkte omdat hij als patriot zijn land wil dienen. Maar toen hij zag hoe de Amerikaanse regering burgers bedroog, voelde hij zich langzaamaan verplicht dat verraad aan te klagen. Zijn patriottisme bewoog hem ertoe journalisten te informeren. Hij riskeerde er zijn eigen leven voor.

De jonge klokkenluider is ook de antipode van de jihadi. Hij is niet gemotiveerd door frustraties over zijn belabberde lot. Integendeel, hij liet een lucratieve job achter. Als IT-specialist zag zijn toekomst er beloftevol uit. Snowdens drijfveer is niet ressentiment, maar hoop. Hij handelt niet uit haat of wrok tegenover een vijand, maar uit verbondenheid met anderen. Hij wil zijn medeburgers waarschuwen. Snowden zoekt ook geen macht over anderen, zoals fanatici. Hij vecht juist tegen de stille machtsgreep van de overheid over onschuldige burgers. Hij draagt zijn lot eenzaam, zonder zelfmedelijden, zonder iets van anderen te verwachten. En hij respecteert vrijheid van geloof. Hij wil het leven van anderen niet vernietigen, alleen omdat ze niet dezelfde profeet hebben. Snowden wil mensen juist de vrijheden teruggeven waarop ze recht hebben. Toen hij nog voor de CIA werkte, lag op zijn bureau geen Bijbel, maar de Amerikaanse Grondwet. Die garandeert recht op de vrije meningsuiting en vrije pers (*First Amendment*), het recht op privacy (*Fourth Amendment*), het verbod op foltering (*Eighth Amendment*). Sinds 9/11 (en president Bush) negeert Amerika deze principes. Obama's beleid bracht, ondanks zijn belofte aan *change*, weinig beterschap. Hardings relaas laat een wrange nasmaak achter: de grootste democratie verbant en bedreigt iemand die haar op haar principes wijst. Ondertussen vervolgen de Verenigde Staten klokkenluiders die burgerrechten willen beschermen, zoals Snowden en Manning. De Obama-administratie heeft een slecht palmares voor vrije pers: ze vervolgt journalisten, probeert ze tegen hun bronnen te laten getuigen, en veroordeelt ze in het kader van terrorismebestrijding. Wie kritiek heeft op de groeiende almacht van de staat, wordt zelf verdachte.[4] Het Westen is zo hypocriet geworden dat het de eigen fundamentele principes niet meer lijkt te kennen.

Slaapwandelend naar een gesurveilleerd leven

Snowden voorspelt onheil: 'Een kind dat vandaag geboren wordt, groeit op zonder de notie wat privacy is, het zal nooit weten wat het betekent om een privémoment te hebben, een gedachte die niet is opgenomen en geanalyseerd. Dat is een probleem. Want privacy is belangrijk. Privacy stelt ons in staat om te bepalen wie we zijn en wie we willen zijn.' De massale controle beperkt de vrijheid van denken, onderzoek en spreken: ze verlegt het potentiële misdrijf van wat iemand doet, naar wat iemand heeft gezegd. Die glijdende schaal zet de rechtsstaat op de helling.

Technologische ontwikkelingen, zoals de mobiele telefoon, of de iPhone, maken spionage verregaander dan ooit. Zo kunnen gesprekken afgeluisterd worden zodra er in de kamer een iPhone of gsm ligt, zelfs al is die uitgeschakeld. Terwijl Snowden in China zijn verhaal uit de doeken deed aan journalisten, vroeg hij hen dan ook om hun toestellen in de koelkast te leggen. We geven ook vrijwillig behoorlijk wat informatie vrij, door Facebook en andere sociale media, door met elektronische kaarten te betalen, of op het internet te bestellen. Ook door elektronische parkeermeters, internetbankieren, door vingerafdrukken voor een identiteitskaart laten we gegevens achter, zonder te weten wat nadien met die informatie gebeurt.

De vergelijking met George Orwells dystopische roman *1984* werd door de NSA zelf gemaakt. In het boek leidt de protagonist Winston Smith een kleurloos leven, bepaald door het alziend oog van Big Brother.[5] Snowdens documenten bevatten enkele dia's van een geheime powerpointpresentatie van een NSA-analist. Die dia's vermelden een pijnlijke ironie over het effect van computers op de vrijheid van burgers. In 1984 bracht Apple een nieuwe computer op de markt. Bij de lancering van het product projecteerde Steve Jobs een reclamefilmpje waarin hij suggereert dat de computer bevrijdend werkt: een meisje slingert een hamer naar een scherm in een zaal met zombies die naar de eenduidige boodschap van 'Big Brother' luisteren. Deze zombies zijn slaafse volgelingen van Big Brother die niet voor zichzelf kunnen denken. Het meisje dat de gehoorzaamheid doorbreekt, wordt dan even door de zombies achtervolgd. Maar het loopt goed af, aan het eind verschijnt de nieuwe computer, en zegt de stem van Steve Jobs: 'Door de computer wordt het jaar 1984 niet zoals de film *1984*.' De NSA-analist wijst erop dat niemand kon voorzien hoe Steve Jobs zelf Big Brother mogelijk zou maken door de iPhone uit te vinden: alle privégegevens op dit toestel kunnen makkelijk worden gehackt. Vandaag de dag zijn alle betalende klanten van de iPhone als zombies die hun onafhankelijkheid hebben afgestaan. Ze weten alleen niet aan wie.

De macht van het internet is diffuus: in zijn dystopie over internetfirma's suggereert romanschrijver Dave Eggers dat enkele machtigen achter de schermen de touwtjes in handen hebben. Sommige overheden, bedrijven en organisaties hebben inderdaad toegang tot enorme hoeveelheden gegevens. Bedrijven gebruiken de techniek in functie van een economisch systeem dat geen ander doel heeft dan altijd meer, altijd competitiever. Toch is dit geen herhaling van George Orwells *1984*. Het gaat niet over één Big Brother die een geheim plan heeft om de macht te veroveren.

Bij elke aanslag vergroten politici de mogelijkheden voor veiligheidsdiensten om te surveilleren. In de lente van 2015 stemt het Franse parlement voor een *Patriot Act* die ruime bevoegdheden geeft om terroristen te bestrijden. En vlak na 9/11 voert de Amerikaanse regering een veiligheidsmodel in dat gebaseerd is op angst en wantrouwen. Specialisten noemen deze evolutie '*the single greatest disastrous legacy of the war on terror from a human rights point of view*'.[6] Toegenomen staatscontrole op het internet maakt de positie van de burger ook kwetsbaarder. In een rechtsstaat beschermt de *rule of law* de privacy. Die garandeert dat een burger niet zonder aanklacht kan worden vastgehouden, dat politieke leiders aan de wet onderworpen zijn, en dat elke burger binnen een redelijke termijn recht heeft op een eerlijk proces. Foltering is geen legitiem middel om informatie los te krijgen. In Orwells Airstrip One is de *rule of law* afgeschaft, en de gevolgen zijn gruwelijk. Burgers worden gefolterd of verdwijnen in stilte.

Die *rule of law* is niet alleen een fundamenteel rechtsprincipe. Door de eeuwen is het uitgegroeid tot een cultureel gegeven waarmee Europeanen zich sterk identificeren.[7] Internet heeft de macht van de overheid aanzienlijk vergroot, waardoor de klassieke rechtsbescherming in het gedrang kan komen.[8] De pas gestemde *Patriot Act* krijgt de status van een uitzonderingsregel: bij een terreurdreiging primeert de veiligheid boven de vrijheid. Maar de vraag is wanneer die uitzonderingstoestand kan worden opgeheven, en of dat in een geglobaliseerde wereld überhaupt nog mogelijk is. Een politieke gemeenschap die niet eensgezind de waarden van de democratie ondersteunt, dreigt in een permanente conflictsituatie te belanden. De strijd tegen terrorisme heeft dus een enorme weerslag op de politieke macht – of onmacht – van de bevolking. De opmars van complottheorieën is dan een teken aan de wand. Ze wijst op een diepe verdeeldheid tussen burgers, die wellicht goede redenen hebben om de overheid te wantrouwen. Maar dergelijke complottheorieën ondermijnen de democratie eerder dan ze haar versterken.

14

POLITIEK VERTROUWEN

De aanslagen op *Charlie Hebdo* zijn politieke moorden, maar de slachtoffers zijn geen staatsmannen. Ze schreven opinies, deden aan journalistiek. Toch zijn de moorden politiek. Dat heeft alles te maken met de nieuwe situatie die Pierre Rosanvallon schetst. Volgens de Franse socioloog is de positie van staatsmannen behoorlijk aangetast. Geen enkele verkozene heeft nog echt legitimiteit. Wie macht heeft, geniet geen vertrouwen meer van de kiezers. Politici profiteren slechts van het wantrouwen dat hun voorlopers en tegenstanders opwekken.[9] Wanneer journalisten doelwitten worden omdat ze het vrije woord bezigen, dan lijken zij de behoeders van de politieke vrijheid. Alsof wie ideeën verspreidt, effectief macht heeft. Daarbij hoort een andere ontwikkeling, dat traditionele mediakanalen minder belangrijk worden. Burgers kunnen tegenwoordig, mede dankzij de overvloed aan informatie die te vinden is op het internet, hun eigen onderzoek voeren en hun eigen hypotheses samenstellen. De officiële politieke leiders worden niet meer serieus genomen, net zoals de officiële berichtgeving niet meer wordt geloofd.[10]

In een verzuilde samenleving blijft een burger in dezelfde buurt wonen als vorige generaties, leest hij dezelfde krant, belijdt hij 's zondags hetzelfde geloof, en stemt hij bij de verkiezingen op dezelfde politieke partij. In ijltempo zijn die structuren weggevallen, en parallel daaraan is ook de samenstelling van de bevolking grondig veranderd.[11]

Heel wat onderzoeken geven aan dat het vertrouwen van burgers in de traditionele instellingen de laatste jaren sterk is gedaald. De overheid, de media en de kerk zijn hun bevoorrechte positie op het vlak van autoriteit en vertrouwen kwijt. Vertrouwen is echter een wezenlijk onderdeel van een democratisch bestuur. Enerzijds ontlenen burgers vertrouwen aan het geloof dat ze zelf effectief controle kunnen uitoefenen op het politieke beleid. Dit is het recht om te beslissen, om deel te nemen aan het politieke leven. Anderzijds leidt vertrouwen tot meer vertrouwen. In een democratische samenleving rekenen burgers op elkaar, ze geloven dat de kennis die ze ontwikkelen een vooruitgang betekent. Door de toenemende complexiteit kan één enkele geest niet alles bijhouden. Vooruitgang op vlak van kennis werkt alleen als het denkwerk wordt verdeeld. Hoe meer 'men' iets weet, hoe minder verantwoordelijkheid één persoon heeft om alles te weten. Het democratische bestel berust dus op de overtuiging dat burgers te goeder trouw handelen, schrijven en denken. Wantrouwen, daarentegen, verstoort niet alleen de houding tot overheid en politieke leiders, maar ondermijnt ook relaties tussen burgers.

Naast en met het wantrouwen neemt ook de hoeveelheid informatie exponentieel toe. Dat is de hedendaagse paradox: normaliter leidt meer informatie tot een beter debat, tot scherpere ideeën. Maar een overvloed aan gegevens, zonder middelen of kennis om die door te nemen, lijkt op een wandeling door een dichtbegroeid oerwoud zonder een kompas. Als er geen grondig, kritisch debat is, neemt de kwaliteit van de argumenten af.[12]

Postmoderne verdedigers van de liberale democratie zoals Richard Rorty rekenen precies op dat debat om het democratische systeem te versterken. Maar veel debat volstaat niet: burgers hebben wel degelijk duidelijke criteria en methoden nodig. Het is cruciaal om aan vanzelfsprekende ideeën te kunnen twijfelen. De Waarheid uitklaren kan dan moeilijk zijn, maar waarachtigheid blijft van doorslaggevend belang. Niet gewoon iets weten, of veel weten is de opdracht, maar zoveel mogelijk correcte informatie krijgen. Veel gegevens oprakelen is trouwens niet moeilijk: het internet levert binnen enkele clicks een ongelooflijke stroom aan data. Technologische ontwikkelingen hebben de zoektocht naar waardevolle kennis zowel vergemakkelijkt als bemoeilijkt: technologie is op zich evenmin positief als negatief. Haar effect hangt af van hoe ze wordt toegepast. Hier schuilt een gevaar omdat internet de verspreiding van foute informatie vergemakkelijkt.

De postmoderne theorie als methode valt samen met een enorme toename van informatie dankzij het internet. Technologische ontwikkelingen hebben een sterke weerslag op hoe burgers naar de wereld kijken. Dat is niet zonder gevolgen, volgens Bruno Latour heeft de postmoderne methode de verspreiding van samenzweringstheorieën in de hand gewerkt. Latour legt uit hoe de complotdenker en de hedendaagse kritische denker een vergelijkbare methode hanteren: beiden zijn erop gebrand om te ontmaskeren, beiden bespeuren verborgen mechanismen achter de feiten. Tegenwoordig beroept de complotdenker zich zelfs op schijnbaar wetenschappelijke argumenten om zijn theorie te staven.

Onderzoek toont daarbij aan dat mensen makkelijker in samenzweringen geloven wanneer ze zich machteloos, benadeeld of monddood voelen.[13] Zo leidt wantrouwen tot een vicieuze cirkel: deze tendens ondergraaft de mogelijkheid van burgers om efficiënt oppositie te voeren tegen machthebbers, en maakt hen nog machtelozer. Want wanneer complotdenken toeneemt, neemt het kritisch denken af, terwijl de (intellectuele) onmacht toeneemt.

Kijk naar de moordaanslag op de redactieleden van *Charlie Hebdo*: miljoenen burgers protesteerden voor de vrije republiek, maar andere burgers geloofden helemaal niet dat de broers Kouachi de échte verantwoordelijken waren voor de aanslagen. Ondanks de televisiebeelden, de ooggetuigen, en opnames van de oorlogskreten van de broers, bleef er via sociale media hardnekkig ontkend worden dat de aanslag iets met de radicale islam te maken had. Niet die broers Kouachi, maar de CIA, de Israëlische Mossad of de Franse staat zouden de aanslagen hebben beraamd. Dergelijke complottheorieën circuleerden zo talrijk dat het onderwerp de traditionele media haalde.[14] Vooral de jeugd lijkt ontvankelijk voor zulke samenzweringstheorieën. Op de Franse scholen is het complotdenken dan ook een thema geworden.[15] Maar niet alleen de leerlingen laten hun fantasie de vrije loop. Meteen na de aanslag werd een lerares op non-actief gesteld, omdat ze haar leerlingen had verteld dat de Franse staat de aanslag georganiseerd had in zijn strijd tegen moslimburgers.[16] Geheime krachten zouden de aanslag hebben gepland om moslims in een slecht daglicht te plaatsen.

Complotdenken was er ook aan de rechterzijde van het politieke spectrum: Jean-Marie Le Pen liet zich ontvallen dat de aanslagen de stempel droegen van de geheime diensten.[17]

Complotdenken analyseren, de logica en de emoties ervan bekijken, is noodzakelijk om het politieke klimaat te begrijpen.[18] Het is een vreemde kronkel: complotdenkers die achter elke aanslag westerse inlichtingendiensten vermoeden, leggen feitelijk de macht – als een mogelijkheid om politiek op te treden – volledig bij een selecte groep westerse machthebbers. Zelfs de meest zelfverzekerde daders van IS zijn pionnen van het Westen. De veronderstelling is dus dat anderen – inclusief IS – onmachtig zijn.[19]

De idee van actief burgerschap heeft een lange politieke geschiedenis. Sinds Machiavelli onthullen denkers hoe macht werkt, en is het bewustzijn ontstaan dat machthebbers noodzakelijk geheime politieke plannen beramen.

In de aanloop naar de Franse Revolutie krijgt de idee van de kritische, actieve burger vorm: het elfde artikel van de 'Verklaring van de rechten van de mens' (1791) impliceert het recht op weten en op spreken. Vrij onderzoek, een vrije pers en vrijheid van meningsuiting zijn onontbeerlijk om de beslissingsmacht bij burgers te leggen. Om de macht van rechters, politieke leiders en wetgevers te beperken, ontwikkelt Montesquieu het concept van de scheiding der machten. In dezelfde periode verbindt Rousseau republikeins denken met authenticiteit en zelfkritiek. Twijfel en achterdocht maken dus deel uit van kritisch denken. Maar dat voorkomt niet dat vertrouwen een fundamenteel politiek belang heeft. In een sterke democratie verlaten burgers zich op de gedeelde kennis en communicatie, ook met de overheid. Omgekeerd moet een overheid haar burgers voldoende vertrouwen om hun privéleven te respecteren.

Instant revisionism

De postmoderne wetenschapsfilosoof Bruno Latour schetst in de reeds genoemde tekst 'Why has Critique Run Out of Steam?' het failliet van de postmoderne theorie. Hij ziet ook een verband tussen de opkomst en de populariteit van de postmoderne theorie in academische kringen en de toename van samenzweringstheorieën.[20]

Voor Bruno Latour lijkt het er sterk op dat die postmoderne theorie haar doelen voorbijschiet als ze een kritische analyse wil aanreiken voor de hedendaagse samenleving. Is het werkelijk de taak van de menswetenschappen, vraagt Latour zich af, om voortdurend de mensen op te zadelen met een wereld zonder zekerheden? Filosofie en wetenschap onderzoeken voortdurend de gevestigde orde, wat evident lijkt. Ze wijzen op een blind vertrouwen in 'feiten', waarbij de ideologische vooroordelen van de wetenschapper toegedekt blijven. Maar de postmoderne theorie neemt allang die kritische taak niet meer waar. Nu lijdt ze aan het tegenovergestelde probleem: een overdreven wantrouwen tegenover de feiten en de wetenschap. Nu hebben we moeite, aldus Latour, om de feiten nog voor zich te laten spreken! En net daar raakt de postmoderne theorie verstrikt in de complottheorieën: complotdenkers maken zich schuldig aan een *instant revisionism*. De feiten zijn amper voorbij of de achterdochtige bedenkingen, de twijfels en beschuldigingen barsten los.

In essentie is dit het probleem: complotdenkers hanteren een ietwat gepopulariseerde versie van de postmoderne methode en gaan daarmee aan de slag.[21] Wie snel een samenvatting van het werk van de socioloog Pierre Bourdieu oppikt, een rudimentaire vorm ervan opschrijft en die vervolgens toepast op de werkelijkheid, ziet algauw duistere krachten en complotten. Bourdieu leert zo'n lezer wantrouwig te kijken naar wat mensen om hem heen vertellen. Want die mensen zitten gevangen in het web van hun eigen onbewuste motieven. Na dat wantrouwen komt het ongeloof. Dat ongeloof zet aan om gebeurtenissen te verklaren door machtige personen aan te duiden die achter de schermen meedogenloos aan het werk zouden zijn. De methode en de begrippen worden aan de postmoderne theorie ontleend: de complotdenker benoemt de oorzakelijke verbanden tussen theorie en werkelijkheid dankzij woorden als 'discours', 'kennis/macht', 'krachtenveld' en 'hegemonie'. Aanhangers van samenzweringstheorieën voegen daar nog verwijzingen aan toe over de plutocraten, de hebzuchtige krachten met duistere bedoelingen. De samenzweringsdenker heeft de mosterd bij de postmoderne theorie gehaald: hij wil het discours van de machtigen deconstrueren. Maar de constructies van de complotdenker zelf blijven buiten schot: hij ziet de blinde vlekken in zijn eigen denken niet. Een veralgemeende paranoia is zijn deel. Bruno Latour geeft dus aan hoe de gebrekkige methode van hedendaagse sociale wetenschappers een klimaat van complotten versterkt.

De positie die zo'n postmoderne theoreticus niet aanstaat, ontmaskert hij door theorieën te gebruiken waarvan hij de wetenschappelijkheid niet in twijfel trekt, omdat hij die immuun acht voor kritiek. Over zijn eigen voorkeuren wil hij echter niet worden ondervraagd, iedereen is te subjectief om te denken, behalve hij. Deze vreemde inconsequentie en de impliciete superioriteitsgevoelens die erbij horen, leiden ertoe dat deze intellectuelen steeds minder gehoor vinden bij de bevolking, aldus Latour. Indien er vandaag een intellectuele impasse is, dan hebben intellectuelen die deels aan zichzelf te danken.

Erger nog, de verhouding tussen de intellectuele elite en de gewone bevolking lijkt ondertussen omgekeerd: vroeger keek de elite neerbuigend naar de onwetende bevolking. Maar vandaag, vertelt Bruno Latour, beschouwt zijn buurman in een Frans dorp hem als een wereldvreemde, ietwat naïeve idioot. Latour gelooft namelijk dat de Twin Towers in New York op 11 september 2001 inderdaad door moslimterroristen zijn neergehaald. De buurman heeft echter op het internet naar 'echte, objectieve' berichtgeving gezocht en kijkt Latour wat meewarig aan: Iemand met wat verstand weet toch dat de CIA en de Mossad die aanslag pleegden?

Die omkering zegt voldoende over de aangetaste autoriteit van de professionele kritische denker of academicus. Maar als academici niet meer het gezag hebben om complotdenkers tegen te spreken, wie heeft dat dan wel?

Het probleem is niet zozeer dat autoriteit ontbreekt. Getuigt het tenslotte niet van een geslaagde emancipatie dat de buurman de intellectueel niet meer klakkeloos napraat? Het probleem is echter dat er geen norm, geen maatstaf meer is om waarheid van onwetendheid te onderscheiden. De autoriteit van correct wetenschappelijk onderzoek is verdwenen. Hetzelfde geldt voor de zelfkritiek, die normaliter eigen is aan de socratische filosofie. Want de 'post-xxx denker' – vul in: 'koloniale', 'feministische', 'moderne', 'marxistische', 'structuralistische'... – kijkt niet kritisch naar zijn eigen vooronderstellingen. Zoals samenzweringsdenkers zet hij overal vraagtekens bij, behalve bij zijn eigen opstelling; hij onderzoekt passioneel zijn onderzoeksdomein, echter zonder het risico te hoeven lopen dat hij zijn eigen bevindingen moet weerleggen. De postmoderne denker heeft dus wonderlijke inzichten, zolang ze anderen betreffen, maar hij is verblind wanneer het zijn eigen methodes en inzichten betreft. Deze afkeer van zelfkritiek maakt deel uit van zijn blik op de wereld, en opent de mogelijkheid voor fundamentele vergissingen.

Het voorbeeld van Latours buurman kan de indruk wekken dat mensen gemakkelijk ongefundeerde verhalen geloven omdat ze te weinig opleiding hebben genoten. Maar onderzoek wijst op het tegendeel: hoger opgeleiden staan kritischer tegenover de wetenschappen dan lager opgeleiden.[22] Een van de mogelijke verklaringen luidt dat wie zijn intellectuele horizon al wat heeft verbreed, beter beseft dat hij veel dingen niet weet. Dat inzicht kan aanleiding geven tot geloof in onwaarschijnlijke verklaringen, zodra die verwijzen naar verborgen of geheime gegevens.

Opmars van samenzweringsdenken

Mythes over vrijmetselaars, jezuïeten, communisten, Joden of anderen die in het geheim machtsgrepen plannen, bestaan al eeuwen. Opmerkelijke gebeurtenissen worden vaak door samenzweringen verklaard. Wie denkt dat de geschiedenis een gestage toename van rationeel denken is, vergeet dat samenzweringstheorieën tegenwoordig zelfs gewoner lijken dan vroeger.[23] Mensen willen weten welke krachten er 'achter de gebeurtenissen' schuilgaan, en verkiezen soms onwaarschijnlijke verhalen boven onwetendheid.

Samenzwerings- of complottheorieën zijn ingewikkelde geloofsovertuigingen die volgen uit selectieve waarnemingen en cognitieve illusies.[24] Een belangrijk vereiste voor een samenzweringstheorie is dat een kwaadaardige bedoeling wordt verondersteld. En juist deze intentie om anderen te schaden moet verborgen blijven. Daarbij reikt de macht van de samenzweerders zo ver dat ze het officiële verhaal kunnen manipuleren. Maar de schrandere, naarstige onderzoeker laat zich er niet door strikken. Een laatste voorwaarde is – nogal voor de hand liggend – dat er steeds meerdere complotteurs zijn. Een eenzaat die een aanslag pleegt, is per definitie geen samenzweerder. Hoe meer samenzweerders nodig zijn om een fenomeen te verklaren, hoe onwaarschijnlijker zo'n hypothese wordt: bij elke handlanger verhoogt de kans op lekken of mislukkingen. Toenmalig IMF-voorzitter Dominique Strauss-Kahn werd in mei 2011 in New York gearresteerd op verdenking van verkrachting. Het gerucht dat die arrestatie een complot zou zijn, veronderstelt zoveel medeplichtigen en toevalstreffers dat die visie totaal ongeloofwaardig is. Desalniettemin deed ook die interpretatie meteen de ronde.[25]

Het publiek vermoedt soms samenzweringen omdat die ook bestaan. Het Watergate-schandaal onder de Amerikaanse president Nixon is een complot van een aantal conservatieve krachten om politieke tegenstanders van de macht te houden. De langzame ontrafeling van de zaak begon in 1972, na een inbraak in het Watergate-gebouw, het hoofdkwartier van de Democratische Partij. Onderzoeksjournalisten Bob Woodward en Carl Bernstein van *The Washington Post* verzamelden stukjes van een ingewikkelde puzzel. Zo konden ze aantonen dat Nixons medewerkers wel degelijk bij die inbraak betrokken waren. Maar die bewijsvoering verliep moeizaam. Ze ontdekten niet alleen een dubieuze partijfinanciering, maar ook dat boekhouders uit Nixons organisatie, het 'Committee to Re-elect the President', werden bedreigd om de ware toedracht te verzwijgen. Hun krantenartikelen leidden tot politieke en juridische onderzoeken door officiële instanties. In augustus 1974 legde Nixon zijn ambt als president neer. Tot in 1977 verschenen Nixons helpers voor de rechter.

Tijdens hun onderzoek kregen Woodward en Bernstein maandenlang negatieve reacties van hoofdschuddende collega's te verduren: zo'n massaal bedrog door de hoogste machtsinstanties was toch ondenkbaar? Hun ervaring leert dat volharding kan lonen.

Voor onderzoeksjournalisten kan het dus passend zijn om complotten te bevroeden. Dat geldt voor nog enkele andere beroepen, zoals onderzoeksrechter of romanschrijver. Maar Woodward en Bernstein demonstreren dat rigide onderzoekstactieken en manifeste bewijzen onontbeerlijk zijn om effectief tot een complot te besluiten.[26]

We waarderen de morele en intellectuele kwaliteiten van de vastberaden onderzoeker. Die appreciatie is het resultaat van een hele ontwikkeling. Sinds de moderniteit zijn authenticiteit en waarachtigheid steeds belangrijkere deugden geworden.[27] Op die deugdzaamheid beroept zowel de kritische denker als de complotdenker zich. De moderne politieke filosofie heeft ook steeds meer aandacht voor thema's als waarheid, schijn en macht.

De complotdenker heeft een aantal lovenswaardige kenmerken van de alerte burger overgenomen. Sterker nog, hij beschouwt zich als een kritische geest bij uitstek. Die buitengewone waakzaamheid wordt een manier om zichzelf te presenteren, en anderen als naïevelingen weg te zetten: terwijl de gewone burgers indommelen, werkt de complotdenker om de waarheid te achterhalen.[28] De complottheorie is tegelijkertijd archaïsch en modern. Ze is archaïsch in de zin dat hersenspinsels zonder reële grond voor waar worden aangenomen. Degelijke criteria voor wetenschappelijk onderzoek zijn aan complotdenkers niet besteed. En de theorie is modern, omdat ze illustreert hoe burgers autoriteit ter discussie stellen. Ze geloven niet meer wat hun verteld wordt. Ze zijn geëmancipeerd. Complottheoretici zien hun vooronderstellingen in het kader van een machtsstrijd, waarin ze hun eigen rechten hebben. Het conflict gaat tussen enerzijds wie de macht heeft om de waarheid te onderdrukken, en anderzijds wie schijnbaar belangeloos voor de waarheid ijvert. De complotdenker maakt daarbij geen feitelijke reconstructie van oorzaak en gevolg, maar fabriceert een verhaal dat past binnen zijn visie op machtsrelaties. Die clash geeft een ideologische kleur aan de interpretatie: elke complotdenker interpreteert geheime machinaties volgens zijn eigen obsessies. In die zin reveleren complottheorieën altijd de ideologische positie van de bedenker. Het geloof in complotten heeft politieke effecten, het tast de democratie aan. Het wantrouwen dat uit complotdenken spreekt, drijft burgers uit elkaar. De conflicten die hen scheiden, behoren niet meer tot de democratisch aanvaardbare tegenstellingen.

Een van de meest gevaarlijke samenzweringstheorieën gaat terug op de *Protocollen van de Wijzen van Zion*. Dit fictieve werk, dat al werd besproken in hoofdstuk 7, is de neerslag van een vermeende vergadering van Joodse leiders die de wereldheerschappij plannen. Het speelde een grote rol in de aanloop naar de Tweede Wereldoorlog, en vooral in de antisemitische oorlogsretoriek van nazi-Duitsland, zoals het geval Heidegger aantoont.[29] Over het politieke doel van dat document schrijft Hannah Arendt dat de *Protocollen* niet alleen een schrikbeeld weergeven van Joodse overheersing, ze weerspiegelen ook het machtsverlangen van wie erin gelooft. Tijdens de jaren '30 waren Duitsers gevoelig voor nazistische propaganda die een fictieve concurrentie tussen nazisme en Jodendom uitspeelde, omdat die visie de verovering van de macht verbeeldde: 'Langs een andere, eigenaardige omweg echter, gaven de nazi's in hun propaganda wel degelijk een antwoord op de vraag wat hun toekomstige rol zou zijn, met name door de *Protocollen van de Wijzen van Zion* te gebruiken als een model voor de toekomstige organisatie van de Duitse massa's met het oog op een "wereldrijk". Het gebruik van de *Protocollen* was niet beperkt tot de nazi's; na de Eerste Wereldoorlog werden in Duitsland honderdduizenden exemplaren ervan verkocht. Zelfs het openlijke gebruik ervan als een politiek handboek was niet nieuw. Niettemin werd deze vervalsing vooral gebruikt om uit te varen tegen de Joden en om het gepeupel gevoelig te maken voor de gevaren van een Joodse heerschappij. In termen van zuivere propaganda bestond de ontdekking van de nazi's erin dat de massa's niet zozeer bevreesd waren voor een Joodse wereldheerschappij, alswel geïnteresseerd in de vraag hoe men zoiets voor elkaar zou kunnen krijgen; ze ontdekten dat de populariteit van de *Protocollen* eerder steunde op bewondering en leergierigheid dan op haat, en dat het verstandig zou zijn om bepaalde markante formuleringen die erin voorkwamen zo getrouw mogelijk te imiteren.'[30]

Vandaag nemen zeer weinig mensen in het Westen de *Protocollen* nog serieus. Liever gezegd, geen enkele politieke leider refereert eraan. In het Midden-Oosten worden ze nog wél gretig gelezen en voor waar genomen. Heel wat Arabische en/of moslimleiders bestempelen het werk als authentiek, zoals de vroegere Egyptische president Nasser, zijn opvolger Sadat en voormalig leider Khadaffi van Libië. In Saoedi-Arabië gebruikt het ministerie van Onderwijs de tekst zelfs als feitelijk lesmateriaal voor kinderen. Fundamentalistische organisaties laten zich er graag door inspireren. Het *Handvest van Hamas*, bijvoorbeeld, herneemt de paranoïde fantasieën in het artikel 22: een eeuwenlang zionistisch complot veroorzaakte de Franse Revolutie, de Eerste Wereldoorlog en de Tweede Wereldoorlog en lag aan de basis van de oprichting van de Verenigde Naties. Universele ideeën van broederschap, gelijkheid, vrijheid moeten moslims volgens Hamas afwijzen, want die ideeën zijn creaties van Joodse leiders, verbonden in een geheim complot om over de wereld te heersen. Als Arendts suggestie toepasselijk blijft, dan geldt het document nog als een handleiding en verspreidt het propaganda die gelovigen afsluit voor de filosofische traditie die aan de basis ligt van de Europese democratieën. Filosofen die door de Verlichting worden geïnspireerd, zijn slechts marionetten in dienst van een Joodse overheersingsstrijd. Het document kwam dan ook niet toevallig in tsaristisch Rusland tot stand: het heeft niet alleen een racistische, maar een sterk politiek-filosofische dimensie.

15

NAAR DE BRONNEN VAN DE DEMOCRATIE

De *Protocollen van de Wijzen van Zion* is niet alleen een fictief werk, het bevat ook geplagieerde delen van een ander werk, zoals een fictieve dialoog tussen Machiavelli en Montesquieu: *Dialogue aux enfers entre Machiavel et Montesquieu* (1864), geschreven door Maurice Joly. De fictieve dialoog was een in Frankrijk populair genre. In dit gewiekste, politieke pamflet waarschuwt Joly voor het bewind van de Franse keizer Napoleon III, of 'Napoléon le petit' naar de woorden van Victor Hugo. De neef van Napoleon pleegde een staatsgreep om op zijn beurt keizer te worden. Hij nam zowel de zakenwereld als de pers in handen, en kreeg daarmee gevaarlijk veel invloed. De schrijver ensceneert gesprekken over macht tussen Machiavelli (1469-1527) en Montesquieu (1689-1755) om de toenmalige politieke actualiteit te duiden. In deze dialoog vertegenwoordigt Montesquieu de stem van de Verlichtingsdenker, die de vrijheid van de burgers door politieke hervormingen garandeert.[31] Hij fundeert de rechtsstaat door de scheiding der machten, het evenwicht tussen de wetgevende, de uitvoerende en de rechterlijke macht te organiseren.

Machiavelli, daarentegen, pleit voor een politiek bestel dat in functie van één man staat. Joly volgt hier de meest cynische duiding van Machiavelli's *Il Principe*, en interpreteert het essay als een ode aan de alleenheerschappij. Joly kijkt ook niet op een politiek anachronisme meer of minder: de Florentijnse *public servant* en de Franse edelman converseren over de politieke draagwijdte van de media en de financiële markten.

De *Protocollen van de Wijzen van Zion* vertegenwoordigen het tegendeel van Joly's werk: het document is geen kritische, maar een paranoïde tekst, die de wereld opdeelt in goed en kwaad. Enkele passages uit Joly's werk werden niet alleen overgenomen, maar vervalst: in de *Protocollen* worden de 'Joden' de machthebbers. En het fictieve karakter van de tekst verdwijnt. Het pamflet wordt als een authentiek document gepresenteerd. Het is geen toeval dat Joly filosofen uit de renaissance of vroege moderniteit (Machiavelli) en de Verlichting (Montesquieu) aan het woord laat. Deze denkers lenen zich bij uitstek voor een studie over de macht van leiders en de politieke rol van burgers. In het politieke denken van de moderniteit zijn geheimhouding, machtsuitoefening en *raison d'État* centrale onderwerpen.

Machiavelli is wellicht de eerste moderne denker die macht zonder voorbehoud analyseert en beschrijft hoe de staat functioneert. Zijn werk kan op minstens twee manieren worden gelezen. Een eerste lectuur herkent de cynische denker, die aanleert hoe een leider macht verwerft en vervolgens behoudt. Machiavelli suggereert dan welke onbeschaamde, harteloze en immorele kneepjes hiervoor nodig zijn. Maar een andere interpretatie is mogelijk, voorgesteld door lezers die in Machiavelli's werk een vurig pleidooi voor de republiek onderkennen. Zeventiende-eeuwse voorstanders van de Nederlandse republiek zoals Spinoza, De la Court en Van den Enden beschouwen Machiavelli's *Il Principe* als een handboek voor republikeinen. Een eeuw later, in de achttiende eeuw, doet Rousseau hetzelfde. Hij acht Machiavelli een eerbaar man en een goede burger, die jammer genoeg afhankelijk bleef van de aristocratische familie De Medici. Daarom ziet Machiavelli zich verplicht om zijn liefde voor de vrijheid tijdens vele jaren onderdrukking (vanaf 1512) te verbergen. Machiavelli doet dus alsof hij lessen geeft aan koningen, maar verwittigt het volk intussen over de schaamteloze acties van hun heersers. Die revelatie is bedreigend voor de heersende elite. Machiavelli heeft haarfijn aangegeven hoe verdorven het Vaticaan is. Het is dan ook niet verwonderlijk dat zijn geschriften meteen na zijn overlijden op de index van de verboden boeken belanden.[32]

Voorstanders van de republiek belasten de bevolking met een zware politieke opdracht. Het republikeinse denken wijst het volk aan als de enige legitieme machtsbeoefenaar. De Amerikaanse grondwet, bijvoorbeeld, opent met 'We, the people'. In zijn beroemde Gettysburg Address noemt Lincoln een 'government of the people, by the people, for the people' als het nobele doel dat de Amerikaanse burgeroorlog rechtvaardigt. Die insteek geeft de bevolking niet alleen rechten, maar ook plichten. Een duurzame republiek is niet vanzelfsprekend: over haar basisprincipes moet zorgvuldig worden gewaakt. Beide partijen, de bevolking en haar leiders, moeten een moeilijke balans behouden tussen machtsuitoefening en streven naar vrijheid. Ten aanzien van buitenlandse mogendheden, bijvoorbeeld, moet een republiek geheimhouding, en zelfs listigheid of bedrog overwegen. Als kenner van de *arcana imperii*, de geheimen van de staat, levert Machiavelli niet alleen wapens waarmee burgers de manoeuvres van hun koningen kunnen ontdekken, hij legt ook uit hoe leiders uitsluitend in het belang van de republiek mogen handelen. Ze beoefenen de macht dus in naam van de *raison d'État*.[33] *Raison d'État* impliceert dat een leider inzicht heeft in de middelen die nodig zijn om een staat te vormen, te bewaren en mogelijk uit te breiden. Zo rechtvaardigt *raison d'État* de immorele en illegale praktijken die een politicus uit staatsbelang pleegt. Goede politieke leiders moeten bereid zijn om het pad van de conventionele moraal te verlaten. Alleen dan kunnen ze de veiligheid van hun burgers verzekeren. Ze offeren het comfort van een zuiver geweten op voor het algemeen belang. Te veel transparantie kan het leven van burgers in gevaar brengen. Zo mag bijvoorbeeld slechts een kleine groep militaire strategieën kennen. De ideale leider verenigt uiteenlopende kwaliteiten: hij is zo sluw als een vos en zo sterk als een leeuw (*Il Principe*). Machiavelli's subtiele analyse fungeert als raadgeving en als wapen.

De suggestie dat politieke acties terecht bedrog en manipulatie kunnen omvatten, is even oud als het politieke denken zelf. In

De Republiek noteert Plato: 'Indien het dus iemand toekomt te liegen, dan zeker aan de leiders van de staat tegenover vijanden of medeburgers, met het oog op het welzijn van de staat: alle anderen moeten er zich echter van onthouden.'[34]

Thucydides reconstrueert de discussie tussen de Atheners en de Meliërs. De Atheners stellen openlijk dat het weinig zin heeft om over recht te praten, aangezien macht het woord voert in internationale relaties.[35] De middeleeuwse canonieke wet laat machthebbers evengoed toe om de wet te overtreden, maar slechts in uitzonderlijke gevallen, die ook een hoger religieus doel moeten dienen.[36]

Bij deze denkers blijven de gevallen waarin leiders de wet mogen omzeilen echter beperkt. Vanaf Machiavelli krijgt de logica van 'staatsbelang' een nieuwe betekenis. Met *raison d'État* ontstaat discussie over de balans tussen noodzakelijke transparantie en gerechtvaardigde geheimhouding. Machiavelli vindt staatsbelang het belangrijkst. De optimale combinatie van veiligheid en vrijheid wordt dan het politieke doel bij uitstek. Machiavelli breekt hier met de middeleeuwse traditie, en verdedigt een immanente visie op de politiek: het politieke bedrijf staat in functie van het leven hier en nu. In de moderniteit hoeft de politiek geen religieuze doelen meer te dienen. Zonder die religieuze doelen worden de immanente doelen van de republiek doorslaggevend: die kan niet ten dienste staan van de heersende klasse.

Leiders komen natuurlijk in de verleiding om geheimhouding en geweld voor hun eigen doelen in te zetten. Dit gaat ten koste van de vrijheid van burgers. Machiavelli waarschuwt voor politieke ontsporingen: macht corrumpeert, absolute macht corrumpeert absoluut. De realistische Florentijn heeft daarbij geen hoge dunk van de menselijke natuur. Zijn republikeins geïnspireerde werken (voor wie ze op deze manier leest) geven aan de moderne burger dus wat huiswerk mee. Door de moderne politieke filosofie kan die burger niet meer wegkijken: hij weet hoe de politieke macht functioneert. Voortaan veronderstelt elke politieke analyse de vraag welke reële politieke motieven achter het schijnbaar verhevene schuilgaan.

Sinds de vroege Verlichting verafschuwen democratisch geïnspireerde filosofen al te geheime bestuursvormen. Zo noteert Spinoza reeds in de zeventiende eeuw: 'Wie bij machte is om de staatszaken in het geheim af te handelen, heeft de staat onvoorwaardelijk in zijn macht en is in vredestijd een even grote bedreiging voor de burgers als in oorlogstijd voor de vijand. (...). Wie uit is op de absolute macht kent alleen dit refrein: dat het in het voordeel is van de staat dat men de staatszaken in het geheim afhandelt en dies meer; hoe meer men beweert voor het staatsbelang te handelen, hoe meer het uitdraait op een verfoeilijke slavernij.'[37] Dat is de prijs voor de democratie: dat elke burger er belang bij heeft om zich in de staatszaken te mengen.

In 1789, vlak na de Franse Revolutie, wordt de 'Verklaring van de Rechten van de Mens en de Burger' uitgeroepen. Het recht op weten, beslissen, vrij spreken en onderzoeken worden de bouwstenen van de politiek. Een gezonde achterdocht tegenover de autoriteiten hoort daar in principe bij. De Verlichtingsfilosofen gaan zelf uit van een argwaan tegen religieuze autoriteiten. Elke mens kan dankzij de rede de religieuze dogma's, de legitimiteit en de waarheid van geloofsovertuigingen onderzoeken. Kijken wat er zich in de coulissen van de macht afspeelt, zoeken naar de drijfveren van de politici en de motieven achter beslissingen: dat is de taak van de politieke filosofie sinds de moderniteit. Met die taken komt het zelfbewustzijn van de burger op gang. Die wil zichzelf zien als iemand die zich niet laat bedotten.[38]

Eerlijkheid en authenticiteit als uitdaging: de Franse Verlichting

Dat democratie zowel actieve burgers als een zin voor eerlijkheid en authenticiteit vraagt, is een recente gedachte. Machiavelli onthult hoe macht werkt en geeft zo argumenten tegen tirannie. De Verlichtingsfilosofen Diderot en Rousseau hebben de samenloop van eerlijkheid, authenticiteit enerzijds, en de afkeer voor hypocrisie anderzijds behandeld. Een burger wil niet dat hij belogen wordt. Dat betekent dat hij zijn eigen oprechtheid moet durven inschatten. Het ideaal van authenticiteit vraagt de moed tegenover zichzelf oprecht te zijn. Vanaf de achttiende eeuw krijgt de oprechte burger dus een nieuwe betekenis: hij wordt verbonden met persoonlijke authenticiteit.[39] Vandaag is het thema van de authenticiteit vanzelfsprekend geworden. Lezers vragen zich af wie een schrijver 'echt' is, bijvoorbeeld. Iedereen aanvaardt dat publieke figuren een masker dragen als deel van de sociale conventie. Maar achter dat masker zou een echt 'zelf' moeten zitten. Wie of wat is het 'ik' dat spreekt, en dat een positie inneemt tegenover anderen? Wat vraagt het van iemand om waarachtig te zijn? En welk politiek model past bij authenticiteit, wanneer hypocrisie en misleiding schering en inslag zijn?[40]

Twee verschillende interpretaties van het 'zelf' staan in de achttiende eeuw tegenover elkaar: die van Denis Diderot, en die van Jean-Jacques Rousseau. De twee filosofen kennen elkaar goed, en zijn een tijdlang zelfs bevriend. Diderot werkt samen met d'Alembert en Voltaire aan de *Encyclopédie*, een project dat de bestaande kennis wil verzamelen. Diderot maakt turbulente tijden mee. Hij wordt veroordeeld tot een gevangenisstraf voor de heterodoxe en schandalige stellingen in zijn *Pensées Philosophiques*. Het thema van de eerlijkheid duikt op in zijn roman *Le neveu de Rameau*, waarin een niet nader genoemde filosofische 'Moi' ('Ik') een lang gesprek voert met 'Lui' ('Hij'), de neef van de bekende componist Rameau. Het verrassende gesprek gaat over eerlijkheid, deugd, sociale gebruiken, esthetische voorkeuren en identiteit. Over wie de beide personages precies zijn, lopen de interpretaties uiteen. 'Moi' en 'Lui' kunnen evengoed als de innerlijke dialoog van één filosoof, Diderot zelf, worden gelezen. Maar ze geven een thema weer dat op dat moment actueel was – en nu vanzelfsprekend is geworden –, dat een eenduidige identiteit onbestaande is; dat elk 'zelf' een constructie lijkt. De 'Ik', de verteller, is een genereuze, deugdzame, beleefde en geduldige filosoof, die de omgeving nauwgezet observeert. 'Hij', de neef, incarneert een gelegenheidsuitvreter. Tijdens het gesprek toont hij een grote oprechtheid over zichzelf: hij geeft toe slechts middelmatige talenten te bezitten en zijn beroemde oom fel te benijden. Hij legt vrolijk bloot dat hij zich maatschappelijk anders weet voor te doen dan hij is. Die veranderlijkheid maakt hem echter niet volstrekt onoprecht: hij heeft toch een gevoel van 'zelf' dat losstaat van zijn schijnbaar onsamenhangende interventies. Hij slaagt er dus in om de bestaande sociale conventies te respecteren, terwijl hij zichzelf niets voorliegt. 'Dat de duivel me mag komen halen als ik weet wie ik echt ben. Ik ben nooit vals voor zover ik er het minste belang bij heb om echt te zijn; ik ben nooit echt voor zover ik er het minste belang bij heb om onecht te zijn. Ik zeg de dingen zoals ik ze vind, als die zin hebben, zoveel te beter, als ze ongepast zijn, dan is het maar zo.'[41] De neef heeft een scherpe visie op hoe aangepast iemand moet zijn: 'Wanneer ik *Tartuffe* lees van Molière, dan zeg ik tegen mezelf: wees hypocriet, als je wilt, maar praat niet zoals een hypocriet. (...) ik ben wie ik ben en ik blijf wie ik ben, maar ik handel en ik spreek zoals het past.'[42] De neef bedenkt geen excuus of verzachtende omstandigheden, maar lijkt zijn zwakheden te aanvaarden. Hij kan zich ook met anderen verzoenen, al weet hij dat sociale conventies een schijnvertoning vereisen. De verteller prijst de neef voor zijn eerlijkheid, die hij een zeldzame kwaliteit vindt.[43] Oprechtheid en moed maken deel uit van authenticiteit. Toch blijft de dialoog doorspekt met raadsels en tegenstrijdigheden, en lijkt het op het schaakspel dat de verteller waarneemt in het café waar het gesprek plaatsvindt. Later speelt de heroïsche authenticiteit bij Heidegger een heel andere rol, zoals al uitgebreid werd behandeld. In diezelfde periode schrijft Rousseau zijn versie van authenticiteit, die veel meer stof doet opwaaien.

De retoriek van de samenzweringsdenker – Jean-Jacques Rousseau

De zoektocht naar het ware 'zelf' kan echter conflicten met anderen versterken, en tot sociaal isolement leiden. Dat blijkt bij de filosoof Jean-Jacques Rousseau (1712-1778) het geval te zijn. In zijn politieke werken pleit hij voor de directe democratie en het sociaal contract. Rousseau staat ook bekend om een andere reden: hij introduceert eerlijkheid en authenticiteit als moderne idealen.

Die deugden betreffen de politiek, maar ze zijn ook persoonlijke imperatieven. Eerlijkheid betreft niet alleen wat je zegt of doet in de buitenwereld; je moet eerlijk zijn tegenover jezelf. Authenticiteit is een moeilijke opdracht én een onvermijdelijke morele keuze. Wie authentiek wil zijn, zet zijn relaties tot anderen op het spel.

Rousseaus diepteonderzoek maakt de blik van anderen niet overbodig: de filosoof van de authenticiteit is bezorgd over het beeld dat anderen van hem hebben. Over zijn originele *Bekentenissen* beweert hij dat niemand ter wereld met een dergelijke *véracité* (waarachtigheid) zichzelf heeft beschreven. Hij gaat er prat op de meest genadeloze, eerlijke onderzoeker van zijn eigen leven en drijfveren te zijn, een die nooit voor pijnlijke inzichten terugdeinst. Daarmee meent hij anderen moreel te overtroeven: zijn deugdzaamheid overtreft de eerlijkheid van de andere mensen. Het verlangen om een sterke morele pose te koppelen aan een sociale samenleving bepaalt ook zijn politieke werken.

Rousseaus titel refereert aan *Belijdenissen* van Augustinus. Voor Augustinus blijven God en het scheppingsverhaal de ultieme referentie van zijn persoonlijke biecht als zondaar. Rousseau, daarentegen, gaat niet gewoon te biechten, hij beschrijft zijn innerlijke gemoedstoestand, het verhaal van zijn ziel. Uiteindelijk geeft hij zichzelf absolutie. Daarmee stapt de Fransman uit de traditie van het geloof: de absolutie is Gods genade, waarop de zondaar slechts kan hopen. Maar Jean-Jacques Rousseau kroont zichzelf tot zondaar en priester tegelijk. Hij mag dan naar religie verwijzen, zijn demarche toont dat hij het kader van de godsdienst verlaten heeft. Rousseau is een echt moderne denker: wat doorweegt, is hoe de schrijver zichzelf inschat. Daarmee legt Rousseau de basis voor een literair genre, en voor een ideaal over de levensstijl van de kunstenaar, dat nog altijd navolging krijgt.[44]

Ondanks zijn inspanningen om eerlijker dan wie ook te zijn, oogst Rousseau niet het beoogde, bewonderende effect. Zijn tijdgenoten zien hem als een fraudeur, als een manipulator die beter over zichzelf denkt dan gerechtvaardigd is. Dit heeft ermee te maken dat Rousseau toch een morele motivering suggereert voor zijn vroegere wangedrag. Als hij bijvoorbeeld in het verleden loog over het stelen van een lint, dan kwam dat door schaamte en een gebrek aan sociale vaardigheden. Hij deed het niet uit kwaadaardigheid of egoïsme. Daarmee geeft de filosoof de indruk vooral zichzelf vrij te pleiten, wat Diderots personage in *Le neveu de Rameau* helemaal niet doet. Rousseaus pogingen om eerlijk te zijn verwijderen hem uiteindelijk van de anderen. Tegelijkertijd verbindt hij authenticiteit aan politieke reflecties. In zijn politieke werken vraagt hij zich af hoe een samenleving mogelijk is waarin absolute eerlijkheid bestaat, waarin mensen hypocrisie, ijdelheid en eigenbelang laten varen, ten voordele van een algemeen belang dat ze oprecht nastreven. Rousseau veronderstelt dat er een echt, authentiek en deugdzaam zelf verborgen zit achter de maatschappelijk gestimuleerde hypocrisie die mensen tentoonspreiden. Zoals de mens in de natuurtoestand goed is, en door de cultuur wordt gecorrumpeerd, valt er een echt 'goed zelf' op te rakelen onder Rousseaus schijnbaar beschaafde – in wezen onoprechte – voorkomen.

Die kloof tussen Rousseaus vleiende zelfbeeld en de afwijzingen door anderen voedt Rousseaus paranoïde karaktertrekken.[45] Een ander autobiografisch werk, *Overpeinzingen van een eenzame wandelaar*, bevatten interessante aanwijzingen over de logica van een complotdenker. Rousseau vertelt hoe hij tijdens een wandeling ongelukkig botst met een razende hond en ten val komt. Omstaanders snellen hem te hulp. Maar juist hun aandringen om hem te helpen en hun vertrouwelijke toon wekken zijn argwaan. Daarop volgt een hele reeks gelijkaardige onaangename voorvallen waarbij anderen tevergeefs proberen hun goede bedoelingen te bewijzen. Rousseau verbindt dan enkele gebeurtenissen met elkaar: 'Maar deze keer ging ik verder. De opeenhoping van zoveel toevallige omstandigheden en de om zo te zeggen door het lot gewenste voorname positie van mijn meest wrede vijanden, al diegenen die de staat besturen, al diegenen die de publieke opinie leiden, al die hooggeplaatste personen en al die invloedrijke mannen, die met zorg zijn uitverkozen uit hen die een of andere geheime wrok jegens mij koesteren om deel te hebben aan de gemeenschappelijke samenzwering, deze algehele overeenstemming is te merkwaardig om zuiver toevallig te zijn. Eén man die weigerde eraan mee te doen, één voorval dat ertegenin druiste, één onvoorziene omstandigheid die er een belemmering voor vormde, zou voldoende geweest zijn om haar te doen mislukken. Maar alle beschikkingen, het noodlot, het toeval en alle ontwikkelingen hebben het werk der mensen bevestigd, en een zo opvallende samenloop van omstandigheden, die zweemt naar het wonderbaarlijke, kan er bij mij geen twijfel over laten bestaan dat het volledig succes ervan staat geschreven in de eeuwige raadsbesluiten. Een veelheid aan bijzondere waarnemingen, hetzij in het verleden, hetzij in het heden, sterkt mij zodanig in deze mening, dat ik niet kan nalaten om juist dát werk dat ik tot nu toe slechts zag als de vrucht van 's mensen boosaardigheid, voortaan te beschouwen als een van die voor het menselijk verstand ondoorgrondelijke geheimen des hemels.

Deze gedachte, die mij verre van ondraaglijk of pijnlijk is, schenkt mij troost en vrede en helpt mij te berusten. Ik ga niet zover als de heilige Augustinus, die zich ermee verzoend zou hebben verdoemd te zijn als dat de wil van God was geweest. Mijn berusting spruit weliswaar voort uit een minder onbaatzuchtige bron, die evenwel niet minder zuiver is en naar mijn mening mee recht doet aan het volmaakte Wezen dat ik aanbid.'[46]

Deze autobiografische tekst toont enkele typische kronkels van de complotdenker. Rousseau positioneert zichzelf als de enige deugdzame mens, terwijl hij de onwil bij anderen om zijn visies te ondersteunen alleen als kwaadaardig kan bestempelen. Daarbij weigert hij toeval te erkennen: achter contingente gebeurtenissen ontwaart hij verborgen verbanden. Dat hij die samenhang kan reconstrueren, beschouwt hij zelf als een knap staaltje kritisch denken. Rousseaus tekst geeft een goed inzicht in de emotionele beleving: de ontdekking van een samenzwering stelt hem gerust. Hij beseft dat dit contra-intuïtief is. Je zou verwachten dat zo'n vermoeden wreed of verscheurend is. Maar de gedachte troost en kalmeert hem, en helpt hem om zich bij de gebeurtenissen neer te leggen. De samenzweringstheorie begint met een onmachtgevoel en een zekere angst tegenover de boze buitenwereld ('wrede vijanden'), maar heeft uiteindelijk een geruststellend effect. Rousseau wil zich geen slachtoffer voelen van andermans manipulaties. Hij fabriceert zijn eigen verhaal, al is het geen vrolijke versie van de werkelijkheid. Maar hij kan die versie tenminste vertrouwen, omdat ze aan zijn eigen geest is ontsproten. Zo voelt het complot als een bevrijding: het verzacht de bittere pijn van de sociale miskenning die Rousseau doormaakt. Zijn verhaal brengen betekent een kleine herwinning van macht voor iemand die denkt dat andere mensen hem alleen willen benadelen. Hiermee krijgt de waanidee een belangrijke charme, die nog versterkt wordt door de morele pose die Rousseau zich kan aanmeten: hij is eenzaam, maar tenminste eerlijk en waarachtig.

Rousseaus waanconstructie beschermt hem tegen een zeer pijnlijke gedachte over de sociale miskenning: dat hij er in de ogen van het toenmalige establishment veel minder toe doet dan hij wil. In het slachtofferschap van het denkbeeldige complot schuilt dus een merkwaardige zelfoverschatting. Dat is precies de blinde vlek in Rousseaus denken, ondanks zijn intense pogingen om zichzelf beter te leren kennen. Deze vaststelling doet trouwens niets af aan hoe getalenteerd, origineel en filosofisch revolutionair deze denker is.

Rousseaus werk laat dus mooi zien hoe een diep verlangen naar zelfkennis, authenticiteit en waarachtigheid kan omslaan in waanconstructies, zodra andere motieven de overhand nemen, zoals een gevoel van onmacht verklaren en verzachten. Hoe scherp iemand motieven bij anderen kan ontwaren, is niet belangrijker dan de kracht om de eigen motieven goed in te schatten. Rousseau beschrijft belangrijke emotionele elementen van zulk complotdenken: achterdocht, machteloosheid en het verlangen om de bedreigende wereld toch te beheersen. Recent psychologisch onderzoek bevestigt deze kenmerken, en heeft de lijst met dwalingen van de geest aangevuld.

16

HEDENDAAGS COMPLOTDENKEN

Voor Rousseau volstaan enkele 'bijzondere waarnemingen' om buitengewoon ingewikkelde gedachten voort te brengen. De hedendaagse beeldcultuur vergroot de mogelijkheid om uit summiere aanwijzingen verregaande conclusies te trekken. Over de dood van Lady Diana in 1997, bijvoorbeeld, doen internetbeelden de ronde die voldoende aanwijzingen lijken te bevatten dat het officiële verhaal – een auto-ongeluk – niet klopt. Maar in werkelijkheid interpreteert de complotdenker die beelden reeds vanuit verwachtingen: de suggestie dat er verdachte dingen te zien zijn, gaat aan het beeldmateriaal vooraf.[47] De geest anticipeert de uiteindelijke interpretatie.

De menselijke geest is niet alleen tot geweldige denkprocessen in staat, maar begaat af en toe ook pijnlijke missers, die kunnen uitlopen tot geloof in samenzweringen.

Complotdenken veronderstelt nog andere opmerkelijke drogredeneringen.[48] Normaliter is de marginaliteit van een idee – ik ben de enige die een zaak zo bekijkt – een aanzet om extra kritisch te zijn. Wie op een druk perron als enige in een lege trein wil stappen, kijkt meteen naar het informatiebord. Maar voor de samenzweringsdenker geldt het omgekeerde. Aangezien hij zijn bevindingen juist tegen de stroom in ontdekt – tegen gevestigde berichtgeving in de media, bijvoorbeeld – versterkt zijn eenzaamheid zijn overtuiging. De marginaliteit van de mening garandeert dan haar waarachtigheid: dit is wat niet gezegd mag worden door de mainstream. Alsof slechts een eenzame verzetsheld de waarheid kan doorgronden. Wie het vermoede complot vervolgens ontkent, behoort dan tot de massa die, bewust of onbewust, naar de pijpen van de machthebbers danst.

De retorische strategie van de samenzweringsdenker is ijzersterk. In de retoriek speelt eerlijkheid van de spreker een grote rol. De pose van de spreker bepaalt de boodschap. Diverse presentaties van complotdenkers beginnen exact met die frase: 'Eerst geloofde ik de officiële versie van 9/11, maar dan heb ik de beelden bestudeerd – van de reactie van president Bush, van de ineenstortende torens – en ben ik tot andere conclusies gekomen...'

Wie met die samenzweringsdenkers in debat gaat, krijgt te maken met wat psychologen het *backfire effect* noemen: pogingen om foutieve informatie te weerleggen, hebben vaak het tegenovergestelde effect. Een overheidscampagne om correcte informatie te verspreiden, kan dus averechts werken. Dat geldt vooral naarmate de samenzweringsdenker vanuit zijn eigen ideologie of wereldvisie zijn theorie heeft geconstrueerd.[49] Onderzoek toont aan dat wie in één samenzweringstheorie gelooft, vatbaarder is voor andere samenzweringen.[50] Doorgaans onderschatten mensen hoeveel effect zo'n theorie heeft op hun gedrag: ze achten zich onafhankelijker dan ze zijn.[51]

Het onderscheid tussen een geloofwaardige theorie en een complottheorie blijkt uit de methodologie: welke bewijzen worden aangedragen? Welke positie neemt de onderzoeker in? Zoekt iemand tegenspraak op? Helaas hebben complotdenkers allerlei immunisatiestrategieën, denkpatronen die kritiek op hun complot bij voorbaat onmogelijk maken, en die onhoudbare paradoxen pareren. Bij het 'bevestigingsvooroordeel' kiest de onderzoeker uitsluitend stellingen die zijn theorie bevestigen. Andere informatie wordt over het hoofd gezien.[52] Het bewijsmateriaal dat zijn stelling rechtstreeks ondermijnt, brengt de complotdenker in diskrediet. En wie zulke bewijzen aanlevert maakt hij verdacht.[53] Dit is 'bronnenvergiftiging': een argument of een bewijs wordt geweigerd omwille van de persoon die het aanbrengt. Wie wijst op de onzin van een zionistisch complot is ofwel zelf Joods, ofwel een vriendje van Joden. Dit is misschien de meest hopeloze drogredenering, omdat ze de denker immuun maakt voor tegenwerpingen. Zo wordt de officiële versie alleen als een dekmantel gezien. Hoe kan de misleide burger de waarheid dan op het spoor komen? Dankzij de kleine foutjes die machtige manipulators toch begaan.[54] En wanneer ook de complottheorie weinig consistent blijkt, dan komt dat omdat machtige samenzweerders er voldoende in geslaagd zijn om de zaak te manipuleren. Kortom, wat er ook gebeurt, zowel de aanwijzingen als de weerleggingen van het complot bevestigen de samenzwering. Zoals wetenschappelijke bewijzen voor de evolutietheorie volgens sommigen het werk zijn van de duivel...

Volgens het gelijkheidscriterium moeten grootse gevolgen ook grootse oorzaken hebben. Het lijkt onmogelijk dat toeval tot enorme schade leidt, of dat slechts één persoon een rampzalige gebeurtenis teweegbrengt. Wanneer de gangbare theorie suggereert dat een gewone burger handelde, dat een 'eenzame wolf' een verschrikkelijke aanslag plande en uitvoerde, dan blijven de echte daders buiten schot.[55]

Samenzweringstheorieën trekken aan omdat de retoriek van de samenzweringsdenkers aanslaat: de eerlijke pose, de doorwrochte presentatie van argumenten, de opluchting bij het vinden van verklaringen. Maar zulke theorieën tieren ook welig in een wereld waarin de mensen gebukt gaan onder angst, en gekweld worden door ellendige ervaringen van onmacht.

Bij bevolkingsgroepen die in autoritaire regimes leven, komen samenzweringsdenkbeelden vaker voor, zij zijn meer geneigd om andere groepen de schuld te geven voor problemen die binnen de groep worden ervaren.[56] In meer democratische samenlevingen kampen mensen die in samenzweringen geloven met een groot wantrouwen tegenover autoriteit, een lager zelfbeeld en sterkere gevoelens van onmacht. Politiek cynisme is, in het beste geval, hun deel.[57] Vooral wie een sterker gevoel heeft dat hij of zij niet kan handelen in de wereld, dat hij er niet toe doet, neemt sneller samenzweringstheorieën aan. De 'ontdekking van het complot' geeft een gevoel van identiteit. Een zwak gevoel van eigenwaarde kan omslaan in een superioriteitsgevoel. Maar de realiteitszin vermindert aanzienlijk. Drogredeneringen helpen niet om het onmachtsgevoel werkelijk te doen verdwijnen. Samenzweringsdenkers willen soms een aanzet tot verandering geven, maar raken verstrikt in hun onmachtgevoelens.[58]

Overigens komen die samenzweringstheorieën niet altijd van geïsoleerde individuen. Soms komen lege verdachtmakingen van invloedrijke, al dan niet autoritaire, politieke leiders. Het politieke gebruik van complottheorieën dient dan een politiek doel, namelijk invloed verwerven. Twee aspecten van complotten komen hierin samen: dat ze haaks staan op echt wetenschappelijk onderzoek, en dat ze ingrijpende, rampzalige politieke effecten hebben.

In de loop van 2014 beschuldigde de Turkse president Erdogan een aantal Turkse schrijvers, zoals Orhan Pamuk, ervan deel uit te maken van een internationale literaire lobby die Turkije wilde verzwakken.[59] Hij suggereerde dat er een internationale samenzwering was tegen de Turkse regering. Tegelijkertijd was er bij Erdogan geen gebrek aan ambitie. De Turkse president liet een paleis bouwen dat vijftigmaal zo groot is als het Amerikaanse Witte Huis. Hij noemde de derde brug over de Bosporus de Yavuz Sultan Selimbrug. Selim I was een soennitische sultan die het Ottomaanse rijk uitbreidde tot aan Syrië, Saoedi-Arabië en Egypte, en die de Ottomanen tot de leiders van de moslimwereld benoemde. Bij Erdogans beschuldigingen, zijn zelfbeeld en tomeloze ambitie komen nog zijn originele interpretaties van de geschiedenis. Op een bijeenkomst van moslimleiders in Latijns-Amerika beweerde hij dat moslims Amerika reeds in de twaalfde eeuw ontdekten, drie eeuwen vóór Columbus. Er was, volgens de Turkse president, zelfs wetenschappelijk bewijs voor! Moslims die aan deze beweringen twijfelden hadden te weinig zelfvertrouwen, ging de president onverstoorbaar verder. Die moslims miskenden wetenschappelijke feiten en waren geïndoctrineerd door westerse verlakkers. En dus wilde Erdogan dat kinderen over de moslimontdekking van Amerika leerden. Alleen klopte zijn verhaal niet: wat hij wetenschappelijke aanwijzingen noemde, zijn twijfelachtige interpretaties. In werkelijkheid was er geen spoor van een moskee op de Amerikaanse kust te bekennen. Geen christelijke, westerse of moslimwetenschapper die maar een begin van een bewijs kon voorleggen.

Om wetenschap is het Erdogan niet te doen, hij maakt vooral een politiek statement. Wat wil hij zeggen? Dat het Westen een heel continent aan moslims heeft ontnomen? Dat een trotse Turk wrok moet koesteren tegenover het Westen? Of dat het tijd wordt dat moslims hun grootsheid van het verleden herwinnen?

Erdogans aanslag op de definitie van wetenschappen is politiek gevaarlijk. In een vrije, democratische samenleving leidt wetenschappelijk onderzoek juist tot de relativering van mythen uit het verleden. Maar Erdogans schijnbaar wetenschappelijk bewijs wordt aangevoerd om zijn complottheorie te staven: romanciers en pseudowetenschappers trekken rookgordijnen op om moslims te verknechten. Tekenend voor complotdenken is dat de waanconstructie iemand toch toelaat beter over zichzelf te denken dan gerechtvaardigd is, ondanks een schijnbare nederlaag.

Hier speelt een verwarring over wetenschappelijk denken. Vrije wetenschappers leren om feiten te aanvaarden zoals ze zijn. Ze doen dat zelfs wanneer die feiten de vermeende grootsheid van de eigen cultuur of natie ondergraven. De confrontatie met de realiteit kan pijnlijk zijn voor het zelfbeeld, ook van een groep. Waarachtigheid vereist juist de moed tot zulke confrontaties. Wetenschappelijke geschiedenis legt soms het gruwelijke verleden bloot: de genocide van de indianen in Amerika, de massale misdaden tegen de menselijkheid door de Belgische Koning Leopold II in Congo, de vergeten graven met slachtoffers van het Franco-regime, de Holocaust in Europa tijdens de Tweede Wereldoorlog. Zulke pijnlijke wetenschappelijke inzichten hebben niets met een gebrek aan waardigheid of trots te maken. Integendeel, het eergevoel van de wetenschapper ligt in de waarachtigheid van zijn onderzoek, niet in de gefantaseerde grootsheid van de resultaten. Het is een moeilijke oefening, hoe wakker je een liefde voor waarachtigheid aan, zelfs al brengt die slecht nieuws voor je zelfbeeld? Al brengt de wetenschap soms confronterende bevindingen, ze is de meest efficiënte manier om er – hier en nu –

wat van te maken. Vrij onderzoek is dus wat een politicus zou moeten bevorderen. Helaas maken autoritaire leiders elke historische interpretatie tot een ideologische positie, tot een keuze 'voor' of een aanval 'tegen' de eigen groep. Die houding staat haaks op de politieke idealen van moderniteit.

De wetenschappelijke geest berust op universaliteit. Er is helemaal geen 'moslimwetenschap', die tegengestelde resultaten zou bereiken aan een 'westerse wetenschap'. Deze discussie herinnert aan de idee van een 'Joodse wetenschap' voor de Tweede Wereldoorlog: alsof feiten veranderen afhankelijk van wie ze beschrijft. Wetenschappelijke feiten hebben door de tijd heen hun geldigheid bewezen. Geen enkel cultuurrelativisme kan ze ongedaan maken. Wetenschappelijke kennis kan aangevuld worden of weerlegd, maar niet ondermijnd omwille van de culturele achtergrond van de wetenschapper. Wie zoiets zou beweren, mist de essentie van wetenschappelijke kennis.[60] Daarbij richt kritisch denken zich niet alleen op de ander. Het gaat er ook om de blinde vlek in de eigen redenering te vinden. Zelfkritiek maakt evengoed deel uit van het kritische arsenaal als de diepzinnige analyse van de ander.

De effecten van het internet

Wat de kwaliteit van informatie betreft, veroorzaakt het internet een nieuw probleem. De impact van internet op het politieke leven is een recent onderzoeksonderwerp. In wat volgt, stip ik slechts enkele elementen aan. Er is geen boosaardige geest nodig die de wereldgemeenschap wil sturen, om wantrouwen te creëren via het net. Een achterdochtige of dogmatische geest volstaat om foute informatie de wereld in de sturen. Internetgebruik kan op die manier de verspreiding van samenzweringstheorieën doen toenemen. Dat heeft met techniek te maken, maar ook met de verbetenheid die nodig is om een boodschap te verspreiden. Op het internet kunnen zelfverklaarde onthullers van de waarheid quasi onbeperkt filmpjes plaatsen. Ze kunnen suggestieve aanwijzingen in de beelden monteren, die voor degelijk bewijsmateriaal doorgaan. Wie via het internet iets te weten wil komen, kan wel het gevoel hebben dat hij de controle heeft over een analyse, maar dat is vaak niet het geval. De complottheorieën worden soms op een heel professionele manier gebracht, de retoriek van de bedenkers is erg wervend, daarbij komt dat meeste internetgebruikers bij een aantal uitverkoren sites blijven hangen, zodat het tegensprekelijke debat niet plaatsheeft. Bovendien werkt het internet die eenzijdigheid zelf in de hand. Eerdere zoekacties op zoekmachines zorgen voor een selectie, waardoor de informatie die de internetgebruiker vindt, steeds meer in zijn straatje past. Het internet als technisch medium versterkt het bevestigingsoordeel doordat mensen zelf hun zoektermen kiezen. Om exacte informatie te krijgen, voegen ze niet-neutrale termen toe.[61] Op Facebook kan een bezoeker alleen 'like' aangeven, alleen wat hij dus graag heeft, en vaak wat zijn denkkader bevestigt, maar de waarachtigheid van een stelling laat zich niet door bijval meten.[62]

Omdat het internet veel niet-mainstreaminformatie opneemt, heeft het een grotere geloofwaardigheid bij gebruikers die de officiële berichtgeving wantrouwen. In augustus 2014 tweette Yasmina Haïfi, een medewerkster van de Nederlandse PvdA, dat de fundamentalistische moslimgroep ISIS helemaal niet gerund werd door moslims; ISIS was een creatie van Israël om de islam zwart te maken. Toen er een storm van protest opstak, rechtvaardigde Haïfi haar tweet door te stellen dat die het gevolg was van urenlang surfen op het internet. Dat ze op het internet informatie had gevonden die – uiteraard – niet door westerse media werden gebracht, maakte het voor haar geloofwaardig.

Wetenschappers, of mensen met gespecialiseerde kennis, doen op het internet helaas minder moeite om onzin te ontmaskeren, dan pseudowetenschappers tijd en energie spenderen om hun boodschap te promoten. Dat leidt tot een overaanbod aan nonsens waardoor een onwetende gebruiker zich een weg moet banen. Daarbij kan een kleine, erg gemotiveerde groep door de structuur van het internet een groot effect hebben op wat als overtuigend of waar wordt gezien.[63]

Maar gelukkig zijn er ook positieve democratische effecten van internetgebruik. Burgerjournalistiek kan de foute beweringen van de traditionele media bijsturen. Zo roept Indymedia op om de media niet te verafschuwen, maar om de media te worden.

Ook professionele onderzoeksjournalisten verzamelen data via het internet. Ze werken steeds meer internationaal samen om gegevens te verzamelen: het International Consortium of Investigative Journalists (ICIJ) is zo'n netwerk van onderzoeksjournalisten. Het bracht onder meer LuxLeaks en SwissLeaks voort. Door het internet te gebruiken, berust deze journalistiek minder op individuen die tegen een journalist uit de school klappen, zoals de klokkenluider Mark Felt (alias 'Deep Throat'), die Woodward en Bernstein tips gaf over Nixons manipulaties. Veel gewone burgers kunnen beter en meer deelnemen aan publieke debatten dan voordien het geval was. Privégesprekken worden steeds meer publiek gevoerd. Het resultaat is dat politici het moeilijker hebben om delicate informatie lang geheim te houden. Een goed voorbeeld is het lot van de Spaanse regering-Aznar na de bomaanslag in Madrid, vlak voor de parlementsverkiezingen in 2005. De regering wist meteen dat de daders leden waren van Al Qaida, en dus niets met de Baskische afscheidingsbeweging ETA te maken hadden. De aanslag was een vergelding voor de Spaanse deelname aan de Amerikaanse inval in Irak, en de regering had er dus alle belang bij om de ware toedracht te verbergen. Slechts drie dagen moest de regering kunnen volhouden dat ze aanwijzingen had voor een ETA-aanslag, om de verkiezingen te overbruggen. Maar dat bleek te lang: de informatie over Al Qaida lekte uit, en Aznar en zijn Partido Popular konden vertrekken.

Zelfs voor machtige instanties is het zeer moeilijk om het nieuws te controleren, zeker naarmate de tijd verstrijkt. De idee dat bepaalde machtige groepen dus de touwtjes in handen hebben, is onwaarschijnlijker dan ooit. Dat is de paradox: het internet zet aan tot geloof in samenzweringen, terwijl het medium de vrije toegang tot informatie bevordert en effectieve samenzweringen juist minder waarschijnlijk zijn.

Kritisch het politieke bedrijf bestuderen, dat is een gezonde democratische reflex. De postmoderne denkers voeren die eis verder door: ze nemen fundamenteel wantrouwen over anderen als leidraad. Complotdenkers gaan nog verder in dat wantrouwen, en tasten zo de democratie zelf aan. Zowel de postmodernen als de complotdenkers ontberen, in al hun ontmaskerende radicaliteit, vooral zelfkritiek en zelfreflectie. Alleen zijn bescheidenheid en zelfkennis ook essentieel voor de democratie. Een Verlichtingsdenker als Diderot kijkt in de eerste plaats erg kritisch naar zichzelf. En Bernard Williams toont dat je precies vanuit de filosofie van Friedrich Nietzsche, die vaak en paradoxaal genoeg geldt als de grote inspirator van de postmodernen, een waarachtigheidseis kan formuleren waaraan geen enkel kritisch discours mag verzaken.

EPILOOG

Na de terreuraanslagen in Parijs is de angst bij zowat iedereen toegenomen. Moslims vrezen om als gevaarlijke terroristen te worden behandeld. Bij de Joodse bevolking overheerst angst voor antisemitische aanslagen. Met de angst sluipt de autocensuur binnen. Journalisten en cartoonisten zijn bang om ludieke of kritische stukken te publiceren over de islam.[1] De oplossing om die angst weg te nemen ligt niet in een zwijgplicht. Sommige conflicten verdienen het om niet vermeden te worden. Spanningen zijn trouwens inherent aan politiek. Wie zich gekwetst voelt, moet zijn huid dikker en harder maken; wie zich aangevallen voelt, moet zich met democratische middelen verdedigen. Gauchets idee over metafysische gelijkheid als basis voor de democratie is ook hier relevant. Die gelijkheid laat meningsverschillen toe en structureert de conflicten tussen burgers: niemand kan zich beroepen op het goddelijke. Een belediging beantwoord je niet met geweld. Zo'n reactie stamt uit een ander tijdperk, een andere erecode, een andere visie op de samenleving. Misschien gingen de Fransen die zondag in januari 2015 ook de straat op voor het principe dat niemand persoonlijk wraak mag nemen voor een belediging: het monopolie van het geweld behoort aan de staat. Die dag werden politieagenten gefeliciteerd, omhelsd, gekust.

Wie deelneemt aan het publieke debat, ervaart wellicht angst voor de moraliserende stempel die iemand meteen tot schurk veroordeelt, zonder dat er nog een inhoudelijk argument kan volgen. Termen als 'islamofoob', 'racist' en 'reactionair' worden nogal gemakkelijk gebruikt om af te rekenen met een kritische mening.

Deze moralisering van het debat is typisch voor een politiek klimaat dat conflicten niet meer politiek kan denken. De democratische pluraliteit komt in het gedrang, de andere visie krijgt geen plaats meer. De politicologe Chantal Mouffe heeft dit vlijmscherp geanalyseerd als 'politiek in het register van de moraal': 'We moeten ons bewust zijn van het perverse mechanisme dat bij dit soort moralistische reacties in het spel is. Dit mechanisme bestaat erin in de eigen goedheid te bevestigen door het kwade bij anderen te veroordelen. Het kapittelen van anderen is altijd een even krachtige als eenvoudige methode geweest om zich een hoog beeld te verschaffen van de eigen morele verdienste. François Flahaut heeft deze vorm van zelfidealisering onder de naam "puritanisme van het goede gevoel" scherpzinnig geanalyseerd. Hij omschrijft die als volgt: "oreren over je eigen goede daden, sympathiseren met de slachtoffers, uitdrukking geven aan je verontwaardiging over de verdorvenheid van anderen." Volgens Flahaut is dit soort zelfidealisering in ons utilitaristisch en rationalistisch tijdperk voor mensen de enige nog resterende mogelijkheid om aan de eigen middelmatigheid te ontsnappen, het kwaad van zich af te werpen en een vorm van heroïsme te herontdekken. Dit verklaart ongetwijfeld de almaar groter wordende rol van het moralistisch discours in onze postpolitieke samenlevingen. Wat deze verandering in vocabulaire laat zien is niet, zoals sommigen zouden willen, dat politiek is vervangen door moraal, maar dat het politiek spel gespeeld wordt in het morele register. In deze zin zou ik het begrip "moralisering van de politiek" willen verstaan – dus niet dat de politiek moreler zou zijn geworden, maar dat men vandaag politieke antagonismen in termen van morele categorieën formuleert.'[2]

Wie toch wil deelnemen aan het debat moet dus beseffen dat sommige critici perfect geschikt zijn voor een leerstoel 'Hedendaagse Inquisities'. Dat is een spijtige vaststelling, maar het zou niemand mogen tegenhouden om vrij te spreken en kritiek te spuien. Want het doel van de moralisering is intimidatie. Die strategie werkt helaas wel: mensen zijn gevoelig voor de morele status die ze toegedicht krijgen. Maar je integriteit hangt af van de methode, van de argumentatie, van de doelstelling van je werk. En niet van de naam die iemand je toeslingert. Hier past de wijsheid van Socrates: je beslist zelf welke woorden je aanvaardt en welke je weigert. Toen iemand aan de Griekse wijsgeer vroeg of een lasteraar hem had beledigd, antwoordde hij volgens Diogenes Laërtius rustig: 'Neen, want wat hij zegt, slaat niet op mij.'

Waarheid en weerbaarheid

Het is belangrijk om burgers intellectueel weerbaarder te maken. Het onderscheid tussen feiten en opinies moet scherp zijn. George Orwell stelde terecht dat wanneer de idee van waarheid zelf verdacht wordt, elke morele en politieke grond verdwijnt. Na de nazistische en communistische ontsporingen wantrouwen postmoderne intellectuelen de 'Waarheid'. Ze willen de grote, in hun ogen totalitaire waarheidsaanspraken afschaffen, en zo de meest gevaarlijke totalitaire dreiging een halt toeroepen. Zo werd de ironische lichtvoetigheid het adequate middel om de ernst te ondermijnen waarmee anderen de waarheid nastreven en zekerheden verkondigen. Met het einde van het geloof in de waarheid, zou ook elk conflict over waarheid verstommen. Maar zo werkt het duidelijk niet. Uiteindelijk hebben alleen machthebbers en fanatici belang bij voortdurende verwarring en relativering.

Het waarheidsprobleem betreft niet alleen pseudowetenschappen of gekke persoonlijke overtuigingen, maar heeft ook politieke gevolgen. Geloven dat een dictator massavernietigingswapens heeft of niet, dat geheime diensten aanslagen plegen tegen journalisten of niet, dat klimaatverandering plaatsvindt of niet, dit zijn de wezenlijke politieke vragen. Niemand beweert trouwens dat er een absolute waarheid is. Zelfs wetenschappers beschouwen hun stellingen als partiële waarheden. Dat belet niet dat er voor sommige stellingen meer argumenten zijn dan voor andere. In geen geval volgt de conclusie dat elke opinie evenveel waard is. Bernard Williams geeft enkele indicaties om nietszeggend relativisme te vermijden: de deugden *accuracy* (nauwkeurigheid) en *sincerity* (oprechtheid) geven een grens aan en fungeren als een richtlijn. Is de informatie nauwkeurig genoeg, is de bron oprecht genoeg? Williams' genealogische methode laat ook toe om naar de waarden zelf te peilen: waarom vinden we authenticiteit belangrijk? Waarom hechten we toch aan waarheid? Wie kritisch in de wereld wil staan, moet ook kritisch naar zichzelf kunnen kijken.

Verlichting en democratie

Techniek en wetenschap zijn twee verschillende domeinen. Ze hebben ook andere politieke effecten. Dictatoriale regimes hebben de techniek altijd verwelkomd, maar de wetenschappelijke waarheid en methode verafschuwd. Techniek dient om mensen te onderwerpen aan het maakbaarheidsideaal. Voor elk dictatoriaal of totalitair systeem is de vrijheid om wetenschappelijke waarheid of waarachtigheid na te streven weer een directe bedreiging van de dictatuur. Zo'n regime wil altijd meteen het onderzoek naar geschiedenis, politiek, taal, literatuur en kunst beknotten.

Die verwarring tussen wetenschap en techniek kenmerkt Heideggers denken: hij stelt ze op één lijn. Heel wat filosofen zijn hem daarin gevolgd. Bij de recente onthullingen van zijn *Zwarte schriften* blijkt er heel wat aan de hand te zijn. Heideggers visie op de geschiedenis van de filosofie en zijn kritiek op de Verlichting worden gevoed door antisemitisme en antidemocratische intenties. Zo is Heideggers deelname aan het nationaalsocialisme niet alleen een probleem voor biografen of historici, maar ook voor filosofen. Uit de filosofische benadering van zijn 'zijnsgeschiedenis' volgt ook een intellectuele verarming: alsof het niet meer de moeite zou zijn om het oorspronkelijke werk van denkers als Descartes, Spinoza, Hume, Lessing, Kant, Diderot, Voltaire of Rousseau te bestuderen. Natuurlijk scheiden heel wat verschillen ons nu van die periode uit de geschiedenis, maar het is een verrijking om die verschillen met een open geest te kunnen denken, de actualiteit beter te begrijpen, en tegelijkertijd een arsenaal aan ideeën te vinden voor de uitdagingen van vandaag de dag.

Kennis van het verleden

Zonder inzicht in het verleden tasten we in het duister over heden en toekomst. '*Le passé n'eclairant plus l'avenir, l'esprit marche dans les ténèbres*,' voorspelt Alexis de Tocqueville.[3] Maar welke visie op het verleden verhoogt de weerbaarheid? Ik bespeur grosso modo twee houdingen bij de postmoderne denkers, die allebei weinig hulp bieden. Een eerste insteek kijkt naar het verleden vanuit een actuele morele keuze: de postmoderne denker laat zich niet meer tot grote ideologieën, tot gedweep met wimpels en tradities verleiden. Dan vraagt het verleden de lichtvoetige, ironische aanpak. Dit is niet onproblematisch: de postmoderne denker mag dan *cool* zijn positie bepalen, maar de nazi's waren '*real people, you know*', zoals iemand tegen Friso zegt in *De Republiek*. Het verleden was echt, en verdient ernstige wetenschappelijke analyse. Daarbij is die ironische positie uiteindelijk onhoudbaar. Er zijn nog steeds heel wat mensen die hun ideeën voor absoluut waar aannemen, en ze nog altijd fel verdedigen. Zelfs tot de dood. Ironische omstaanders hebben er geen antwoord op.

Een andere houding aanschouwt het verleden als een *moral memory palace*, zoals Tony Judt het typeert, het verleden wordt alleen herinnerd als een bron van lijden: 'In plaats van geschiedenis te leren aan onze kinderen, wandelen we met hen door musea en gedenkplaatsen. Erger nog, we moedigen hen aan om het verleden, en zijn lessen, vanuit het lijden van hun voorouders te zien. Vandaag is de "gemeenschappelijke" interpretatie van het recente verleden bijgevolg een veelheid aan fragmenten van gescheiden verledens, elk van hen (Joods, Pools, Servisch, Armeens, Duits, Aziatisch-Amerikaans...), gemarkeerd door het eigen, aparte en assertieve slachtofferschap.'[4] In een vreemde rivaliteit voor het ergste slachtofferschap luiden de vragen van deze geschiedschrijving: wie werd door wie benadeeld; wie is het diepst gekwetst; wie heeft het meest geleden?

Uiteraard ontdekt historisch onderzoek vreselijke gebeurtenissen. Maar die moeten herinnerd en geanalyseerd worden: de oorzakelijke verbanden blootgelegd, de ervaringen en beslissingen moeten beter worden begrepen, niet alleen gevoeld. En zeker niet negatief gevoeld – als een vernedering, een belediging, een verwijt, een tekort, een niet-inlosbare schuld. De spinozistisch-nietzscheaanse les luidt dat er uit dergelijke negativiteit niets positiefs zal voortkomen. Wie verlamd is voor de angst voor herhaling, is niet méér, maar mínder in staat om een nieuwe rampspoed te voorkomen.

Voorstanders van het neoliberalisme verkiezen dan weer om het verleden te minimaliseren, alleen het heden of de zeer nabije toekomst zijn van belang. De enige relevante vraag luidt: *What's next*? Geen enkel succes is definitief verworven. Elke positie is een broos moment in een harde competitie. Daarom is er amper een gelegenheid om even uit de race te stappen. De Franse filosoof Jean-François Mattéi wijst erop dat 'school' van het Griekse '*scholè*' komt en 'moment' betekent: even stopt de gang van de wereld, even neemt de denker afstand. Daarvoor lijkt er steeds minder plaats: scholing is training geworden. Het verleden reconstrueren lijkt tijdverlies. Bij een auteur als Ayn Rand is de geschiedenis geen verrijking, maar ballast.

Toch vallen er, voor wie achter de schermen kijkt, raadgevingen te sprokkelen uit de 'neoliberale' succesverhalen. Steve Jobs converseerde elke avond tijdens het diner met zijn partner en kinderen over geschiedenis, politiek en cultuur. Telefoons en andere apparaten werden van tafel geweerd. Jobs en zijn vrouw zagen er sowieso op toe dat het technologiegebruik thuis beperkt bleef. De kinderen hadden zelfs geen iPads. Steve Jobs besefte maar al te goed dat een mens niet aan de geschiedenis ontsnapt, en dat het verleden noodzakelijk is om het heden te begrijpen.

Zelfs marketingteams zien in dat de moderne mens niet geheel uit het verleden stapt. Het Franse modehuis Hermès lanceert in 2015 een modelijn met het thema '*La flânerie*' en zet de Verlichtingsdenkers Voltaire en Rousseau op zijn producten. De felle polemist Voltaire past perfect bij de strijdvaardige houding van *Charlie Hebdo*: de strijd tegen bijgeloof en afgoden, tegen fanatici en intolerantie en voor de vrijheid van meningsuiting is de hoeksteen voor hun beider demarche. En de verwoede wandelaar Rousseau schrijft dat de mens de kunsten en de wetenschappen gebruikt voor zijn eigen ijdelheid en winstbejag. De prachtige natuur inspireert hem tot de metafoor voor deze felle aanklacht: de cultuur 'drapeert bloemenslingers rondom de ijzeren ketenen waarmee wij zijn vastgebonden'. Die prachtige ketenen leren mensen van hun slavernij te houden terwijl ze hen veranderen in 'beschaafde mensen'. Hermès nodigt zijn klanten uit om kritisch te denken en om zich te ontdoen van de ketenen van de consumptie. Mooi toch?

Tegelijkertijd illustreren deze filosofische luxeproducten perfect wat neoliberale of kapitalistische 'commodificatie' betekent: dat werkelijk elk voorwerp een commercieel artikel kan worden. Zo'n Rousseau-sjaaltje geeft de consument het gevoel dat hij een deel wordt van de wondere wereld van het denken, zonder dat hij zich hoeft in te spannen. Lezen, uitzoeken en nadenken is niet meer nodig, een gedistingeerd stukje textiel om de hals slaan en hij kan creatief beginnen met wandelen. Maar de intellectueel weerbare burger loopt die winkel voorbij, hij leest, denkt, voert gesprekken over filosofen, en laat tijdens een wandeling de ideeën de vrije loop.

Gevoelens van macht

De Verlichting als filosofisch project betekent meer dan de herleiding tot de berekening, de rationaliteit, het schijnbaar almachtige ego. Het is een vooroordeel dat 'Verlichting' de zelfgenoegzaamheid bepleit van de mens, die de natuur slechts ziet als een instrument voor zijn doeleinden, en zich meester van de wereld waant.

Kijk naar Spinoza, hij neemt juist afstand van wie gelooft in de almacht van de mens over zichzelf of over de wereld. 'De meesten die hebben geschreven over gevoelens en de manier van leven van de mens, lijken het niet over natuurlijke dingen te hebben die de gewone wetten van de natuur volgen, maar over dingen die buiten de natuur vallen. Sterker nog, ze lijken de mens in de natuur als een imperium binnen een imperium op te vatten. Ze geloven namelijk dat de mens de orde van de natuur eerder verstoort dan volgt, dat hij de absolute macht over zijn eigen daden heeft en dat hij door niets anders dan door zichzelf wordt bepaald', noteert hij in de *Ethica*.[5]

Spinoza bouwt voort op Descartes' poging om de wetenschappen in de filosofie te introduceren: ook wijsgerige stellingen moeten en kunnen de zekerheid van de wiskunde benaderen. Dan brengt Spinoza de beperkingen van de mens in kaart vanuit zijn naturalisme: de mens maakt deel uit van de goddelijke natuur en kan volgens de natuurwetten worden begrepen. Maar tegelijkertijd wordt de mens ook door de uiterlijke omstandigheden overtroffen. Het ligt niet in de macht van de mens om dat volledig te veranderen. Zelfkennis betekent juist dat je je eigen beperkingen goed kan inschatten. Maar omdat de mens toch een deeltje is van God, en dus een beetje oorzaak van zichzelf is (*causa sui*), is hij ook vrij. Of beter, in de mate dat een mens vrije oorzaak is van zijn handelen, is hij vrij. Hoewel hij het inzicht in de beperkingen cruciaal vindt, legt Spinoza de nadruk op de vrijheid die elke mens wel kan verwerven. Het vertrekpunt is dus niet een onoverbrugbaar tekort, maar de mogelijkheden die de mens wél heeft.

Voor het besef dat de mens opgenomen is in een groter geheel dat hij niet helemaal controleert, of hoeft te controleren, is Heideggers filosofie overbodig. Spinoza's 'intellectuele liefde voor God' (*amor Dei intellectualis*) is niet alleen als een theoretisch inzicht, maar een reflectief moment waarop de eigen plaats in de wereld op een bepaalde manier verschijnt. Voor Spinoza staat méér wetenschappelijke kennis daarbij helemaal niet haaks op een dieper aanvaarden van de werkelijkheid. De intuïtieve kennis is dus geen mystieke vereniging met God (of God/Natuur). Ze omvat juist een sterk zelfbewustzijn: dankzij de intuïtieve kennis slaagt de mens erin om de kennis over God op het dagelijks leven te betrekken: 'Op de enkelvoudige dingen die we ons onderscheidener en levendiger verbeelden.'[6]

Spinoza is evenmin een al te grote pleitbezorger van het rationalisme. Dat is juist zijn kritiek op de stoïcijnse filosofen, zoals Seneca, en op Descartes. Zo meent Spinoza dat een redelijke kennis van goed en kwaad niet volstaat om gedrag te veranderen: 'Ware kennis van goed en kwaad kan geen enkel gevoel beperken voor zover ze waar is, maar alleen voor zover ze als gevoel wordt beschouwd.'[7] Spinoza stelt dus een beperking aan de rede: de mens doet vaak het slechtere, al ziet hij het goede. Toch heeft 'iedereen de macht zichzelf en zijn gevoelens, zo niet absoluut dan toch voor een deel helder en onderscheiden te begrijpen. Ieder kan er dus voor zorgen dat hij er minder onder lijdt.'[8]

De idee dat de mens geen essentie heeft, maar onbepaald is, wordt door postmoderne filosofen als een belangrijk inzicht neergezet. Maar ook die gedachte is in allerlei varianten al even oud als de filosofie zelf. Spinoza formuleert gelijkaardige gedachten: 'Mensen kunnen in natuur verschillen voor zover ze worden gekweld door gevoelens die aandoeningen zijn; in zoverre is ook een en dezelfde mens wisselvallig en onstandvastig.'[9] Mensen hebben misschien de indruk dat ze altijd dezelfde zijn, maar vanuit Spinoza's naturalisme valt er evenmin een essentie als een onveranderlijkheid op te stellen. Daarbij begrijpen mensen vaak de motieven niet die hen drijven.

In de bestrijding van de onmacht, is Spinoza's filosofie een fenomenale hulp. Hij leert dat niemand vanuit 'droeve passies' aan zichzelf of anderen een dienst bewijst. Onder droeve passies verstaat hij medelijden, schaamte, schuld, verontwaardiging, wraakzucht, haat en angst.[10] Daar komt niemand mee verder. Wat meer zelfkennis, kritische methode en de volharding om angst te overwinnen, dat hebben we nodig.

NOTEN

INLEIDING

1 Leonard Cohen leest dit gedicht tijdens een interview met de journaliste Helle Vaagland voor de Noorse televisiezender NRK in 2006 naar aanleiding van haar vraag over de aanslagen van 11 september 2001 in New York. Op 2 maart 2009 publiceert hij een langere versie van dit gedicht als 'A Street' in *The New Yorker*.

2 Zie Val, Ph., (2015), *Malaise dans l'inculture*, Paris: Grasset.

3 De term 'islamofoob' smoort elke kritiek op religie in de kiem. Hij werd ingevoerd door de Organization of Islamic Cooperation (OIC), een alternatieve Verenigde Naties van 5 moslimlanden. Die organisatie voert een ideologische strijd tegen een kritisch debat over de islam. De OIC heeft ook een watchdog-functie: schrijvers, academici, journalisten die over extremisme binnen de islam durven spreken, moeten worden bestreden. De invloed van de OIC reikt ver. Ook progressieve, liberale denkers in het Westen nemen de term 'islamofobie' over. Ze verwarren kritisch denken over godsdienst met racisme, met (zelf)-censuur als gevolg: wil je de beschuldiging van racisme vermijden, dan kan je beter over de islam zwijgen. Natuurlijk moeten minderheden worden beschermd en discriminatie worden bestreden, maar de term 'islamofobie' werd bedacht om de positie van autoritaire leiders te versterken, niet die van arme, achtergestelde moslims.

4 Zie het artikel van Mignot, J.-F., Goffette, C., (2015), 'Non, *Charlie Hebdo* n'est pas obsédé par l'islam', in *Le Monde*, op 24 februari 2015.

5 Zie de 'Mise au point' van het tijdschrift *Marianne*: '*Nous ne nous laisserons pas intimider*' (*Marianne*, 5 juni 2015, p. 6): na artikelen over islamisme werden journalisten niet alleen beledigd, maar ook bedreigd. De redactie schakelde de autoriteiten in om haar personeel te beschermen, en zette na de aanslag op *Charlie Hebdo* de tekst '*Continuons le combat!*' op de cover.

6 Uit de Arabische wereld komen ook heel andere geluiden: intellectuelen die oproepen tot een revolutie binnen de islam, en pleiten voor een andere relatie tussen islam en politiek: http://www.huffpostmaghreb.com/2015/01/16/petition-charlie-hebdo-intellectuels-laics-musulmans-mobilises_n_6486262.html.

7 Sloterdijk, P., (2015), 'La réponse des Français à ce crime est une prouesse', in Truong, N. (éd.), *Penser le 11 janvier*, Paris: L'Aube, p. 20.

8 Zo beschouwt Jacques Julliard de betoging, en hij hoopt dat Frankrijk snel met die traditie breekt. Julliard, J., (2015), 'Un mai 68 de la sensibilité', in Truong, N. (éd.), *Penser le 11 janvier*, Paris: L'Aube, p. 13.

9 Rosanvallon, P., (2015), 'Une communauté d'effroi ne fabrique pas l'unité nationale', in Truong, N. (éd.), *Penser le 11 janvier*, Paris: L'Aube, p. 31.

10 Emmanuel Todd, naar aanleiding van zijn boek over de gebeurtenissen rond *Charlie Hebdo*, in *Le Nouvel Obs*, 29 april 2015.

11 Voor slachtofferschap van moslims na zulke aanslagen, zie Roy, O.,

(2015) 'La peur d'une communauté musulmane qui n'existe pas', in Truong, N. (éd.), *Penser le 11 janvier*, Paris: L'Aube, p. 94.

12 In maart 2012 pleegde de Frans-Algerijnse Mohamed Merah een aantal aanslagen op één dag in Toulouse en Montauban, waarbij zeven mensen omkwamen: drie militairen en vier burgers, van wie drie kinderen in een Joodse school. Merah schoot zijn slachtoffers in koelen bloede neer, en verschanste zich daarna in een appartement, waar hij door de politiediensten werd doodgeschoten. Merah beriep zich op Al Qaida, en zou naar Afghanistan en Pakistan gereisd zijn.

13 In zijn commentaar op de gebeurtenissen herinnert Rony Brauman eraan dat niet alles mocht: tekenaar Siné werd door *Charlie Hebdo* ontslagen wegens – onterechte – beschuldiging van het antisemitisme van een van zijn satirische karikaturen. Brauman, R., (2015), 'Le droit d'outrance doit s'appliquer à tous', in Truong, N. (éd.), *Penser le 11 janvier*, Paris: L'Aube, p. 54. Hij wijst er ook op dat een van de omgekomen agenten een moslim was, wat illustreert dat moslims evengoed slachtoffer zijn van islamfundamentalisme.

14 Zie Bauman, Z., (2015),'The Charlie Hebdo Attack and What it Reveals About Society', Social Europe, 13 januari 2015, http://www.socialeurope.eu/2015/01/charlie-hebdo.

DEEL I
DE POSTMODERNE FILOSOFIE

1 Zoals Ger Groot zich terecht afvraagt over het postmoderne denken. Zie Groot, G., (2013), *Dankbaar en aandachtig. In gesprek met Samuel IJsseling*, Zoetermeer: Klement, p. 54.

2 Renaut en Ferry schrijven dan ook schertsend dat Derrida niet zozeer een post-heideggeriaan is, maar Heidegger een pre-derridiaan. Verder betreuren Ferry en Renaut dat de idee van mensenrechten onmogelijk wordt zodra elke universele claim van de mens wordt afgewezen, een idee die ik aanraak wanneer ik Rorty's postmodernisme bespreek. Zie Ferry, L., Renaut, A., (1988), *La pensée 68. Essai sur l'anti-humanisme contemporain*, Paris: Gallimard.

3 Zie Ger Groot, *op. cit.*, p. 53 e.v.

4 Ger Groot, *op. cit.*, p. 54.

5 Karl Marx analyseerde de systematische uitbuiting in een economisch systeem, het kapitalisme, dat de mens van zichzelf vervreemdt. Sigmund Freud toonde hoe de mens zonder te weten wat hem echt drijft, handelt en denkt.

6 Heideggers werk had ook een enorme impact op de psychoanalyse, dankzij het werk van Jacques Lacan. Heideggers 'ontologische differentie', het verschil tussen Zijn en de zijnden, bijvoorbeeld, krijgt bij Lacan een heel aparte hertaling: de beroemde psychoanalyticus definieert het verlangen als een tekort. De mens is gedoemd om zich ongelukkig te voelen, omdat hij nooit helder kan weten wat hij wil of wie hij is. Het is het lot van de mens om te leven in een spraakverwarring over zichzelf en de wereld. Hij kan de kloof tussen zichzelf en de wereld, maar ook de kloof tussen zijn verlangen en de betekenissen die hij aan de wereld toekent, nooit dichten. Meer nog, die kloof struc-

tureert zijn bestaan. Wat ik als 'onmacht' beschreef bij Heidegger, herneemt Lacan als een tekort van het verlangen. Net als Heidegger komt Lacan niet via empirische waarnemingen tot zijn concepten, hij veronderstelt de structuur van tekort en verlangen om gedrag te analyseren.

7 Zie Van Haute, Ph., (1989), *Psychoanalyse en Filosofie. Het Imaginaire en het Symbolische in het werk van Jacques Lacan*, Leuven: Peeters, p. 121.

8 Zie Nietzsche, F., (1980), *Menselijk al te menselijk*. Amsterdam: De Arbeiderspers.

9 Nietzsche, F., (1987), *Afgodenschemering*, Amsterdam: De Arbeiderspers, p. 16-17.

10 Nietzsche, F., (1980), *Genealogie der Moraal*, Amsterdam: De Arbeiderspers, p. 127-129.

11 Descombes, V., (1991), 'Le moment français de Nietzsche', in Boyer, A., (éd.), *Pourquoi nous ne sommes pas nietzschéens*, Paris: Grasset, p. 96-128.

12 Foucault, M., (1964), 'Nietsche, Freud, Marx', in *Nietzsche, Cahiers du Royaumont*: Paris, Minnuit, p. 183-200.

13 'The individual is not a pre-given entity which is seized on by the exercise of power. The individual, with his identity and characteristics, is the product of a relation of power exercised over bodies, multiplicities, movements, desires, forces.' Foucault, M., (1980), 'Questions on Geography', in Gordon, C., *Power/Knowledge: Selected Interviews and other Writings, 1972-1977*, New York: Pantheon Books, p. 73-74.

14 Onafhankelijk kunnen oordelen en de relatie tot het zelf zijn nuttige instrumenten om de greep op zichzelf en de wereld te vergroten.

15 Zie de film Boutang, P.-A., (1988), *L'Abécédaire de Gilles Deleuze*, Paris: Éditions Montparnasse.

16 Zoals in de documentaire *Femme de la Rue* van Sofie Peeters, gedraaid in Brussel.

17 Zie het artikel Foucault, M., (1978), '*À quoi rêvent les Iraniens?*', in *Le Nouvel Observateur*, 727, 16-22 octobre, 1978, p. 48-49.

18 Zie Foucault, M., (1979), 'Une poudrière appelée islam', in *Corriere della sera*, vol. 104, nr. 36, 13 februari 1979.

19 Artikel van Atoussa H., 'Lettre ouverte', in *Le Nouvel Observateur*, 6 november 1978.

20 Mijn vertaling van 'Le problème de l'islam comme force politique est un problème essentiel pour notre époque et pour les années qui vont venir. La première condition pour l'aborder avec tant soit peu d'intelligence, c'est de ne pas commencer par y mettre de la haine.' Foucaults opmerking klinkt als een voorloper van de beschuldiging van islamofobie, die een dooddoener is in het debat, en in werkelijkheid kwetsbare groepen als vrouwen en homoseksuelen in de steek laat.

21 Dat is ook de stelling in het boek: Afary, J., Anderson, K., (2005), *Foucault and the Iranian Revolution: Gender and het Seductions of Islamism*, Chicago: University of Chicago Press.

22 De filosoof ontving felle kritiek, ook op zijn interview in het boek over Iran van Blanchet, P., (1979), *Iran: la Révolution au nom de Dieu*, Paris: Seuil. Volgens Bernard Ullmann bevat het interview met Foucault in het boek niet dezelfde voorzichtigheid over de optimistische toekomst van Iran, als de andere teksten van het boek. Ull-

mann, B., (1979), 'Iran. La vengeance du prophète', in *L'Express* 20 april 1979, n. 1449, p. 78. Tegen de kritiek heeft Foucault zich nooit echt verdedigd. Uiteindelijk zweeg hij over Iran. Voor een analyse over de moeilijke relatie tussen de Franse filosofie, waaronder Foucault, en het democratische denken, zie Van Middelaar, L., (1999), *Politicide. De moord op de politiek in de Franse filosofie*, Amsterdam: Van Gennep.

23 Foucault, M., (2001), 'Qu'est-ce que les Lumières?', in *Dits Ecrits Tome IV*, texte n°339, Paris: Gallimard.

24 Zie bijvoorbeeld Gines, K., (2014), *Hannah Arendt and the Negro Question*, Indiana: Indiana University Press.

25 Nietzsche toont zich hier trouwens een virulente tegenstander van de democratie.

26 Zie ook het vierde deel van dit boek.

27 Zie Beeckman, T., (2008), 'Nietzsche's Timely Genealogy: An Exercise in Anti-Reductionist Naturalism', in Dries, M. (ed.), *Nietzsche on Time and History*, Berlin, New York: Walter de Gruyter, p. 63-74.

28 Nietzsche, F., (1997), *De Antichrist*, Amsterdam: De Arbeiderspers, p. 26.

29 Nietzsche, F., (1999), *Aldus sprak Zarathoestra. Een boek voor allen en voor niemand*. Amsterdam: Wereldbibliotheek, p. 27.

30 Zie Leeuwenburgh, B., (2013), *Het noodlot van een ketter, Adriaan Koerbagh 1633-1669*, Nijmegen: Vantilt, en Koerbagh, A., (2014), *Een licht dat schijnt in duistere plaatsen*, Nijmegen: Vantilt.

31 Ik doel op Emmanuel Todd, wiens visie ik analyseer aan het einde van dit deel.

32 Zie Deleuze, G., (1962), *Nietzsche et la Philosophie*, Paris: PUF, p. 58.

33 Nietzsche, F., (1980), *Genealogie der Moraal*, Amsterdam: De Arbeiderspers, p. 32-34.

34 Nietzsche, F., *op. cit.*, p. 139.

35 Nietzsche, F., *op. cit.*, p. 132.

36 Nietzsche, F., *op. cit.*, p. 32.

37 Nietzsche, F., *op. cit.*, p. 69.

38 Nietzsche, F., *op. cit.*, p. 33.

39 Volgens Nietzsche bevat de *Genealogie der Moraal* de eerste psychologie van de priester, zie Nietzsche, F., (2000), *Ecce homo*, Amsterdam: De Arbeiderspers, p. 114.

40 Nietzsche, F., (1980), *Genealogie der Moraal*, Amsterdam: De Arbeiderspers, p. 86.

41 Nietzsche, F., (2000), *Ecce homo*, Amsterdam: De Arbeiderspers, p. 26.

42 Nietzsche, F., (2000), *Ecce homo*, Amsterdam: De Arbeiderspers, p. 30.

43 Nietzsche, F., (1980), *Genealogie der Moraal*, Amsterdam: De Arbeiderspers, p. 34.

44 Nietzsche, F., (2000), *Ecce homo*, Amsterdam: De Arbeiderspers, p. 54.

45 Het is ook opvallend hoe zelfreflectie en zelfkritiek schijnbaar afwezig zijn bij Rorty: het belang van de burger om zichzelf wel als kritisch en waarheid zoekend te zien past niet bij zijn beeld van 'ironicus'. Nochtans komt dit verlangen duidelijk naar voren in de ontsporingen van het kritische denken die in volgende hoofdstukken zullen worden besproken.

46 Arendt, H., (1978), *The Life of the Mind*, New York: Harcourt Brace, p. 179 e.v.

47 De vraag wie in deze discussie de juiste interpretatie aanhangt, valt

buiten het bestek van dit boek. Nietzsches aforistische, polemische stijl heeft altijd een eenduidige interpretatie in de weg gestaan.

48 Nietzsche, F., (1999), *De vrolijke wetenschap*, Amsterdam: De Arbeiderspers, p. 208.

49 Zie bijvoorbeeld Nietzsche, F., (1997), *De antichrist*, Amsterdam: De Arbeiderspers, p. 76.

50 Zie Nietzsche, F., (1999), *De vrolijke wetenschap*, Amsterdam: De Arbeiderspers, p. 206.

51 Zie bijvoorbeeld Nietzsche, F., (1997), *De antichrist*, Amsterdam: De Arbeiderspers, p. 96-97.

52 Zie Williams, B., (2002), *Truth and Truthfulness*, Princeton: Princeton University Press, p. 7: 'As much as the more radical deniers need to take seriously the idea that to the extent that we lose a sense of the value of truth, we shall certainly lose something, and may well lose everything.'

53 Zie Rorty's reactie op Bernard Williams' boek, in het artikel 'To the Sunlit Uplands', in *London Review of Books*, Vol. 24, nr. 21, op 31 oktober 2002. Zie ook Williams' artikel over Rorty's boek: Williams, B., (2014), 'Continency, Irony and Solidarity by Richard Rorty', in *Essays and Reviews 1959-2002*, Princeton: Princeton University Press, p. 295-301. Zie ook Heysse, T., (2010), 'Bernard Williams on the history of ethical views and practices', in *Philosophy*, 85 (2), p. 225-243.

54 Nietzsche, F., (1999), *De vrolijke wetenschap*, Amsterdam: De Arbeiderspers, p. 221.

55 Zie Rorty's bespreking in de *London Review of Books*, *op. cit.*

56 Rorty's bewering komt niet helemaal overeen met de feiten: in reddingsacties wordt menselijkheid wel degelijk aangehaald als motivatie. Zie Geras, N., (1995), *Solidarity and the conversation of Humankind*, London: Verso.

57 Zie Boucher, D., (1998), *Political Theories of International Relations*, Oxford: Oxford University Press, p. 384, en Shklar, J., (1985), *Ordinary Vices*, Boston: Belknap Press.

58 Rorty, R., (1989), *Contingency, irony, solidarity*, Cambridge: Cambridge University Press, p. 197.

59 Rorty, R., *op. cit.*, p. 86.

60 Die telescreens functioneren zoals het panopticon van Bentham, dat model stond voor gevangenissen vanaf de negentiende eeuw: bewakers kunnen vanuit een centrale plaats gevangenen bespieden zonder dat die dat weten. Ze voelen zich dus voortdurend bekeken, zelfs op momenten dat het niet het geval is.

61 Zie het artikel Woolf, N., (2015), 'Republican Senate environment chief uses snowball as prop in climate rant', in *The Guardian*, op 26 februari 2015.

62 Latour staat bekend als grondlegger van de 'kritische theorie', die ik hier onder de bredere noemer 'postmoderne theorie' vat. Telkens als hij in zijn tekst naar 'kritische theorie' verwijst, heb ik die term door postmoderne theorie vervangen.

63 In Latour, B., (2004), 'Why Has Critique Run Out of Steam? From Matters of Fact to Matters of Concern', in *Critical Inquiry*, 30, Winter Issue, Chicago, p. 225-248, 'Would it not rather be terrible if we were still training young kids – yes, young recruits, young cadets – for wars that are no longer possible, fighting enemies long gone, conquering ter-

ritories that no longer exist, leaving them ill-equipped in the face of threats we had not anticipated, for which we are so thoroughly unprepared?' Latour, B., *op. cit.*, p. 225.

64 Todd, E., (2015), *Qui est Charlie? Sociologie d'une crise religieuse*, Paris: Seuil.

65 Todd, E., (1976), La Chute finale. *Essai sur la décomposition de la sphère soviétique*, Paris: Éditions Robert Laffont.

66 Zie het artikel 'Manuel Valls: Non, la France du 11 janvier n'est pas une imposture', in *Le Monde*, op 7 mei 2015. http://www.lemonde.fr/societe/article/2015/05/07/manuel-valls-nous-devons-resister-au-pessimisme-ambiant_4629245_3224.html.

67 Zie Todd, E., (2015), *Qui est Charlie? Sociologie d'une crise religieuse*, Paris: Seuil. E-book loc. 683.

68 Zie Bras, Le H., Todd, E., (2013), *Le Mystère français*, Paris: Seuil.

69 Voor een geromantiseerde vertelling van het Dreyfus-verhaal: Harris, R., (2013), *An Officer and a Spy*, London: Hutchinson.

70 Dit is de titel van het interview met Todd in *Le Nouvel Obs*, nr. 2634, van 30 april 2015, p. 74.

71 Todd E., *op. cit.*, e-book loc. 1112: 'Le même bloc hégémonique règne, européiste et optimiste en 1992, choqué et potentiellement islamophobe en 2015.'

72 Zie Tiberj, V., en Mayer, N., (2015), 'Le simplisme d'Emannuel Todd démonté par la sociologie des "Je suis Charlie"', in *Le Monde*, op 20 mei 2015. Deze sociologen vinden Todds kaartengebruik én zijn eenzijdige interpretatie ervan niet overtuigend: dat er veel werd betoogd in een voormalig katholiek bastion laat niet toe te besluiten dat vooral katholieken hebben betoogd. Een gebied is maar één indicatie, niet de enige. Een peiling uit maart 2015 in opdracht van de 'Commission nationale consultative des droits de l'homme' geeft heel andere resultaten. Twee op de drie Fransen steunen de betoging. Daarbij kwamen niet de ouderen, maar vooral wie na 1976 geboren is op straat. Ook zou de arbeidersklasse evengoed vertegenwoordigd zijn als de middenklasse. Mensen met een Mahgreb-achtergrond hebben statistisch gezien zelfs meer gedemonstreerd dan anderen, en de niet-praktiserende katholieken, Todds 'zombie-catholiques' het minst van alle religieuze groepen. Tiberj en Mayer benadrukken ook de beperkingen van peilingen, maar besluiten dat niets toelaat om in de betoging *une imposture* (een bedrog) te zien, en nog veel minder een oorlogsmachine tegen de islam en tegen minderheden.

73 Todd, E., *op.cit.*, e-book, loc. 177.

74 Todd, E., *op. cit.*, e-book loc.222: 'Le concept marxiste de fausse conscience et la notion freudienne d'inconscient viennent ici à l'esprit.'

75 Todd, E.., *op. cit.*, e-book loc. 2584. 'Au-delà des professions de foi antiracistes, au-delà des engagements solennels et répétés du gouvernement à lutter contre l'antisémitisme, la vérité est que Charlie a réussi, au terme d'une gigantesque partie de billard sociologique, à mettre en danger les Français juifs en maltraitant les Français musulmans. Et que, sous l'effet d'une politique économique insensible et cruelle, il va continuer de s'y employer.'

76 Frankrijk is niet klaar voor zijn boodschap, herhaalt Todd, daarvoor is het land te hysterisch. Vandaar dat hij niet eerder had kunnen schrijven over de daders: '(...) que le recours aux symboles de l'islam ne fait pas nécessairement de celui qui les utilise un véritable musulman?' Dat kan best, maar een uitspraak over wie de juiste moslim is, veronderstelt juist een godsdienstkritiek, die Todd volledig uit de weg gaat. Todd, E., *op. cit.* e-book, loc. 162.

77 Todd, E., *op. cit.*, e-book loc. 2549: 'Nous l'avons senti dans le fort vote d'extrême gauche des Français d'origine musulmane, tellement dans la continuité du vote communiste de la banlieue rouge. L'anthropologue se doit donc de souligner que (...) la culture arabe et musulmane transformée pourrait bel et bien contribuer au rétablissement d'un véritable républicanisme en France.'

78 Mijn vertaling van 'Ce qu'un chercheur peut apporter d'utile au débat public (...) est une interprétation objective de faits qui ont échappé aux acteurs eux-mêmes, emportés par l'émotion, mus par des préférences souvent obscures ou carrément inconscientes.' Todd, E., *op. cit.*, e-book loc. 192.

79 Mijn vertaling van 'Par nature, l'anthropologie résiste au bla-bla idéologique. Elle décèle la réalité des valeurs nationales ou régionales sous les envolées bien-pensantes des politiques. Elle est accès à l'inconscient des peuples et de leurs dirigeants.' Todd, E., *op. cit.*, e-book loc. 1682.

80 Mijn vertaling van 'Une immense machine culturelle, qui faisait vivre, dans les deux tiers laïques de la France, en milieu populaire, la foi dans le progrès, dans l'éducation, c'est-à-dire au fond le meilleur de la culture bourgeoise, sans oublier la confiance en l'universel et le refus de la xénophobie. Stalinien dans sa pratique administrative, le PCF était libéral dans ses mœurs et élevé dans sa moralité.' Todd, E., *op. cit.*, e-book loc. 1502: 'J'évoque ici mes propres souvenirs du parti dans les années 1967-1969'.

81 Todd, E., *op. cit.*, e-book loc. 964: 'Souvenons-nous de l'imperfection de la mesure. (...). La localisation de l'émotion dans les classes moyennes évoque l'affaire Dreyfus plus que le front populaire.'

82 Mijn vertaling van 'Impossible de répondre définitivement à cette question: Charlie a-t-il ou non un rapport avec les années les plus noires de la France contemporaine? Mais nous sommes en France, en 2015 entraînés par la montée de sentiments islamophobes et antisémites, et nous ne pouvons nous permettre d'attendre d'être 'sûrs' que le néo-républicainisme soit un néo-vichysme pour proclamer la validité de cette proposition (...) il serait probablement trop tard.' Todd, E., *op. cit.*, e-book loc. 1100.

83 Dit is de eerste zin van *Qui est Charlie?*: 'Nous savons désormais, avec le recul du temps, que la France a vécu en janvier 2015 un accès d'hystérie.' Todd, E. *op. cit.*

DEEL II
DE INSPIRATOR – MARTIN HEIDEGGER

1 Zie Deleuze G., Guattari, F., (1991), *Qu'est-ce que la philosophie?*, Paris: Éd. Minuit, p. 57. Zie ook Smith, D., (2004), 'Deleuze and Derrida,

immanence and transcendence: Two Directions in Recent French Thought', in: Patton, P., Protevi, J. (ed.), (2004), *Between Deleuze and Derrida*, London: Continuum, p. 46-65.

2 Zie Farias, V., (1988), *Heidegger en het nazisme*, Hilversum: Gooi en Sticht.

3 Michel Foucaults gesprek van 29 mei 1984, gepubliceerd in *Les Nouvelles Littéraires*, 28 juni-5 juli 1984. Al heeft Nietzsche voor Foucault wel de overhand gehaald: 'Heidegger a toujours été pour moi le philosophe essentiel... tout mon devenir philosophique a été déterminé par ma lecture de Heidegger.' Jacques Derrida noteert: 'Niets van wat ik probeer zou mogelijk zijn zonder de opening van de heideggeriaanse vragen, (...) zonder aandacht te hebben voor wat Heidegger het onderscheid tussen Zijn en zijnde noemt, de ontisch-ontologische differentie, zoals deze op een bepaalde manier ongedacht blijft door de filosofie.' Derrida, J., (1972), *Positions*, Paris: éd. Minuit, p. 18, mijn vertaling. Zowel de Joods-Franse filosoof en ethicus Emmanuel Levinas als de initiator van postmodernisme, Jean-François Lyotard, erkent dat hun denken schatplichtig is aan het heideggeriaanse gedachtegoed. Gilles Deleuze lijkt misschien een buitenbeentje. Maar bij nader inzien is zijn *Différence et Répétition* de tegenhanger van *Sein und Zeit*: 'zijn' wordt bij hem 'differentie', en 'tijd' wordt 'herhaling'.

4 Zie IJsseling, S., (1964), *Heidegger. Denken en danken – geven en zijn*, Antwerpen: De Nederlandsche Boekhandel.

5 Met de ontwikkeling van de technologie lijkt dat proces nog intenser te verlopen, maar dat volgt in het vierde deel.

6 In die periode verschijnen gelijkaardige sombere werken, die het einde van de cultuur en van Duitsland in het bijzonder aankondigen. In *La Crise de l'Esprit* uit 1919 noteert de Franse filosoof Paul Valéry: 'Nous autres, civilisations, nous savons maintenant que nous sommes mortelles.' Een jaar eerder publiceerde Karl Krauss *De laatste dagen der mensheid*. En Oswald Spenglers *Der Untergang des Abendlandes* verscheen in 1918 en 1922.

7 Hij is bijvoorbeeld niet in de ban van het marxisme van Lukács, wiens *Geschichte und Klassenbewußtsein* in 1923 wordt gepubliceerd.

8 'En omdat we het wezen van dit zijnde niet kunnen bepalen door aan te geven wat het inhoudelijk is, zijn wezen er veeleer in gelegen is dat het telkens z'n zijn als het zijne te zijn heeft, hebben we ter aanduiding van dit zijnde, als een zuivere zijnsuitdrukking, de benaming *erzijn* gekozen.' In Heidegger, M., (1998), *Zijn en Tijd*, Nijmegen: SUN, p. 32, mijn cursief. Ik zal in het verdere verloop de 'mens' gebruiken, in plaats van 'erzijn', omdat het de tekst vlotter leesbaar maakt. En ik verwijs steeds naar deze uitgave, vertaald door Mark Wildschut, als Heidegger, M., *ZeT*, met de paginering.

9 De invloed van Heidegger op Foucault is overduidelijk.

10 Heidegger, M., *ZeT*, p. 306, cursief van Heidegger.

11 'Ik ben' betekent dan slechts dit: ik heb het zijn te zijn dat ik ben. Wat ik ook doe, het zal een manier zijn om dat zijn te zijn. Alles wat gezegd wordt over mijn zijn, zal verwijzen

naar hoe ik dat ben. Emmanuel Levinas verwoordde dit idee als 'on n'est pas, on s'est'. Men is niet, men is zich. Maar er is geen inhoud voor dit 'zich'. De raadgeving 'wees jezelf' is een voorschrift zonder betekenis, want er is geen apart en onveranderlijk 'zelf' dat je zou kunnen zijn. Je kan alleen zijn wie je te zijn hebt. Maar wat dat is, ligt niet vast. Dat is juist de moeilijkheid: het 'erzijn' mist iets, maar kan dat niet aanvaarden. Daarom tracht het zoveel mogelijk te doen alsof het niets mist.

12 Heidegger, M., *ZeT*, p. 170 en §35-37 over het 'men'.

13 Heidegger, M., *ZeT*, p. 170, cursief van Heidegger.

14 Heidegger, M., *ZeT*, p. 171.

15 Heidegger, M., *ZeT*, p. 165.

16 'Het men is een existentiaal en behoort als oorspronkelijk fenomeen tot de positieve gesteldheid van het erzijn.' Heidegger, M., *ZeT*, p. 172.

17 'Het is die zijnsgesteldheid zelf, in haar alledaagse zijnswijze, die aan zichzelf voorbijgaat en zichzelf toedekt.' Heidegger, M., *ZeT*, p. 174.

18 Om die te bezweren, kunnen we trachten ons leven met dat van anderen te vergelijken. Stel dat iemand zegt: 'Op 35-jarige leeftijd kon mijn overgrootvader als succesvolle zakenman al rentenieren en van het leven genieten, terwijl ik amper voldoende verdien om de eindjes aan elkaar te knopen.' Wie zo'n vergelijking maakt, wil kunnen inschatten of het goed of slecht met hem gaat. Maar die vergelijking berust op een fundamentele vergissing: de gedachte dat de tijd voor elke mens dezelfde is. Die persoon doet dan alsof de tijd een reeks van nu-momenten is die ons ter beschikking staan. Alsof de toekomst slechts een nu is dat nog moet komen en het verleden slechts een nu dat voorbij is. Neen, geeft Heidegger aan: elke mens is onafscheidelijk van een tijdelijkheid (vandaar ook *Sein und Zeit*). Elke mens heeft zijn eigen traject. Wie vergelijkt, verliest uit het oog wat een authentieke relatie tot zijn bestaan zou kunnen betekenen. Impliciet speelt ook hier een negatief effect van democratisering: naarmate mensen gelijker zijn, zijn ze meer geneigd zich met elkaar te vergelijken. Ze denken dan dat ze de waarheid over zichzelf kennen door naar anderen te kijken. De vraag naar het leven krijgt dan makkelijker antwoord door het leven van anderen te interpreteren. Voor Heidegger neemt de verwarring van de moderne mens dus alleen maar toe.

19 Visker, R., (2005), *The Inhuman condition. Looking for Difference after Levinas and Heidegger*, Dordrecht: Kluwer Academic Publishers, zie het derde hoofdstuk.

20 De obsessie met de dood is geworteld in Blaise Pascals denken, wiens portret in Heideggers studeerkamer hing. Pascal geeft het perspectief van de individuele dood al een belangrijke plaats in zijn denken: 'Tout ce que je connais est que je dois bientôt mourir', Pascal, B., (2010), *Pensées*, Paris: éd. Classiques, p. 681.

21 'Maar als het door het lot bepaalde erzijn als in-de-wereld-zijn naar zijn aard existeert in het mede-zijn met anderen, is zijn geschieden een mede-geschieden en bepaald als lotsbestel. Daarmee duiden we het geschieden van de gemeenschap,

van het volk aan.' Heidegger, M., *ZeT*, p. 480/385.

22 'Het lotsbestel is geen resultante van het lot van afzonderlijke personen, net zomin als we het met-elkaar-zijn als een samen-voorkomen van verschillende subjecten kunnen begrijpen.' Heidegger, M., *ZeT*, p. 480/385.

23 'Het door het lot beschikte lotsbestel van het erzijn in en met zijn "generatie" maakt het volle, eigenlijke geschieden van het erzijn uit.' Heidegger, M., *ZeT*, p. 480/385.

24 'Zijn en zijnsstructuur stijgen uit boven ieder zijnde en boven iedere mogelijke ontische bepaaldheid van een zijnde. *Zijn is het transcendens zonder meer*.' Heidegger, M., *ZeT*, p. 62 (cursief van Heidegger).

25 Heidegger, M., *ZeT*, p. 179.

26 Heidegger, M., *ZeT*, p. 134.

27 'De Angst brengt ons slechts in de stemming van een *mogelijk* besluit. De tegenwoordigheid van de angst houdt het ogenblik, waarin hij en hij alleen mogelijk is, *klaar voor de sprong*.' Heidegger, M., *ZeT*, p. 344/430.

28 'De roep van het geweten' confronteert met het permanente schuldig-zijn en haalt het zelf op die manier terug uit het luidruchtige gepraat van het gezonde verstand van het men.' Heidegger, M., *ZeT*, p. 373.

29 'Het zich zwijgzaam, tot angst bereid ontwerpen op het oereigen schuldig-zijn – noemen we de vastbeslotenheid ("*Entschlossenheit*")': Heidegger, M., *ZeT*, p. 373.

30 Heidegger, M., *ZeT*, p. 296.

31 Zie Pirandello, L., (2005), *Iemand, niemand en honderdduizend*, Den Haag: Kemper Conseil Publishing. Het boek verscheen in 1926, één jaar voor de publicatie van *Sein und Zeit* en bevat een geslaagde beschrijving van een heideggeriaanse angstervaring: de protagonist valt in een duizelingwekkende afgrond, wanneer hij plots beseft dat hij een vreemde is voor zichzelf en voor anderen. Vitangelo herinnert zich dat hij zich voelde als 'een kwajongen "die" verdwaald was en voor alles en niets door een vreemd soort angst bevangen werd: voor een niets dat plotseling *iets* kon worden dat hij alleen te zien zou krijgen'.

32 Het ontologische schuldbegrip is voor Heidegger fundamenteler dan een schuldvraag in morele zin: 'Pas de vooruitlopende vastbeslotenheid verstaat het schuldig-kunnen-*zijn eigenlijk en helemaal*, dat wil zeggen *oorspronkelijk*.' Heidegger, M., *ZeT*, p. 385.

33 Heidegger, M., *ZeT*, p. 360.

34 Voor aspecten van de paulinische theologie in Heidegger: zie Lehmann, K., 'Christliche Geschichtserfahrung und ontologische Frage beim jungen Heidegger'. In Pöggeler, O., (1970), *Heidegger. Perspektiven zur Deutung seines Werks*, Köln, Berlin 1970, p. 140-168.

35 'De nuchtere angst, die ons oog in oog brengt met het verenkelde kunnen-zijn, gaat met een vigoureuze vreugde over die mogelijkheid gepaard.' Heidegger, M., *ZeT*, p. 390.

36 Zie Paulus, 2 Kor. 4, 7-12.

37 Volgens Lehmann is ook de onbepaaldheid van de mens niet los te denken van de theologie. Lehmann, K., *op. cit.*, p. 148.

38 'De analyse van deze grondbevindelijkheden gaat echter de door de fundamenteel-ontologische doelstelling getrokken grenzen van deze

interpretatie te buiten.' Heidegger, M., *ZeT*, p. 390.

39 Zie Paulus, 1 Thess, 4-5.

40 Kisiel, Th., (1986), 'Das Entstehen des Begriffsfeldes 'Faktizität' im Frühwerk Heideggers', in *Diltbey-Jahrbuch Bd. 4*, Göttingen, p. 91-120.

41 'De *zijnsaard* van het erzijn *eist* derhalve van een ontologische interpretatie die zich de oorspronkelijkheid van de fenomenale demonstratie ten doel heeft gesteld, *dat zij het zijn van dit zijnde tegen diens eigen verdekkingstendens in verovert.*' Heidegger, M., *ZeT*, p. 390-391 (cursief van Heidegger).

42 Sommige filosofen presenteren een gevoel van onmacht, van innerlijke gebrokenheid zonder verwijzing naar een monotheïstisch geloof. Dan wordt de mythe van de erfzonde een metafoor voor een diepmenselijke neiging tot het kwade. Dit geldt bijvoorbeeld voor de denker John Gray.

43 In de *Freiburger Studenten Zeitung* van 3 november 1933.

44 Steiner, G., (1994), *Martin Heidegger*, Kampen: Kok Agora, p. 138.

45 En niet alleen vragen van journalisten bleven onbeantwoord. Hij was bevriend met de Joodse dichter Paul Celan. Heidegger woonde Celans lezingen bij. In zijn gedichten tracht Celan het onuitspreekbare van de Holocaust, waarbij zijn familie omkwam, te verwoorden. Enkele jaren voor zijn dood – door zelfdoding – bezocht Celan Heidegger in zijn hut op de Todtnauberg om over de Holocaust te spreken. Maar dat bezoek werd voor Celan een diepe, hartverscheurende ontgoocheling.

46 'Die Frage nach der Rolle des Weltjudentums ist keine rassische, sondern die metaphysische Frage nach der Art von Menschentümlichkeit, die slechthin ungebunden die Entwurzelung alles Seienden aus dem Sein als weltgeschichtliche "Aufgabe" übernehmen kann.' Uit Heideggers *Überlegungen XIV*, geciteerd door Trawny, *op. cit.*, p. 33.

47 Emmanuel Faye publiceert in 2005 reeds een boek over het 'ontologische' racisme in Heideggers denken (*Heidegger, l'introduction du nazisme dans la philosophie*). Het leidde tot een hevige polemiek, vooral in Frankrijk. Verdedigers van Heidegger beperken diens fascinatie voor het nazisme tot één jaar, te weten 1933-'34. En verder zou Heidegger vooral kritiek hebben op Joodse ideeën, waardoor zijn denken eerder van anti-judaïsme dan van antisemitisme getuigt. Heidegger heeft nooit openlijk antisemitische uitspraken gedaan, verbood affiches tegen Joden op de muren van de universiteit, heeft Joodse studenten geholpen, en met Joodse studenten liefdesrelaties gehad, onder wie Hannah Arendt. Hij was bevriend met Karl Jaspers, die met een Joodse vrouw getrouwd was. De nieuwe onthullingen veranderen het debat.

48 Zie Trawny, P., (2014), *Heidegger und der Mythos der jüdischen Weltverschwörung*, Frankfurt am Main: Klostermann, p. 11.

49 Zie Trawny, P., *op. cit.*, p. 13.

50 Trawny somt er een aantal op, Trawny, P., *op. cit.*, p. 48.

51 Mijn vertaling van 'Das Weltjudentum, aufgestachelt durch die aus Deutschland hinausgelassenen Emigranten, ist überall unfaßbar und braucht sich bei aller Machtentfaltung nirgends an kriegerichschen

Handlungen zu beteiligen, wogegen uns nur bleibt, das beste Blut der Besten des eigenen Volkes zu opfern', Trawny, P., *op. cit.*, p. 50, verwijzing naar een citaat uit Heidegger, M., *Überlegungen* XV, 17.

52 Zie Trawny, P., *op. cit.*, p. 35.

53 'Die Juden "leben" bei ihrer betont rechnerischen Begabung am längsten schon nach dem Rasseprinzip, weshalb sie sich auch am heftigsten gegen die uneingeschränkte Anwendung zur Wehr setzen', Trawny, P., *op. cit.*, p. 40, verwijzing naar Heidegger, M., *Überlegungen* XII, 67, GA 96, p. 82.

54 Er zijn nog aspecten, bijvoorbeeld Heideggers relatie tot zijn Joodse leermeester Husserl, maar die laat ik buiten beschouwing. Heideggers filosofische project staat voorop in dit deel.

55 George Steiners werk over Heidegger verscheen in 1978. Zijn analyse van *Sein und Zeit* sluit goed aan bij de nieuwe bevindingen van Peter Trawny.

56 Steiner, G., *op. cit.*, p. 140-141.

DEEL III
DOLLARTEKENS IN DE HEMEL

1 Jesse Klaver maakte dezelfde observatie over 'economisme', in 'Breng niet alles terug tot een rekensom', een artikel in *NRC Handelsblad*, op 24 juni 2015.

2 Maris, B., (2014), *Houellebecq économiste*, Paris: Flammarion, e-book, location 584.

3 Maris citeert het gedicht 'Dernier rempart contre le libéralisme' van Houellebecq: 'Nous refusons l'idéologie libérale parce qu'elle est incapable de fournir un sens, une voie à la réconciliation de l'individu avec son semblable dans une communauté que l'on pourrait qualifier d'humain.' Maris, B., *op.cit.*, loc. 378.

4 De roman is beklijvend omdat ongeveer vier miljoen Fransen – weliswaar vreedzaam – de straat optrokken, op 11 januari 2015, om te demonstreren tegen de terreuraanslag, en om de republikeinse waarden te onderstrepen.

5 Neiman, S., (2008), *Morele helderheid. Goed en kwaad in de 21ste eeuw*, Amsterdam: Ambo, p. 380.

6 Neiman, S., *op. cit.*, p. 401.

7 Debray, R., (2014), *L'erreur de calcul*, Paris: CERF, p. 54.

8 Noam Chomsky, bijvoorbeeld, wees discriminatie en de ellendige leefomstandigheden in de Parijse *banlieues* aan als oorzaak van de radicalisering van de broers Kouachi, tijdens een interview voor de internetzender *Democracy Now* op 3 maart 2015.

9 Sageman, M., (2004), *Understanding Terror Networks*, Philadelphia: University of Philadelphia Press.

10 Khosrokhavar, F., (2006), *Quand Al-Qaïda parle*, Paris: Grasset.

11 Gauchet, M., (2015) 'Pourquoi le traumatisme Charlie Hebdo s'est évanoui en cent jours'. *L'Opinion*, op 16 april 2015.

12 Zie Lefort, C., (1992), *Het democratische tekort: over de noodzakelijke onbepaaldheid van de democratie*, Amsterdam: Boom.

13 Gauchet, M., (2015), 'Retour ou sortie du religieux?', in *Philosophie Magazine*, nr. 87, maart 2015, p. 55. 'L'islam est attirant à cet égard, parce qu'il fonctionne comme un projet révolutionnaire collectif et une promesse de sécurité personnelle du point de vue psychique. Aucune des autres religions de

notre ère culturelle ne peut rivaliser avec cette offre spirituelle.'

14 Dat is in elk geval de stelling van Régis Debray.

15 Zie Stiglitz, J., (2003), *The Roaring Nineties. A New History of the World's most Prosperous Decade*, New York: Norton.

16 Obama's *Chief of Staff*, William Daley, had een hoge functie bij JP Morgan. Rahm Emanuel werkte in de financiële wereld tussen zijn functie in Clintons administratie, en zijn benoeming tot Obama's *Chief of Staff*.

17 Zie Summers, L., (2006), 'The Great Liberator', in *New York Times*, op 19 november 2006.

18 Friedman, M., (2002), *Capitalism and Freedom*, Chicago: Chicago University Press.

19 Zie Scholte, J., (2005), 'Globalization and Production: from Capitalism to Hypercapitalism', in Scholte, J. (ed.), *Globalization. A Critical Introduction*, London: Palgrave Macmillan, p. 161.

20 Voor Nederland heeft Hans Achterhuis hiervan enkele treffende voorbeelden. Zie Achterhuis, A., (2010), *De utopie van de vrije markt*, Rotterdam: Lemniscaat.

21 Zie het werk van Stiglitz, J., (2012), *The Price of Inequality*, New York: Norton, en van Piketty, T. (2013), *Le capital au XXIe siècle*, Paris: Éd. Du Seuil. Zie ook Vandevelde, A., (2015), 'De zelfvernietigende logica van het kapitalisme', in *Wijsgerig Perspectief*, 55 (2), p. 6-15.

22 Zie Jones, D. S., (2012), *Masters of the Universe. Hayek, Friedman, and the Birth of Neoliberal Politics*, Princeton: Princeton University Press.

23 Zie Dalrymple, T., (2001), *Life at the Bottom*, Maryland: Ivan R. Dee.

24 Deze roman wordt qua stijl beschouwd als een postmoderne roman, omdat er verschillende perspectieven, stijlen en momenten in de tijd worden gebruikt. Coe, J., (1994), *What a Carve Up!*, London: Viking Press.

25 Er is zelfs discussie of er wel een onderscheid is tussen liberalisme en neoliberalisme, zie Ankersmit, F., (2009), 'Voor de neoliberaal is het algemeen belang onzin', in *NRC Handelsblad*, op 3 januari 2009.

26 Lipovetsky, G., (1983), *L'Ère du vide: essais sur l'individualisme contemporain*, Paris: Gallimard.

27 Zie Harvey, D., (2005), *A brief History of Neoliberalism*, Oxford: Oxford University Press, p. 47.

28 Zie Harvey, D., *op. cit.*, p. 198.

29 Foucault, M., (2004), *Naissance de la biopolitique*, Paris: Gallimard.

30 Foucault, M., (1980), *Power/Knowledge. Selected interviews and other writings, 1972-1977*, p. 119-121.

31 Zie Audier, S., (2015), *Penser le 'néolibéralisme'. Le moment néolibéral, Foucault et la crise du socialisme*, Lormont: Le Bord de l'eau.

32 Zie bijvoorbeeld de radicale breuk van de belangrijkste kunstenaars met de burgerlijke academie in de *Salon des Refusés*.

33 Literair criticus Terry Eagleton: 'There is, perhaps, a degree of consensus that the typical postmodernist artefact is playful, self-ironizing and even schizoid; that it reacts to the austere autonomy of high modernism by impudently embracing the language of commerce and the commodity. Its stance towards cultural tradition is one of irreverent pastiche, and its contrived dephtlessness undermines all metaphysical solemnities, some-

times by a brutal aesthetics of squalor and shock.' Zie Eagleton, T., (1987), 'Awakening from modernity', in *Times Literary Supplement*, op 20 februari 1987.

34 Jameson, F., (1991), *Postmodernism, or the Cultural Logic of Late Capitalism*, Verso: London, p. xxi.

35 Jameson, F., *op. cit.*, hoofdstuk 1.

36 Jones is ook kritisch over identiteitspolitiek, juist omdat die een neoliberale agenda dient. Jones, O., (2011), *Chavs: The Demonization of the Working Class*, London: Verso, p. 255 e.v.

37 De andere aspecten van Rands theorie, zoals de verregaande economische implicaties van haar denken, of van haar metafysica en esthetica, laat ik links liggen.

38 Rand, A., (2014), *De eeuwige bron, The Fountainhead*, Amsterdam: Luitingh-Sijthoff. p. 6. Voortaan geef ik Rand, A., EB, en de paginering als referentie. Roark overbrugt een moeilijke periode in zijn carrière door effectief in een steengroeve te gaan werken: '...voelen hoe de boor en zijn lichaam één werden en zich spanden in het simpele verlangen zoveel druk uit te oefenen dat een stalen pen langzaam weg zou zakken in graniet – dat was voor Howard Roark sinds twee maanden dag in, dag uit zijn hele leven.' Rand, A., EB, p. 213.

39 Rand, A., EB, p. 542.

40 Thatcher, M. tijdens een interview met het tijdschrift *Woman's Own*, september 1987.

41 Rand, A., EB, p. 591.

42 Voor de verwevenheid tussen de bankwereld en de politiek vandaag: zie Cohan, W., (2011), *Money and Power. How Goldman Sachs came to rule the world*, London: Penguin.

43 Roark zoekt niet uitsluitend rijke klanten: hij bouwt huisjes voor mensen met weinig geld, zonder die projecten minderwaardig te vinden. Hij voelt geen minachting voor wie het financieel moeilijk heeft. Ook is hij zelf bereid heel sober te leven. Hij leeft voor zijn werk, en om zijn plannen te kunnen uitvoeren zoals hij wil.

44 Rand gaf aan dat ze zich voor het personage Roark deels had laten inspireren door de Amerikaanse architect Frank Lloyd Wright, en diens organische theorie.

45 Rand, A., EB, p. 532.

46 Zie Achterhuis, A., (2010), *De utopie van de vrije markt*, Rotterdam: Lemniscaat.

47 Zie deel vier.

48 Die komt in de figuur van Ellsworth Toohey. Rand, A., EB, p. 313-314.

49 Dat onderstreept het utopische karakter van Rands werk, op weg naar de ideale samenleving vallen heel wat onschuldige slachtoffers, maar die prijs hoort erbij. Voor een analyse van die utopie, zie Achterhuis, H., *op. cit.*

50 In het bijzonder bij de aanhangers van de 'Tea Party', zie het artikel van Eric Etheridge, in *New York Times*, 6 maart 2009.

51 'Ik zie niets verkeerds in een verlangen om geld te verdienen. Maar geld is alleen maar een middel tot een doel. Als iemand het wil hebben om het een of het ander persoonlijke streven te verwezenlijken, om het in zijn bedrijf te steken, om te scheppen, te studeren, te reizen, zich met luxe te omringen, is het zedelijk volkomen verantwoord. Maar de mensen die geld op de eerste plaats stellen, gaan veel verder. Persoonlijke luxe is een

begrensd doel. Wat zij willen, is uiterlijk vertoon: ze willen hun luxe aan anderen tonen om ze ermee te onderhouden, om ze ermee te overbluffen, om ze ermee te imponeren. Ze leven een leven uit de tweede hand.' Rand, A., *EB*, p. 623.

52 Sanders, P., (2012), *What Would Steve Jobs do? How the Steve Jobs Way Can Inspire Anyone to Think Differently and Win*, New York: Mc Graw Hill.

53 Zo laat de documentaire *Steve Jobs: the Man in the Machine* niets heel van Jobs' persoonlijkheid.

54 Zie het televisie-interview met Steve Wozniak op *Bloomberg*, op 27 augustus 2011.

55 Zoals voor Peter Keating in *The Fountainhead* het geval is.

56 Zie Rand, A., (2012), *Atlas Shrugged* (*De kracht van Atlantis*), Amsterdam: Uitgeverij Luitingh-Sijthoff, p. 885.

57 'Een man die alleen staat herkennen ze onmiddellijk. Instinctief. Voor hem voelen ze een bijzonder, arglistig soort haat. Misdadigers vergeven ze. Dictators bewonderen ze. (...). Let eens op de kwaadaardige wrok die opgewekt wordt door elke gedachte die onafhankelijkheid propageert. Kijk maar eens terug op je eigen leven, Howard, en denk aan de mensen die je hebt ontmoet. Ze wisten het. Ze waren bang. Want jij vormt een verwijt.' Rand, A., *EB*, p. 624. Dit is het socialistische streven naar macht: 'Gebruik hem tegen zichzelf. (...). Maak dat de mens zich klein gaat voelen. Zorg dat hij zich schuldig voelt. Dood zijn integriteit en zijn ambities. Dat is moeilijk. De beroerdsten onder jullie tasten op jullie eigen verwrongen manier nog altijd naar het een of andere ideaal. Dood integriteit door interne corruptie. (...). Predik onzelfzuchtigheid. Vertel de mens dat hij moet leven voor anderen. Vertel de mensen dat altruïsme het hoogste ideaal is. Geen van hen zal ooit een altruïstische instelling krijgen. Zijn instinct tot zelfbehoud verzet zich ertegen.' Rand, A., *EB*, p. 659.

58 Zie bijvoorbeeld Neiman, S., (2015), *Waarom zou je volwassen worden?*, Amsterdam: Ambo. Voor een overzicht van de geschiedenis van de filosofie, zie Walravens, E., (2014), *De verwondering*, Brussel: VUBPress.

59 Andere redenen om de Verlichting niet meer serieus te nemen, zouden haar 'eurocentrisme' of kolonialisme zijn. Deze verwijten gaan voorbij aan de enorme bewondering die tal van denkers in die periode uitdrukken voor andere culturen. Voltaire stelt vast dat de Chinezen minder ver gevorderd waren in de wetenschappen dan Europa, maar ze 'hebben de moraal geperfectioneerd, die de eerste wetenschap is'. Denkers als Condorcet en Diderot hebben zich altijd heel sterk tegen kolonialisme, slavernij en uitbuiting verzet. Zie Voltaire, (2013), *Œuvres complètes*, Paris: Arvensa éditions. p. 7661.

DEEL IV
DE MACHT VAN HET COMPLOT

1 Zie Vidal, G., (2009), *The Selected Essays of Gore Vidal*, New York: Random House. Vidal, G., (2002), 'The Enemy Within', in *The Observer*, op 27 oktober 2002.

2 Zie Foer, F., (2004), 'The Source of the Trouble', in *New York Magazine*, op 7 juni 2004.

3 Zie Harding, L., (2014), *De Snowden Files. Het onthullende verhaal van de meest gezochte man ter wereld*, Amsterdam: Nieuw Amsterdam, p. 220.

4 Zie het verslag van Human Rights Watch, 'With Liberty to Monitor All. How Large-Scale US Surveillance is Harming Journalism, Law and American Democracy', september 2014. Recent zijn er petities van journalisten om hun vrijheid te respecteren.

5 Snowden gebruikt ook het beeld van Benthams panopticon voor het NSA-beleid.

6 Zie het boek van Lord Chief Justice Tom Bingham: Bingham, T., (2010), *The Rule of Law*, London: Penguin Books, p. 137. Hierin wordt ze paradoxaal genoeg geholpen door de tegenstander. Meer dan tien jaar later behoort angst verspreiden via het internet en de media tot de kernstrategie van fundamentalistische organisaties als IS. De mediadimensie wordt er zelfs als de ruggengraat van de strategie gezien. Via sociale media wordt propaganda verspreid, leden geworven, gruwelijke onthoofdingen geëtaleerd. Volgens de IS-handleiding 'L'administration de la Sauvagerie', die vrij op internet is te lezen, is het doel: 'Terreur in het hart van de vijand brengen, om die uit te putten en te demoraliseren'. Zie het artikel 'Débats. Les dhjihadistes ont leur "Mein Kampf"', in *Le Nouvel Obs*, éd. 2643, van 2 tot 8 juli 2015, p. 73-77.

7 Zie Bingham, T., *op.cit.*

8 Zie ook Hildebrandt, M., (2015), *Smart Technologies and the End(s) of Law*, Cheltenham: Edward Elgar Publishing.

9 Geciteerd door Zygmunt Bauman in zijn column 'The Charlie Hebdo Attack and What it Reveals about Society', op de site van *Social Europe*, 13 januari 2015. Zie ook Rosanvallon, P., (2006), *La Contre-Démocratie. La politique à l'âge de la défiance*, Paris: Seuil. Voor een kritische kijk op de relatie tussen politici en media vandaag, zie Schneider, M., (2014), *Miroirs des princes: Narcissisme et politique*, Paris: Flammarion.

10 Zie de lezing van Alastair Campbell met de veelzeggende titel 'Is "spin" dead in the era of social media', op Campbells eigen website. Op politiek (en commercieel) vlak volgen burgers het oordeel van mensen die ze vertrouwen. Ze luisteren dus naar hun vrienden en kennissen op sociale media. Alleen indien ze de informatiebronnen geloofwaardig vinden, laten ze zich overtuigen. En ze rekenen hun politici steeds minder tot zulke bronnen.

11 Voor het effect hiervoor op de beleving van godsdienst, zie Verhofstadt, D., (2011), *In gesprek met Etienne Vermeersch. Een zoektocht naar waarheid*, Antwerpen: Houtekiet. En zie Loobuyck, P., (2013), *De seculiere samenleving. Over religie, atheïsme en democratie*, Antwerpen: Houtekiet.

12 Zie Bronner, G., (2013), *La démocratie des crédules*, Paris: PUF. En zie Sunstein, C.R., (2009), *Republic.com 2.0*, Princeton, Princeton University Press.

13 Zie Viren Swame en Rebecca Coles, in het artikel 'The Truth is Out There', in *The Psychologist*, site van 'The British Psychological Society'. De auteurs verwijzen naar het artikel van R. Hofstadter, 'The Paranoid Style in American Politics', in R. Hofstadter (ed.), (1966), *The Para-*

noid Style in American Politics: And Other Essays (p. 3-40). New York: Knopf. Andere theorieën bouwen voort op de idee dat machteloosheid samenzweringsdenken in de hand werkt: 'Some have suggested that an inability to attain goals leads to conspiracy theories (Edelman, 1985; Inglehart, 1987), while others view conspiracy theories as affording adherents a means of maintaining self-esteem (e.g. Robins & Post, 1997), coping with persecution (Combs et al., 2002), reasserting individualism (Davis, 1969; Melley, 2000), expressing negative feelings (Ungerleider & Wellisch, 1979) or reaffirming imagined positions of exclusive knowledge (Mason, 2002). These contrasting theories, however, share the distinguishing assumption that conspiracy theories are a rational attempt to understand complex phenomena and deal with feelings of powerlessness.'

14 Zie bijvoorbeeld het RTBF-journaal van 15 januari 2015, een week na de aanslagen. Of dit artikel op de site van France Info: http://www.franceinfo.fr/actu/societe/article/attentat-charlie-hebdo-un-terreau-pour-les-theories-du-complot-631577. Over hoe sterk complottheorieën circuleren in Arabische landen: zie de Franse editie van *The Huffington Post*, http://www.huffingtonpost.fr/mohamed-abdel-azim/dessins-charlie-hebdo-decryptage-offense_b_6532068.html.

15 Zie http://www.francetvinfo.fr/replay-magazine/france-2/envoye-special/video-charlie-hebdo-ces-jeunes-qui-soutiennent-la-theorie-du-complot_811097.html. Zie het artikel http://www.lefigaro.fr/actualite-france/2015/03/03/01016-20150303ARTFIG00007-l-ecole-face-au-defi-des-theories-du-complot.php.

16 http://www.lefigaro.fr/flash-actu/2015/02/20/97001-20150220FIL-WWW00314-theorie-du-complot-un-prof-mute.php.

17 Zie http://tempsreel.nouvelobs.com/politique/20150116.AFP5638/jean-marie-le-pen-l-attentat-contre-charlie-hebdo-porte-la-signature-de-services-secrets.html.

18 De Franse president Hollande kondigt op 27 januari plannen aan om de verspreiding van complottheorieën en negationisme op internet internationaal te bestrijden. Zie http://lelab.europe1.fr/Francois-Hollande-veut-un-cadre-juridique-international-contre-le-negationnisme-et-les-theses-complotistes-sur-internet-20658.

19 Blijkbaar is deze conclusie ook de aanhangers van IS niet ontgaan: ondanks alle moeite die ze nemen om hun wrede daden publiek te maken, lijken te weinig jongeren in hun daadkracht te geloven – ze vrezen kandidaat-jihadi's te missen. Zie Moreau, M., (2015), 'Daech contre la théorie du complot', in *Causeur*, op 29 juli 2015.

20 Zie dit artikel Latour, B., (2004), 'Why Has Critique Run Out of Steam? From Matters of Fact to Matters of Concern', in *Critical Inquiry*, 30, Winter Issue, p. 225-248, Chicago. Latour gebruikt 'kritische theorie', terwijl ik me aan 'postmoderne filosofie' houd, om de consistentie met het eerste deel te benadrukken.

21 Latour, B., *op. cit.* p. 228 e.v.

22 Zie Bronner, G., (2013), *La démocratie des crédules*, Paris: PUF, p. 282.

23 Taguieff, P.-A., (2013), *Court Traité de complotologie*, Paris: Mille et Une Nuits, p. 191.

24 Braeckman, J., Boudry, M., (2011), *De ongelovige Thomas heeft een punt. Een handleiding voor kritisch denken*, Antwerpen: Houtekiet, p. 83: 'De studie van samenzweringstheorieën is dan ook zeer illustratief voor de valkuilen van de menselijke cognitie.' Het boek behandelt hoofdzakelijk cognitieve processen.

25 Zie het artikel 'La théorie du complot a émergé en réponse au choc causé par l'affaire DSK', op 19 mei 2011, vlak na de arrestatie' in *Le Monde*. http://www.lemonde.fr/dsk/article/2011/05/19/la-theorie-du-complot-a-emerge-en-reponse-au-choc-cause-par-l-affaire-dsk_1524195_1522571.html

26 Zie Bernstein, C., Woodward, B., (1974), *All the President's Men*, New York: Simon & Shuster.

27 Zie Williams, B., (2002), *Truth and Truthfulness*, Princeton: Princeton University Press, p. 173-190.

28 Zie Danblon, E., Loïc, N., (2010), *Les rhétoriques de la conspiration*, Paris, CNRS Alpha.

29 Zie het tweede deel over Heidegger.

30 Arendt, H., (1951), *The Origins of Totalitarianism*, New York: Harcourt Brace & Company, p. 358. Ik citeer de vertaling: Arendt, H., (2005), *Totalitarisme*, Amsterdam: Boom, p. 148.

31 Zie Montesquieu, Ch.-L., (2006), *Over de geest van de wetten*, Amsterdam: Boom.

32 In 1740 publiceerde Frederik van Pruisen een 'Anti-Machiavel' waarin hij Machiavelli beschuldigt van corrupte doctrines. Volgens Rousseau is Frederik van Pruisen zelf zonder morele principes, zijn zogenaamde weerlegging van Machiavelli is een sterk staaltje machiavellisme. Niet Machiavelli, maar Frederik van Pruisen is, naar het oordeel van Rousseau, onbetrouwbaar, tiranniek en een gevaar voor de politiek. Zie Rousseaus brief aan Toussaint-Pierre Lenieps op 4 december 1758.

33 Hoewel dat begrip aan Machiavelli wordt toegeschreven, verschijnt het pas in Giovanni Botero, *Della ragion di stato* (1589).

34 Plato (1980), *De Staat, Verzameld Werk III*, Antwerpen: Ambo, p. 160.

35 Thucydides (2003), *De Peloponnesische Oorlog*, Amsterdam: Athenaeum, p. 333.

36 Zie Hörnqvist, M., (2004), *Machiavelli and Empire*, Cambridge: Cambridge University Press, p. 92.

37 Spinoza, B., (2014), *Staatkundige verhandeling*, Amsterdam: Wereldbibliotheek, p. 161.

38 Het thema van het bedrog en de misleiding staat centraal in de komedies van Machiavelli, in het bijzonder in *La Mandragola*. Machiavelli, N., (2010), *Toneel en verhalend proza. Mandragola, Clizia, Belfagor*. Leiden: Primavera Press.

39 Zie Williams, B., (2002), *Truth and Truthfulness*, Princeton: Princeton University Press, p. 172 e.v.

40 Het thema van het zelfbedrog interesseert Spinoza ook in de *Ethica*: elk mens kent vooral zichzelf niet, en is misleid over zijn meest fundamentele motieven. Eigenbelang ligt aan de basis van zijn handelingen, zelfs al is hij gewend om meer verheven motieven in te roepen. Maar de confrontatie tussen het authentieke 'zelf' en de politiek is duidelijker aanwezig in het werk van achttiende-eeuwse denkers.

41 Mijn vertaling van: 'que le diable m'emporte si je sais au fond ce que je suis. (...) jamais faux, pour peu que j'aie intérêt d'être vrai; jamais vrai pour peu que j'aie intérêt d'être faux. Je dis les choses comme elles me viennent, sensées, tant mieux; impertinentes, on n'y prend pas garde.' Diderot, D., (2001), *Le neveu de Rameau*, e-boek, loc. 717.
42 Mijn vertaling van: 'quand je lis le *Tartuffe* de Molière, je me dis: sois hypocrite, si tu veux; mais ne parle pas comme l'hypocrite. (...) je suis moi et je reste ce que je suis; mais j'agis et je parle comme il convient.' Zie Diderot, D., *op. cit.*, loc. 769.
43 Diderot, D., *op. cit.*, loc. 1214-1223.
44 Zie Pelckmans, P., (2014), 'De moeizame uitzonderlijkheid van de Confessions', in De Hert, P. (red.), *Rousseau. De wandelende paradox*, Kalmthout: Pelckmans/Klement, p. 153-168. De scherpe confrontatie tussen de auteur en zijn omgeving is in het werk van Knausgård terug te vinden. In *Liefde* vertelt Knåusgard hoe blij hij is om het werk van Starobinski over Rousseau te ontdekken. Zie Roose, A., (2012), '"Een fatsoenlijk mens zijn." Over *Liefde* van Karl Ove Knåusgard' in *Staalkaart* nr. 17, november/december 2012, p. 54-55.
45 Zie Starobinski, J., (1971), *Jean-Jacques Rousseau, La transparence et l'obstacle*. Paris: Gallimard.
46 Rousseau, J-J., (1981), *Overpeinzingen van een eenzame wandelaar*, Antwerpen: Uitgeverij Het Spectrum, p. 26-27.
47 Zie Danblon, E., Loïc, N., (2010). *Les rhétoriques de la conspiration*, Paris, CNRS Alpha.
48 Zie Boudry en Braeckman voor een goede opsomming van de cognitieve denkfouten die ik hier gedeeltelijk aanhaal. Braeckman, J., Boudry, M., *op cit.*, p. 99 e.v.
49 Zie Nyhan, B., Reifler, J., 'When corrections fail: the persistence of political misperceptions.'
50 Zie Viren Swami en Rebecca Coles, *op. cit.*
51 Douglas, K.M., Sutton, R.M., (2008), 'The hidden impact of conspiracy theories: Perceived and actual influence of theories surrounding the death of Princess Diana', in *Journal of Social Psychology*, 148, p. 210-221.
52 Braeckman, J., Boudry, M., *op.cit.*, p. 101.
53 Zie McHoskey, J.W., (1995), 'Case closed?', in *Basic and Applied Social Psychology*, 17, p. 395-409.
54 Braeckman, J., Boudry, M., *op.cit.*, p. 263.
55 Zie Leman, P.J., Cinnirella, M., (2007), 'A major event has a major cause', in *Social Psychological Review*, 9, p. 18-28.
56 Voor de wetenschappelijke cijfers, zie Abalakina-Paap, M., Stephan, W.G. et al., (1999), 'Beliefs in conspiracies'. *Political Psychology*, 20, p. 637-647 en McHoskey, J.W., (1995), 'Case closed?', in *Basic and Applied Social Psychology*, 17, p. 395-409.
57 Zie Abalakina-Paap et al., (1999); Swami et al.
58 Zie Fenster, M., (1999), *Conspiracy theories: Secrecy and power in American culture*, Minneapolis, MN: University of Minnesota Press.
59 Zie het artikel Flood, A., (2012),'Turkish novelists Orhan Pamuk and Elif Shafak accused of being Western stooges by pro-government press', in *The Guardian*, op 12 december 2014.
60 Bronner, G., *op. cit.*, p. 303 besluit: 'Or, nos systèmes éducatifs et une

certaine idéologie relativiste nous ont mieux préparé à défaire la connaissance plutôt qu'à la reconstruire, et la participation de tous aux débats pourrait amplifier les phénomènes de mutualisation de l'erreur déjà observés.'

61 Zie Bronner, G., *op. cit.*, p. 49 e.v.

62 Zie Bronner, G., *op. cit.*, p. 61.

63 Zie Bronner, G., *op. cit.*, p. 101.

EPILOOG

1 Dreigementen horen niet alleen meer bij godslasterlijke afbeeldingen van de profeet. Journalisten van het tijdschrift *Marianne* werden bedreigd en kregen politiebescherming nadat ze een dossier publiceerden over 'medeplichtigen van het islamisme', over groeperingen en zelfs politieke partijen die expliciet of impliciet meewerken aan de verspreiding van een gevaarlijke ideologie. De boodschap is duidelijk: wie nog onderzoek wil publiceren, betaalt er een persoonlijke prijs voor. De internationale bijeenkomst voor perstekeningen in Caen (le Mémorial de Caen) in april 2015 werd geannuleerd uit angst voor aanslagen. Na *Charlie Hebdo* trokken festivals, musea of cinemazalen 'gevoelig materiaal' terug. Een aantal zalen annuleerde de film *Timbuktu* van Abderrahmane Sissako over islamitische terreur in Mali. Als het recht op godsdienstvrijheid primeert boven andere politieke rechten, wordt het uitgebreid tot het recht om geen ideeën te moeten vernemen die niet bij die godsdienst passen. Wie denkt dat het einde van *Charlie Hebdo*'s satire een goede zaak is omdat godslastering van de 'zwakkere godsdienst' slecht is, beseft best dat zo'n censuur een glijdende schaal is. Als de pers haar kritische functie niet meer uitoefent, is er niemand om bepaalde politieke praktijken te controleren. Beledigingen aan het adres van wat sommigen als heilig beschouwen, vallen in een vrije samenleving niet te vermijden. Wie daarbij die politieke vrijheid in termen van ressentiment of vernedering duidt, vergroot alleen de verwarring.

2 Mouffe, Ch., (2008), *Over het politieke*, Kampen: Klement, p. 83-85.

3 Zie Tocqueville, A. de, (1993), *De la démocratie en Amérique*, Paris: Flammarion.

4 Judt, T., (2008), 'What Have We Learned, If Anything?' in *The New York Review of Books*, op 1 mei 2008. Mijn vertaling van: 'Instead of teaching history we walk children through museums and memorials. Worse still, we encourage them to see the past – and its lessons – through the vector of their ancestors' suffering. Today, the "common" interpretation of the recent past is thus composed of the manifold fragments of separate pasts, each of them (Jewish, Polish, Serb, Armenian, German, Asian-American, Palestinian, Irish, homosexual...) marked by its own distinctive and assertive victimhood.'

5 Spinoza, B., (2012), *Ethica*, Amsterdam: Boom, p. 111. (E, III, voorrede).

6 Spinoza, B., *op. cit.*, p. 256. (E, V, 6, toelichting). Inzicht in God betekent inzicht in de noodzakelijkheid die de wereld structureert: 'Hoe meer het inzicht dat alle dingen noodzakelijk zijn betrekking heeft

op enkelvoudige dingen die we ons onderscheidener en levendiger verbeelden, des te groter is dit vermogen van de geest ten opzichte van de gevoelens. De ervaring wijst dat ook uit. We zien immers dat de droefheid over iets goeds wat verloren is gegaan wordt verzacht zodra de mens die het heeft verloren bedenkt dat het op geen enkele manier behouden had kunnen worden.' (E, V, 6, toelichting).

7 Spinoza, B., *op. cit.*, p. 192. (E, IV, 14).

8 Spinoza, B., *op. cit.*, p. 254. (E, V, 4, toelichting).

9 Spinoza, B., *op. cit.*, p. 204.

10 Een diepere bespreking van deze emoties, die zowel een persoonlijk als een politiek effect hebben, zou me hier te ver leiden. Ik heb deze thema's uitvoerig in *Door Spinoza's lens* behandeld. Zie Beeckman, T., (2012). *Door Spinoza's lens*, Kalmthout: Pelckmans.

DANKWOORD

Dit boek verschilt erg van mijn vorige, *Door Spinoza's lens*, het vertrekt van een meer dringende actualiteit. Ik heb dankbaar enkele reeds gepubliceerde fragmenten uit columns en artikels hernomen, die ik schreef voor *De Standaard*, *De Morgen*, *De Tijd*, *NRC Handelsblad* of *Streven*.

Toen ik in de lente van 2014 het thema 'macht en onmacht' op tafel legde, gaf Harold Polis me alle vrijheid om het te exploreren. Later formuleerde Katrien De Loose haar commentaar op een eerste versie, waarvoor dank. Nadien omarmde Katrijn van Hauwermeiren het project meteen, wat me erg stimuleerde. De filosofisch geïnspireerde lectuur van Charles Derre is de tekst al in een vroeg stadium zeer ten goede gekomen, waarvoor veel dank. Chris Boudewijns dank ik voor de enorme inzet, samen met Haye Koningsveld, Alice Wubbels en de andere medewerkers van De Bezige Bij.

Eddy Strauven van filosofiehuis *Het zoekend hert* in Antwerpen heeft zich de afgelopen maanden intens ingezet voor allerlei filosofische projecten, waarvoor ik hem – en zijn team – graag bedank. Uiteraard ben ik alleen verantwoordelijk voor de inhoud van dit werk.

Isabel, Eveline, Bert, Mimi en Philippe, Sara, mijn broer Toon en mijn vader, Roger, dank ik van harte voor alle steun. En natuurlijk, het meest van al, Alexander.

BIBLIOGRAFIE

Abalakina-Paap, M., Stephan, W.G., et al., (1999), 'Beliefs in conspiracies', in *Political Psychology*, 20, p. 637-647.

Achterhuis, A., (2010), *De utopie van de vrije markt*, Rotterdam: Lemniscaat.

Afary, J., Anderson, K., (2005), *Foucault and the Iranian Revolution: Gender and het Seductions of Islamism*, Chicago: University of Chicago Press.

Ankersmit, F., (2009), 'Voor de neoliberaal is het algemeen belang onzin', in NRC *Handelsblad*, op 3 januari 2009.

Arendt, H., (1977), *Between Past and Future*, New York: Penguin Classics.

— (1978), *The Life of the Mind*, New York: Harcourt Brace.

— (2005), *Totalitarisme*, Amsterdam: Boom.

Artan, S., (2010), *Talking to the Enemy: Religion, Brotherhood and the (Un) Making of Terrorists*, New York: Harper Collins.

Audier, S., (2015), *Penser le 'néoliberalisme'. Le moment néolibéral, Foucault et la crise du socialisme*, Lormont: Le Bord de l'Eau.

Bauman, Z., (2015), 'The Charlie Hebdo Attacks and What it Reveals about Society', website *Social Europe*, 13 januari 2015.

Beeckman, T., (2007), 'De ontologische differentie als aanzet om de alledaagsheid te denken: het belang van Heidegger voor de hedendaagse Franse filosofie (Deleuze)', in Van den Bossche, M., Bremmers, C., (red.), *De Actualiteit van Martin Heideggers Zijn en Tijd*, Budel: Uitgeverij Damon, p. 25-46.

— (2008), 'Nietzsche's Timely Genealogy: An Exercise in Anti-Reductionist Naturalism', in Dries, M., (ed.), *Nietzsche on Time and History*, Berlin, New York: Walter de Gruyter, p. 63-74.

— (2012), *Door Spinoza's lens*, Kalmthout: Pelckmans.

Bernstein, C., Woodward, B., (1974), *All the President's Men*, New York: Simon & Shuster.

Bingham, T., (2010), *The Rule of Law*, London: Penguin Books.

Blanchet, P., (1979), *Iran: la Révolution au nom de Dieu*, Paris: Seuil.

Boucher, D., (1998), *Political Theories of International Relations*, Oxford: Oxford University Press.

Boutang, P.-A., (1988), *L'Abécédaire de Gilles Deleuze, avec Claire Parnet*, Paris: Éditions Montparnasse.

Braeckman, J., Boudry, M., (2011), *De ongelovige Thomas heeft een punt. Een handleiding voor kritisch denken*, Antwerpen: Houtekiet.

Bras, H. le, Todd, E., (2013), *Le Mystère français*, Paris: Seuil.

Brauman, R., (2015), 'Le droit d'outrance doit s'appliquer à tous', in Truong, N. (éd.), *Penser le 11 janvier*, Paris: L'Aube, p. 53-58.

Bronner, G., (2013), *La démocratie des crédules*, Paris: PUF.

Charb, (2015), *Lettre aux escrocs de l'islamophobie qui font le jeu des racistes*, Paris: éd. Les Echappés.

Coe, J., (1994), *What a Carve Up!*, London: Viking Press.

Cohan, W., (2011), *Money and Power. How Goldman Sachs came to rule the world*, London: Penguin.

Cohen, L., (2009), 'A Street', in *The New Yorker*, op 2 maart 2009.

Dalrymple, T., (2001), *Life at the Bottom*, Maryland: Ivan R. Dee.
Danblon, E., Loïc, N., (2010), *Les rhétoriques de la conspiration*, Paris, CNRS Alpha.
Debray, R., (2014), *L'erreur de calcul*, Paris: CERF.
Deleuze, G., (1962), *Nietzsche et la Philosophie*, Paris, PUF.
— (1968), *Différence et Répétition*, Paris: PUF.
Deleuze, G., Guattari, F., (1995), *Qu'est-ce que la philosophie*, Paris: Éd. Minuit.
Derrida, J., (1972), *Marges de la philosophie*, Paris: éd. De Minuit.
— (1972), *Positions*, Paris: éd. De Minuit.
Descartes, R., (1956), *Méditations métaphysiques*, Paris: PUF.
Descombes, V., (1991), 'Le moment français de Nietzsche', in Boyer, A., (éd.), *Pourquoi nous ne sommes pas nietzschéens*, Paris: Grasset, p. 96-128.
Diderot, D., (2001), *Le neveu de Rameau*, Paris: Livre de Poche.
Douglas, K.M., Sutton, R.M., (2008), 'The Hidden Impact of Conspiracy Theories: Perceived and Actual Influence of Theories Surrounding the Death of Princess Diana', in *Journal of Social Psychology*, 148, p. 210-221.

Eagleton, T., (1987), 'Awakening from modernity', in *Times Literary Supplement*, op 20 februari 1987.
— (1996), *The Illusions of Postmodernism*, Oxford: Blackwell.
Eggers, D., (2013), *The Circle*, San Francisco: McSweeney's.
Etienne, B., (2005), *Les combattants suicidaires*, Paris: L'Aube.

Farias, V., (1988), *Heidegger en het nazisme*, Hilversum: Gooi en Sticht.
Faye, E., (2005), *Heidegger, l'introduction du nazisme dans la philosophie*, Paris: Albin Michel.
Fenster, M., (1999), *Conspiracy theories: Secrecy and power in American culture*, Minneapolis: University of Minnesota Press.
Ferry, L., Renaut, A., (1988), *La pensée 68. Essai sur l'anti-humanisme contemporain*, Paris: Gallimard.
Flood, A., (2012), 'Turkish novelists Orhan Pamuk and Elif Shafak accused of being Western stooges by pro-government press', in *The Guardian*, op 12 december 2014.
Foer, F., (2004), 'The Source of the Trouble', in *New York Magazine*, op 7 juni 2004.
Foucault, M., (1967), 'Nietzsche, Freud, Marx', in *Cahiers de Royaumont, Nietzsche*, Paris: éd. De Minuit, p. 183-201.
— (1978), '*À quoi rêvent les Iraniens?*', in *Le Nouvel Observateur*, 727, 16-22 octobre, 1978, p. 48-49.
— (1979), 'Une poudrière appelée islam', in *Corriere della sera*, vol. 104, nr. 36, op 13 februari 1979.
— (1980), 'Questions on Geography', in Gordon, C., *Power/Knowledge: Selected Interviews and other Writings, 1972-1977*. New York: Pantheon Books.
— (2001), 'Qu'est-ce que les Lumières?', in *Dits Ecrits Tome IV*, texte n°339, Paris: Gallimard.
— (2004), *Naissance de la biopolitique*, Paris: Gallimard.
Friedman, M., (2002), *Capitalism and Freedom*, Chicago: Chicago University Press.

Gauchet, M., (1985), *Le désenchantement du monde. Une histoire politique de la religion*, Paris: Gallimard.

— (1998), *La religion dans la démocratie*, Paris: Gallimard.
— (2015), 'Pourquoi le traumatisme Charlie Hebdo s'est évanoui en cent jours', in *L'Opinion*, op 16 april 2015.
— (2015), 'Retour ou sortie du religieux?', in *Philosophie Magazine*, nr. 87, maart 2015.
Geras, N.,(1995), *Solidarity and the conversation of Humankind*, London: Verso.
Gines, K., (2014), *Hannah Arendt and the Negro Question*, Indiana: Indiana University Press.
Groot, G., (2013), *Dankbaar en aandachtig. In gesprek met Samuel IJsseling*, Zoetermeer: Klement.

H., Atoussa, (1978), 'Lettre ouverte', in *Le Nouvel Observateur*, 6 november 1978.
Harding, L., (2014), *De Snowden Files. Het onthullende verhaal van de meest gezochte man ter wereld*, Amsterdam: Nieuw Amsterdam.
Harris, R., (2013), *An Officer and a Spy*, London: Hutchinson.
Harvey, D., (2005), *A brief History of Neoliberalism*, Oxford: Oxford University Press.
Heidegger, M., (1998), *Zijn en Tijd*, Nijmegen: SUN.
— (1999), 'Die Überwindung der Metaphysik', in Heidegger, M., *Metaphysik und Nihilismus*, Frankfurt a.m.: Klostermann.
Heysse, T., (2010), 'Bernard Williams on the history of ethical views and practices', in *Philosophy*, 85 (2), p. 225-243.
Hörnqvist, M., (2004), *Machiavelli and Empire*, Cambridge: Cambridge University Press.
Houellebecq, M., (2015), *Soumission*, Paris: Flammarion.

IJsseling, S., (1964), *Heidegger. Denken en danken – geven en zijn*, Antwerpen: De Nederlandsche Boekhandel.
Isaacson, W., (2013), *Steve Jobs*, New York: Simon & Schuster.

Jameson, F., (1991), *Postmodernism, or the Cultural Logic of Late Capitalism*, London: Verso.
Jaspers, K., (1977), *Philosophische Autobiographie*, München: Piper Verlag.
Joly, M., (1864), *Dialogue aux enfers entre Machiavel et Montesquieu*, Bruxelles: Mertens.
Jones, D.S., (2012), *Masters of the Universe. Hayek, Friedman and the Birth of Neoliberal Politics*, Princeton: Princeton University Press.
Jones, O., (2011), *Chavs: The Demonization of the Working Class*, London: Verso.
Judt, T., (2008), 'What Have We Learned, If Anything?', in *The New York Review of Books*, op 1 mei 2008.
Julliard, J., (2015), 'Un mai 68 de la sensibilité', in Truong, N. (éd.), *Penser le 11 janvier*, Paris: L'Aube, p. 13-18.

Kant, I., (1992), *Wat is verlichting?*, Kampen: Kok Agora.
— (2003), *De drie kritieken. Een becommentarieerde keuze*, Amsterdam: SUN.
Khosrokhavar, F., (2006), *Quand Al-qaïda parle*, Paris: Grasset.
Kisiel, Th., (1986), 'Das Enstehen des Begriffsfeldes "Faktizität" im Frühwerk Heideggers', in *Dilthey-Jahrbuch für Philosophie und Geschichte der Geisteswissenschaften*, Göttingen: Vandenhoeck & Ruprecht.
Klaver, J., (2015), 'Breng niet alles terug tot een rekensom', in *NRC Handelsblad*, op 24 juni 2015.
Klemperer, V., (1947), *LTI – Lingua Tertii Imperii: Notizbuch eines Philologen*, Berlin: Aufbau Verlag.

Koerbagh, A., (2014), *Een licht dat schijnt in duistere plaatsen*, Nijmegen: Vantilt.
Krueger, A., (2008), *What Makes a Terrorist: Economics and the Roots of Terrorism*, Princeton: Princeton University Press.

Latour, B., (2004), 'Why Has Critique Run Out of Steam? From Matters of Fact to Matters of Concern', in *Critical Inquiry*, 30, Winter Issue, Chicago, p. 225-248.
Leeuwenburgh, B., (2013), *Het noodlot van een ketter, Adriaan Koerbagh 1633-1669*, Nijmegen: Vantilt.
Lehmann, K., (1970), 'Christliche Geschichtserfahrung und ontologische Frage beim jungen Heidegger', in Pöggeler O. (Hrsg. Von), *Heidegger. Perspektiven zur Deutung seines Werks*, Köln, Berlin, p. 140-168.
Lefort, C., (1992), *Het democratische tekort: over de noodzakelijke onbepaaldheid van de democratie*, Amsterdam: Boom.
Leman, P.J., Cinnirella, M., (2007), 'A major event has a major cause', in *Social Psychological Review*, 9, p. 18-28.
Levinas, E., (1990), *De l'existence à l'existant*, Paris: Vrin.
Lipovetsky, G., (1983), *L'Ère du vide: essais sur l'individualisme contemporain*, Paris: Gallimard.
Loobuyck, P., (2013), *De seculiere samenleving. Over religie, atheïsme en democratie*, Antwerpen: Houtekiet.

Machiavelli, N., (1997), *Discorsi. Gedachten over staat en politiek*, Amsterdam: Ambo.
— (2006), *Il Principe en andere politieke geschriften*, Amsterdam: Ambo.
— (2010), *Toneel en verhalend proza. Mandragola, Clizia, Belfagor*, Leiden: Primavera Press.
Maris, B., (2014), *Houellebecq économiste*, Paris: Flammarion.
Marx, K., (1886), 'Stellingen over Feuerbach', Appendix bij Engels, F., *Ludwig Feuerbach en het einde van de klassieke Duitse filosofie*.
McHoskey, J.W., (1995), 'Case closed?', in *Basic and Applied Social Psychology*, 17, p. 395-409.
Middelaar, L. van, (1999), *Politicide. De moord op de politiek in de Franse filosofie*, Amsterdam: Van Gennep.
Mignot, J.-F., Goffette, C., (2015), 'Non, *Charlie Hebdo* n'est pas obsédé par l'islam', in *Le Monde*, op 24 februari 2015.
Montesquieu, Ch.-L., (2006), *Over de geest van de wetten*, Amsterdam: Boom.
Moreau, M., (2015), 'Daech contre la théorie du complot', in *Causeur*, op 29 juli 2015.
Mouffe, Ch., (2008), *Over het politieke*, Kampen: Klement.

Neiman, S., (2008), *Morele helderheid. Goed en kwaad in de 21ste eeuw*, Amsterdam: Ambo.
— (2015), *Waarom zou je volwassen worden?*, Amsterdam: Ambo.
Nietzsche, F., (1980), *Genealogie der moraal*, Amsterdam: De Arbeiderspers.
— (1980), *Menselijk al te menselijk*, Amsterdam: De Arbeiderspers.
— (1987), *Afgodenschemering*, Amsterdam: De Arbeiderspers.
— (1997), *De antichrist*, Amsterdam: De Arbeiderspers.
— (1999), *Aldus sprak Zarathoestra. Een boek voor allen en voor niemand.* Amsterdam: Wereldbibliotheek.
— (2000), *Ecce homo*, Amsterdam: De Arbeiderspers.

Orwell, G., (1992), *Nineteen Eighty-Four*, London: Random House.
— (2001), *Orwell and Politics*, London: Penguin.

Pascal, B., (2010), *Pensées*, Paris: éd. Classiques.
Pelckmans, P., (2014), 'De moeizame uitzonderlijkheid van de *Confessions*', in De Hert, P. (red.), *Rousseau. De wandelende paradox*, Kalmthout: Pelckmans/Klement, p. 153-168.
Piketty, T., (2013), *Le capital au XXIe siècle*, Paris: Éd. Du Seuil.
Pirandello, L., (2005), *Iemand, niemand en honderdduizend*, Den Haag: Kemper Conseil Publishing.
Plato (1980), *De Staat, Verzameld Werk III*, Antwerpen: Ambo.

Rand, A., (1964), *The Virtue of Selfishness*, New York: New American Library.
— (2012), *Atlas Shrugged (De kracht van Atlantis)*, Amsterdam: Uitgeverij Luitingh-Sijthoff.
— (2014), *De eeuwige bron, The Fountainhead*, Amsterdam: Luitingh-Sijthoff.
Roose, A., (2012), '"Een fatsoenlijk mens zijn." Over *Liefde* van Karl Ove Knausgård', in *Staalkaart*, nr. 17, november/december 2012, p. 54-55.
Rorty, R., (1989), *Contingency, irony, solidarity*, Cambridge: Cambridge University Press.
— (2002), 'To the Sunlit Uplands', in *London Review of Books*, Vol. 24, nr. 21, op 31 oktober 2002.
Rosanvallon, P., (2006), *La Contre-Démocratie. La politique à l'âge de la défiance*, Paris: Seuil.
— (2015), 'Une communauté d'effroi ne fabrique pas l'unité nationale', in Truong, N. (éd.), *Penser le 11 janvier*, Paris: L'Aube, p. 27-34.
Rousseau, J-J., (1981), *Overpeinzingen van een eenzame wandelaar*, Antwerpen: Uitgeverij Het Spectrum.
— (2004), *Discours sur les arts et les sciences*, Paris: Le Livre de Poche.
— (2008), *Het maatschappelijk verdrag*, Amsterdam: Boom.
— (2009), *Les Confessions*, Paris: Folio Classiques.
Roy, O., (2015), 'La peur d'une communauté musulmane qui n'existe pas', in Truong, N. (éd.), *Penser le 11 janvier*, Paris: L'Aube, p. 93-102.

Safranski, R., (2000), *Heidegger en zijn tijd*, Amsterdam: Uitgeverij Contact.
Sageman, M., (2004), *Understanding Terror Networks*, Philadelphia: University of Philadelphia Press.
Sanders, P., (2012), *What Would Steve Jobs do? How the Steve Jobs Way Can Inspire Anyone to Think Differently and Win*, New York: Mc Graw Hill.
Schneider, M., (2014), *Miroirs des princes. Narcissisme et politique*, Paris: Flammarion.
Scholte, J., (2005), 'Globalization and Production: from Capitalism to Hypercapitalism', in Scholte, J., (ed.), *Globalization. A Critical Introduction*, London: Palgrave Macmillan.
Shklar, J., (1985), *Ordinary Vices*, Boston: Belknap Press.
Sloterdijk, P., (2015), 'La réponse des Français à ce crime est une prouesse', in Truong, N. (éd.), *Penser le 11 janvier*, Paris: L'Aube, p. 19-26.
Smith, D., (2004), 'Deleuze and Derrida, immanence and transcendence: Two Directions in Recent French Thought', in Patton, P., Protevi, J. (ed.), *Between Deleuze and Derrida*. London: Continuum, p. 46-65.

Spinoza, B., (1997), *Theologisch-politiek Traktaat*, Amsterdam: Wereldbibliotheek.
— (2012), *Ethica*, Amsterdam: Boom.
— (2014), *Staatkundige Verhandeling*, Amsterdam: Wereldbibliotheek.
Starobinski, J., (1971), *Jean-Jacques Rousseau, La transparence et l'obstacle*, Paris: Gallimard.
Steiner, G., (1994), *Martin Heidegger*, Kampen: Kok Agora.
Stiglitz, J., (2003), *The Roaring Nineties. A New History of the World's most Prosperous Decade*, New York: Norton.
— (2012), *The Price of Inequality*, New York: Norton.
Summers, L., (2006), 'The Great Liberator', in *New York Times*, op 19 november 2006.
Sunstein, C.R., (2009), *Republic.com 2.0*, Princeton: Princeton University Press.
Swami, V., Coles, R., (2010), 'The Truth Is Out There: Belief in Conspiracy Theories', in *The Psychologist*, 23 (7), p. 560-563.

Taguieff, P.-A., (2013), *Court Traité de complotologie*, Paris: Mille et Une Nuits.
Thucydides (2003), *De Peloponnesische Oorlog*, Amsterdam: Athenaeum.
Tiberj, V., Mayer, N., (2015), 'Le simplisme d'Emannuel Todd démonté par la sociologie des "Je suis Charlie"', in *Le Monde*, op 20 mei 2015.
Tocqueville, A. de, (1993), *De la démocratie en Amérique*, Paris: Flammarion.
Todd, E., (1976), La Chute finale. *Essai sur la décomposition de la sphère soviétique*, Paris: Éditions Robert Laffont.
— (2002), *Après L'Empire*, Paris: Gallimard.
— (2015), *Qui est Charlie? Sociologie d'une crise religieuse*, Paris: Seuil.
Trawny, P., (2014), *Heidegger und der Mythos des jüdischen Weltverschwörung*, Frankfurt a.M.: Klostermann.
Truong, N. (éd.), (2015), *Penser le 11 janvier*, Paris: L'Aube.

Ullmann, B., (1979), 'Iran. La vengeance du prophète', in *L'Express*, op 20 april 1979, n. 1449, p. 78.

Val, Ph., (2015), *Malaise dans l'inculture*, Paris: Grasset.
Van Haute, Ph., (1989), *Psychoanalyse en Filosofie. Het Imaginaire en het Symbolische in het werk van Jacques Lacan*, Leuven: Peeters.
Vandevelde, A., (2015), 'De zelfvernietigende logica van het kapitalisme', in *Wijsgerig Perspectief*, 55 (2), p. 6-15.
Verhofstadt, D., (2011), *In gesprek met Etienne Vermeersch. Een zoektocht naar waarheid*, Antwerpen: Houtekiet.
Vidal, G., (2002), 'The Enemy Within', in *The Observer*, op 27 oktober 2002.
— (2009), *The Selected Essays of Gore Vidal*, New York: Random House.
Visker, R., (2005), *The Inhuman Condition: Looking for Difference After Levinas and Heidegger*, Dordrecht: Kluwer Academic Publishers.
Voltaire, (1975), *L'Affaire Calas et autres affaires*, Paris: Gallimard.
— (2013), *Œuvres complètes*, Paris: Arvensa éditions.
Vries, J. de, (2013), *De republiek*, Amsterdam: Prometheus.

Walravens, E., (2014), *De verwondering*, Brussel: VUBPress.
Williams, B., (2002), *Truth and Truthfulness*, Princeton: Princeton University Press.

— (2014), *Essays and Reviews 1959-2002*, Princeton: Princeton University Press.
Wolfe, T., (1987), *The Bonfire of the Vanities*, New York: Farrar Straus Giroux.
Woolf, N., (2015), 'Republican Senate environment chief uses snowball as prop in climate rant', in *The Guardian*, op 26 februari 2015.

REGISTER